墨人 著

本全集保留作者手批手稿

墨人博士作品全集【全60冊】

第十一冊 紅塵1

文史哲出版社印行

國家圖書館出版品預行編目資料

墨人博士作品全集 / 墨人著 -- 初版 -- 臺北
市:文史哲, 民 100.12
頁： 公分
ISBN 978-957-549-987-7 (全套 60 冊：平裝)

1.現代文學 2. 中國文學 3.別集

848.6 100022602

墨人博士作品全集【全60冊】

第十一～十八冊 紅 塵

著　　者：墨　人
出版者：文史哲出版社
http://www.lapen.com.tw
登記證字號：行政院新聞局版臺業字五三三七號
發行人：彭正雄
發行所：文史哲出版社
印刷者：文史哲出版社
臺北市羅斯福路一段七十二巷四號
郵政劃撥帳號：一六一八〇一七五
電話886-2-23511028・傳真886-2-23965656

【全60冊】定價新臺幣 36,800 元

中華民國一百年（2011）十二月初版

ISBN 978-957-549-987-7 08992

墨人博士著作品全集　總目

一、散文類

二、長篇小說

三、中短篇小說散文合集

四、詩詞及論評

附：外篇

墨人的一部文學千秋史

張萬熙先生，筆名墨人，江西九江人，民國九年生。爲一位享譽國內外名小說家、詩人、學者。歷任軍、公、教職。六十五歲始自從國民大會簡任一級加年功俸的資料組長兼圖書館長公職崗位退休，但已是中國文壇上一位閃亮的巨星。出版有：《全唐詩尋幽探微》、《紅樓夢的寫作技巧》、一百九十多萬字的大長篇小說《紅塵》、《白雪青山》、《春梅小史》；詩集：《哀祖國》；散文集：《小園昨夜又東風》……。民國五十年、五十一年連續以短篇小說，兩次入選維也納納富出版公司出版的《世界最佳小說選集》。七十歲時自東吳大學中文系教席二度退休，仍著述不輟，爲國寶級文學家。墨人博士在臺勤於創作六十多年（在大陸時期已創作十年），並以其精通儒、釋、道之學養，綜理戎機、參贊政務、作育英才，更以其對傳統文學的精湛造詣，與對新文藝的創作，在國際上贏得無數榮譽，如：美國世界大學榮譽文學博士、美國馬奎士國際大學榮譽文學博士、美國艾因斯坦國際學院榮譽人文學博士（包括哲學、文學、藝術、語言四類）、英國劍橋國際傳記中心副總裁（代表亞洲）、英國莎士比亞詩、小說與人文學獎得主，現在出版《全集》中。

壹、家世・堂號

張萬熙先生，江西省德化人（今九江），先祖玉公，明末時以提督將軍身份鎮守雁門關，蒙古騎兵入侵，戰死於東昌，後封為「河間王」。其子輔公，進士出身，歷任文官。後亦奉召領兵「三定交趾」，因戰功而封為「定興王」。其子貞公亦有兵權，因受奸人陷害，自蘇州嘉定（即今上海市一區），謫居潯陽（今江西九江）。祖宗牌位對聯為：嘉定源流遠，潯陽歲月長；右書「清河郡」、左寫「百忍堂」。

貳、來臺灣的過程

民國三十八年，時局甚亂，張萬熙先生攜家帶眷，在兵荒馬亂人心惶惶時，張先生從湖南長沙火車站，先將一千多度的近視眼弱妻，與四個七歲以下子女，從車窗口塞進車廂，自己則擠在廁所內動彈不得，千辛萬苦的從湖南長沙搭火車南下廣州，從廣州登商輪來臺。七月三日抵基隆，由同學顧天一先生，接到臺北縣永和鎮鄉下暫住。

參、在臺灣一甲子奮鬥的過程

一、初到臺灣的生活

家小安頓妥後，張萬熙先生先到臺北萬華，一家新創刊的《經濟快報》擔任主編，但因財務不濟，四個月不到便草草結束。幸而另謀新職，舉家遷往左營擔任海軍總司令辦公室秘書，負責紀錄整理所有軍務會報紀錄。

民國四十六年，張先生自左營來臺北任職國防部史政局編纂《北伐戰史》（歷時五年多浩大工程，編成綠布面精裝本、封面燙金字《北伐戰史》叢書），完成後在「八二三」炮戰前夕又調任國防部總政治部，主管陸、海、空、聯勤文宣業務，四十七歲自軍中正式退役後轉任文官，在臺北市中山堂的國民大會主編研究世界各國憲法政治的十六開大本的《憲政思潮》，作者、譯者都是台灣大學、政治大學的教授、系主任，首開政治學術化先例。

張先生從左營遷到臺北大直海軍眷舍，只是由克難的甘蔗板隔間眷舍改為磚牆眷舍，大小一般，但邊間有一片不小的空地，子女也大了，不能再擠在一間房屋內，因此，張先生加蓋了三間竹屋安頓他們。但眷舍右上方山上是一大片白色天主教公墓，在心理上有一種「與鬼為鄰」的感覺。張夫人有一千多度的近視眼，她看不清楚，子女看見嘴裡不講，心裡都不舒服。張先生自軍中假退役後，只拿八成俸。

張先生因為有稿費、版稅，還有些積蓄，除在左營被姓譚的同學騙走二百銀元外，剩下的積蓄還可以做點別的事。因為住左營時在銀行裡存了不少舊臺幣，那時左營中學附近的土地只要三塊多錢一坪，張先生可以買一萬多坪。但那時政府的口號是「一年準備，兩年反攻，三年掃蕩，五年成功。」張先生信以為真，三十歲左右的人還是「少不更事」，平時又忙著上班、寫作，實在不懂政治、經濟大事，以為政府和「最高領袖」不會騙人，五年以內真的可以回大陸，張先生又有「戰士授田證」。沒想到一改用新臺幣，張先生就損失一半存款，呼天不應。但天理不容，姓譚的同學不但無后，也死了三十多年，更沒沒無聞。張先生作人、看人的準則是：無論幹什麼都是「誠信」第一，因果比法律更公平、更準。欺人不可欺心，否則自食其果。

二、退休後的寫作生活

張先生四十七歲自軍職退休後，轉任台北市中山堂國大會主編十六開大本研究各國憲法政治的《憲政思潮》十八年，時任簡任一級資料組長兼圖書館長。並在東吳大學兼任副教授二十年、香港廣大學院指導教授、講座教授、指導論文寫作、不必上課。六十四歲時即請求自公職提前退休，以業務重要不准，但取得國民大會秘書長（北京朝陽大學法律系畢業）何宜武先生的首肯，六十五歲依法退休。當時國民大會、立法院、監察院簡任一級主管多延至七十歲退休，因所主管業務富有政治性，與單純的行政工作不同，六十五歲時張先生雖達法定退休年齡，還是延長了四個月才正式退休，何秘書長宜武大惑不解地問張先生：「別人請求延長退休而不可得，你為什麼反而要求退休？」張先生答以「專心寫作」，何秘書長才坦然不疑。退休後日夜寫作，因胸有成竹，很快完成了一百九十多萬字的大長篇小說《紅塵》，在鼎盛時期的《臺灣新生報》連載四年多，開中國新聞史中報紙連載最大長篇小說先河。但報社還不敢出版，經讀者熱烈反映，才出版前三大冊。當年十二月即獲行政院新聞局「著作金鼎獎」與嘉新文化基金會「優良著作獎」，亦無前例。《台灣新生報》又出九十三章至一百二十二章，只好名為《續集》。墨人在書前題五言律詩一首：

浩劫未埋身，揮淚寫紅塵，非名非利客，孰晉孰秦人？
毀譽何清問？吉凶自有因。天心應可測，憂道不憂貧。

二〇〇四年初，巴黎 youfeng 書局出版豪華典雅的法文本《紅塵》，亦開「五四」以來中文作家大長篇小說進入西方文學世界重鎮先河。時為巴黎舉辦「中國文化年」期間，兩岸作家多由政府資助出席，張先生未獲任何資助，亦未出席，但法文本《紅塵》卻在會場展出，實爲一大諷刺。張先生一生「只問耕耘，不問收穫」的寫作態度，七十多年來始終如一，不受任何外在因素影響。

肆、特殊事蹟與貢獻

一、《紅塵》出版與中法文學交流

《紅塵》寫作時間跨度長達一世紀，由清朝末年的北京龍氏家族的翰林第開始，寫到八國聯軍、滿清覆亡、民國初建、八年抗日、國共分治下的大陸與臺灣，續談臺灣的建設發展、開放大陸探親等政策。空間廣度更遍及大陸、臺灣、日本、緬甸、印度，是一部中外罕見的當代文學鉅著。墨人五十七歲時應邀出席在西方文藝復興聖地佛羅倫斯所舉辦的首屆國際文藝交流大會，會後環遊地球一周。七十歲時應邀訪問中國大陸四十天，次年即出版《大陸文學之旅》。《紅塵》一書最早於臺灣新生報連載四年多，並由該報連出三版，臺灣新生報易主後，將版權交由昭明出版社出版定本六卷。由於本書以百年來外患內亂的血淚史爲背景，寫出中國人在歷史劇變下所顯露的生命態度、文化認知、人性的進取與沉淪，引起中外許多讀者極大共鳴與回響。

旅法學者王家煜博士是法國研究中國思想的權威，曾參與中國古典文學的法文百科全書翻譯工作，他認爲深入的文化交流仍必須透過文學，而其關鍵就在於翻譯工作。從五四運動以來，中西文化交流一直是西書中譯的單向發展。直到九十年代文建會提出「中書外譯」計畫，臺灣作家才逐漸被介紹到西方，如此文學鉅著的翻譯，算是一個開始。

王家煜在巴黎大學任教中國上古思想史，他指出《紅塵》一書中所引用的詩詞以及蘊含中國思想的博大精深，是翻譯過程中最費工夫的部分。爲此，他遍尋參考資料，並與學者、詩人討論，歷時十年終於完成《紅塵》的翻譯工作，本書得以出版，感到無比的欣慰。他笑著說，這可說是「十年寒窗」。

《紅塵》法文譯本分上下兩大冊，已由法國最重要的中法文書局「友豐書店」出版。友豐負責人潘立輝謙沖寡言，三十年多來，因對中法文化交流有重大貢獻而獲得法國授予文化「騎士勳章」的榮譽。他於五年前開始成立出版部，成爲歐洲一家以出版中國圖書法文譯著爲主業的華人出版社。

潘立輝表示，王家煜先生的法文譯筆典雅、優美而流暢，使他收到「紅塵」譯稿時，愛得不忍釋手，他以一星期的時間一口氣看完，經常讀到凌晨四點。他表示出版此書不惜成本，不太可能賺錢，卻感到十分驕傲，因爲本書能讓不懂中文的旅法華人子弟，更瞭解自己文化根源的可貴之處，同時，本書的寫作技巧必對法國文壇有極大影響。

二、不擅作生意

張先生在六十五歲退休之前，完全是公餘寫作，在軍人、公務員生活中，張先生遭遇的挫折不少。軍職方面，張先生只升到中校就不做了，因爲過去稱張先生爲前輩、老長官的人都成爲張先生的上司，張先生怎麼能做？因爲張先生的現職是軍聞社資料室主任（他在南京時即任國防部新創立的「軍事新聞總社」實際編輯主任，因言守元先生是軍校六期老大哥，未學新聞，不在編輯之列）。但張先生以不求官，只求假退役，不擋人官路，這才退了下來。那時養來亨雞風氣盛行，在南京軍聞總社任外勤記者的姚秉凡先生頭腦靈活，他即時養來亨雞，張先生也「東施效顰」，結果將過去稿費積蓄全都賠光。

三、家庭生活與運動養生

張先生大兒子考取中國廣播公司編譯，結婚生子，廿七年後才退休，長孫修明取得美國南加州大學電機碩士學位，之後即在美國任電機工程師。五個子女均各婚嫁，小兒子選良以獎學金取得美國華盛頓大學化學工程博士，媳蔡傳惠爲伊利諾理工學院材料科學碩士，兩孫亦已大學畢業就業，落地生根。

張先生兩老活到九十一、九十二歲還能照顧自己。（近年以一印尼女「外勞」代做家事）張先生一伏案寫作四、五小時都不休息，與臺大外文系畢業的長子選翰兩人都信佛，六十五歲退休後即吃全素。低血壓十多年來都在五十五至五十九之間，高血壓則在一百一十左右，走路「行如風」，年輕人很多都跟不上張先生，比起初來臺灣時毫不遜色，這和張先生運動有關。因爲張先生住大直後山海軍眷舍八年，眷舍右上方有一大片白色天主教公墓，諸事不順，公家宿舍小，又當西曬，張先生靠稿費維持七口之家和五個子女的教育費。三伏天右手墊塡著毛巾，背後電扇長吹，三年下來，得了風濕病，手都舉不起來，花了不少錢都未治好。後來章斗航教授告訴張先生，圓山飯店前五百完人塚廣場上，有一位山西省主席閻錫山的保鑣王延年先生在教太極拳，勸張先生天一亮就趕到那裡學拳，一定可以治好。張先生一向從善如流，第二天清早就向王延年先生報名請教，王先生有教無類，收張先生這個年已四十的學生，王先生先不教拳，只教基本軟身功攀腿，卻受益非淺。

四、耿直的公務員性格

張先生任職時向來是「不在其位，不謀其政」。後來升簡任一級組長，有一位「地下律師」的專員，平時鑽研六法全書，混吃混喝，與西門町混混都有來往，他的前任爲大畫家齊白石女婿，平日公私不分，是非不明，借錢不還，沒有口德，人緣太差，又常約那位「地下律師」專員到家中打牌。那專員平日不簽到，甚至將簽到簿撕毀他都不哼一聲，因爲爲他多報年齡，屆齡退休時想更改年齡，但是得罪人太多，金錢方面更不清楚，所以不准再改年齡，組長由張先生繼任。

張先生第一次主持組務會報時，那位地下律師就在會報中攻擊圖書科長，張先生立即申斥，並宣佈記過。簽報上去處長都不敢得罪那地下律師，又說這是小事，想馬虎過去，張先生以秘書處名譽紀律爲重，非記過不可，讓他去法院告張先生好了。何宜武祕書長是學法的，他看了張先生簽呈同意記過，那位地下律師「專員」不但不敢告，只暗中找一位不明事理的國大「代表」來找張先生的麻煩。因事先有人告訴他，張先生完全不理那位代表，他站在張先生辦公室門口不敢進來，幾分鐘後悄然而退。人不怕鬼，鬼就怕人。諺云：「一正壓三邪」，這是經驗之談。直到張先生退休，那位專員都不敢惹事生非，西門町流氓也沒有找張先生的麻煩，當年的代表十之八九已上「西天」，張先生活到九十二歲還走路「行如風」，一坐到書桌，能連續寫作四、五小時而不倦，不然張先生怎麼能在兩岸出版約三千萬字的作品？

原載新文豐《紮根台灣六十年》，墨人民國一百年十一月十三日校正）

墨人博士作品全集

文學是千秋藝業
秦皇漢武今何在
李白杜甫仍風流

全集共分四大類
一、散文類　二、小說類
三、文學理論類
四、新詩古典詩詞類

我出生於一個「萬般皆下品，惟有讀書高」的傳統文化家庭，且深受佛家思想影響，因祖母信佛，兩個姑母先後出家，大姑母是帶著賠嫁的錢購買依山傍水風景很好，上名山廬山的必經之地的「天后宮」出家的，小姑母的廟則在鬧中取靜的市區。我是父母求神拜佛後出生的男子，並寄名佛下，乳名聖保，上有二姊下有一妹都夭折了，在那個重男輕女的時代！我自然水漲船高了。我記得四、五歲時一位面目清秀，三十來歲文質彬彬的李瞎子替我算命，母親問李瞎子，我的命根穩不穩？能不能養大成人？李瞎子說我十歲行運，幼年難免多病，可以養大成人，但是會遠走高飛。母親聽了憂喜交集，在那個時代不但妻以夫貴。也以子貴，有兒子在身邊就多了一層保障。母親的心理壓力很大，李瞎子的「遠走高飛」那句話可不是一句好話。

到現在八十多年了，我還記得十分清楚。母親暗自憂心。何況科舉已經廢了，不必「進京趕考」，更不會「當兵吃糧」，安安穩穩作個太平紳士或是教書先生不是很好嗎？我們張家又是大族，人多勢眾，不會受人欺侮，何況二伯父的話比法律更有權威，人人敬仰，去外地「打流」又有什麼好處？因此我剛滿六歲就正式拜孔夫子入學啓蒙，從《三字經》、《百家姓》、《千字文》、《千家詩》、《論語》、《大學》、《中庸》……《孟子》、《詩經》、《左傳》讀完了都要整本背，在十幾位學生中，也只有我一人能背，我背書如唱歌，窗外還有人偷聽，他們實在缺少娛樂。除了我父親下雨天會吹吹笛子、簫，消遣之外，沒有別的娛樂，我自幼歡喜絲竹之音，但是很少聽到。讀書的人也只有我們三房、二房兩兄弟，二伯父在城裡當紳士，偶爾下鄉排難解紛，他是一族之長，更受人尊敬，因爲他大公無私，又有一百八十公分左右的身高，眉眼自有威嚴，能言善道，他的話比法律更有效力，加之民性純樸，真是「夜不閉戶，道不失遺」。只有「夏都」廬山才有這麼好的治安。我十二歲前就讀完了四書、詩經、左傳、千家詩。我最喜歡的是《千家詩》和《詩經》。

關關雎鳩，在河之洲，
窈窕淑女，君子好逑。

我覺得這種詩和講話差不多，可是更有韻味。我就喜歡這個調調。《千家詩》我也喜歡，我背得更熟。開頭那首七言絕句詩就很好懂：

雲淡風清近午天，傍花隨柳過前川。
時人不識余心樂，將謂偷閒學少年。

老師不會作詩，也不講解，只教學生背，我覺得這種詩和講話差不多，但是更有韻味。我也了解大意，我以讀書爲樂，不以爲苦。這時老師方教我四聲平仄，他所知也止於此。

我也喜歡《詩經》，這是中國最古老的詩歌文學，是集中國北方詩歌的大成。可惜三千多首被孔子刪得只剩三百首。孔子的目的是：「詩三百，一言以蔽之，曰思無邪。」孔老夫子將《詩經》當作教條。詩是人的思想情感的自然流露，是最可以表現人性的。先民質樸，孔子既然知道「食色性也」，對先民的集體創作的詩歌就不必要求太嚴，以免喪失許多文學遺產和地域特性。楚辭和詩經不同，就是地域特性和風俗民情的不同。文學藝術不是求其同，而是求其異。這樣才會多彩多姿。文學不應成爲政治工具，但可以移風易俗，亦可淨化人心。我十二歲以前所受的基礎教育，獲益良多，但也出現了一大危機，沒有老師能再教下玄。幸而有一位年近二十歲的姓王的學生在廬山一未立案的國學院求學，他問我想不想去？我自然想去，但廬山夏涼，冬天太冷，父親知道我的心意，並不反對，他對新式的人手是刀尺的教育沒有興趣，我便在飄雪的寒冬同姓王的爬上廬山，我生在平原，這是第一次爬上高山。

在廬山我有幸遇到一位湖南岳陽籍的閻毅字任之的好老師，他只有三十二歲，飽讀詩書，與民國初期的江西大詩人散原老人唱和，他的王字也寫的好。有一天他要六七十位年齡大小不一的學生各寫一首絕句給他看，我寫了一首五絕交上去，廬山松樹不少，我生在平原是看不到松樹的，我是即景生情，信手寫來，想不到閻老師特別將我從大教室調到他的書房去，在他右邊靠牆壁另加一桌一椅，教我讀書寫字，並且將我的名字「熹」改為「熙」，視我如子。原來是他很欣賞我那首五絕中的「疏松月影亂」這一句。我只有十二歲，不懂人情世故，也不了解他的深意。時任漢口市長張群的侄子張繼文還小我一歲，卻是個天不怕、地不怕的小太保，江西省主席熊式輝的兩個小舅子大我幾歲，閻老師的侄子卻高齡二十八歲。學歷也很懸殊，有上過大學的、高中的，多是對國學有興趣，支持學校的袞袞諸公也都是有心人士，新式學校教育日漸西化，國粹將難傳承，所以創辦了這樣一個尚未立案的國學院，也未大張旗鼓正式掛牌招生，但聞風而至的要人子弟不少，校方也本著「有教無類」的原則施教，閻老師也是義務施教，他與隱居廬山的要人嚴立三先生也有交往。（抗日戰爭一開始嚴立三即出山任湖北省主席，諸閻老師任省政府秘書，此是後話。）同學中權貴子弟亦多，我雖不是當代權貴子弟，但九江先組玉公以提督將軍身分抵抗蒙古騎兵入侵雁門關戰死東昌（雁門關內北京以西縣名，一九九〇年我應邀訪問大陸四十天時去過。）而封河間王；其子輔公。

以進士身分出仕，後亦應昭領兵三定交趾而封定興王；其子貞公亦有兵權，因受政客讒害而自嘉定謫居潯陽。大詩人白居易亦曾謫爲江州司馬，我另一筆名即用江州司馬。我是黃帝第五子揮的後裔，他因善造弓箭而賜姓張。遠祖張良是推薦韓信爲劉邦擊敗楚霸王項羽的漢初三傑之首。他有知人之明，深知劉邦可以共患難，不能共安樂，所以悄然引退，作逍遙遊，不像韓信爲劉邦拼命打天下，立下汗馬功勞，雖封三齊王卻死於未央宮呂后之手。這就是不知進退的後果。我很敬佩張良這位遠祖，抗日戰爭初期（一九三八）我爲不作「亡國奴」，即輾轉赴臨時首都武昌以優異成績考取軍校，一位落榜的姓熊的同學帶我們過江去漢口。中共未公開招生的「抗日大學」（當時國共合作抗日，中共在漢口以「抗大」名義吸收人才。）辦事處參觀，接待我們的是一位讀完大學二年級才貌雙全，口才奇佳的女生獨對我說負責保送我免試進「抗大」一期，因未提其他同學，我不去。一年後我又在軍校提前一個月畢業，因我又考取陪都重慶中央政府培養高級軍政幹部的中央訓練團，而特設的新聞「新聞研究班」第一期，與我同期的有爲新詩奉獻心力的覃子豪兄（可惜五十二歲早逝）和中央社東京分社主任兼國際記者協會主席的李嘉兄。他在我訪問東京時曾與我合影留念，並親贈我精裝《日本專欄》三本。他七十歲時過世，這兩張照片我都編入「全集」一百九十多萬字的空前大長篇小說（紅塵）照片類中。而今在台同學只有兩位了。

民國二十八年（一九三九）九月我以軍官、記者雙重身分，奉派到第三戰區最前線的第三十二集團軍上官雲相總部所在地，唐宋八大家之一，又是大政治家王安石，尊稱王荊公的家鄉臨川，（屬撫州市）作軍事記者，時年十九歲，因第一篇戰地特寫《臨川新貌》經第三戰區長官都主辦的行銷甚廣的《前線日報》發表，隨即由淪陷區上海市美國人經營的《大美晚報》轉載，而轉爲文學創作，因我已意識到新聞性的作品易成「明日黃花」，文學創作則可大可久，我爲了寫大長篇《紅塵》、六十四歲時就請求提前退休，學法出身的秘書長何宜武先生大惑不解，他對我說：

「別人想幹你這個工作我都不給他，你爲什麼要退？」我幹了十幾年他只知道我是個奉公守法的張萬熙，不知道我是「作家」墨人，有一次國立師範大學校長劉真先生告訴他張萬熙就是墨人，劉校長看了我在當時的「中國時報」發表的幾篇有關中國文化的理論文章，他希望我繼續寫，劉校長真是有心人。沒想到他在何宜武秘書長面前過獎，使我不能提前退休，要我幹到六十五歲多四個月才退了下來。現在事隔二十多年我才提這件事。鼎盛時期的（台灣新生報）連載四年多的拙作《紅塵》出版前三冊時就同時獲得新聞局著作金鼎獎和嘉新文化基金會「優良著作獎」，劉真校長也是嘉新文化基金會的評審委員之一，他一定也是投贊成票的。「世有伯樂而後有千里馬」。我九十二歲了，現在經濟雖不景氣，但我還是重讀重校了拙作「全集」我一向只問耕耘，不問收穫，我歷任軍、公、教三種性質不同的職務，經過重重考核關卡，寫作七十三年，經過編者的考核更多，我自己從來不辦出版社。我重視分工合作。我頭腦清醒，是非分明，歷史人物中我更敬佩遠祖張良，不是劉邦。張良的進退自如我更歎服。在政治角力場中要保持頭腦清醒，人性尊嚴並非易事。我們張姓歷代名人甚多，我對遠祖張良的進退自如尤爲歎服，因此我將民國四十年在台灣出生的幼子依譜序取名選良。他早年留美取得化學工程博士學位，雖有獎學金，但生活仍然艱苦，美國地方大，出入非有汽車不可，這就不是獎學金所能應付的，我不能不額外支持，他取得化學工程博士學位與取得材料科學碩士學位的媳婦蔡傳惠雙雙回台北探親，且各有所成，幼子曾研究生產了飛機太空船用的抗高溫的纖維，媳婦則是一家公司的經理，下屬多是白人，兩孫亦各有專長，在台北出生的長孫是美國南加州大學的電機碩士，在經濟不景氣中亦獲任工程師，我不要第三代走這條文學小徑，是現實客觀環境的教訓，我何必讓第三代跟我一樣忍受生活的煎熬，這會使有文學良心的人精神崩潰的。我因經常運動，又吃全素二十多年，九十二歲還能連寫四、五小時而不倦。我寫作了七十多年，也苦中有樂，但心臟強，又無高血壓，一是得天獨厚，二是生活自我節制，我到現在血壓還是60－110之間，沒有變動，寫作也少戴老花眼鏡，走路仍然「行如風」，十分輕快，我在國民大會主編《憲政思潮》十八年，看到不少在大陸選出來的老代表，走路兩腳在地上蹉跎，這就來日不多了。個人的健康與否看他走路就可以判斷，作家寫作如在八十歲以後還不戴老花眼鏡，沒有高血壓，長命百歲絕無問題。如再能看輕名利，不在意得失，自然是仙翁了。健康長壽對任何人都很重要，對詩人作家更重要。

一九九〇年我七十歲應邀訪問大陸四十天作「文學之旅」時，首站北京，我先看望已九十高齡的老前輩散文作家，大家閨秀型的風範，平易近人，不慍不火的冰心，她也「勞改」過，但仍心平氣和。本來我也想看看老舍，但老舍已投湖而死，他的公子舒乙是中國現代文學館的副館長，他也出面接待我，還送了我一本他編寫的《老舍之死》，隨後又出席了北京詩人作家與我的座談會，參加七十賤辰的慶生宴，彈指之間卻已二十多年了。我訪問大陸四十天，次年即由台北「文史哲出版社」出版照片文字俱備的四二五頁的《大陸文學之旅》。不虛此行。大陸文友看了這本書的無不驚異，他們想不到我七十一高齡還有這樣的快筆，而又公正詳實。他們不知我行前的準備工作花了多少時間，也不知道我一開筆就很快。

我拜會的第二位是跌斷了右臂的詩人艾青，他住協和醫院，我們一見如故，他是浙江金華人，卻體格高大，性情直爽如燕趙之士，完全不像南方金華人。我們一見面他就緊握著我的手不放，侃侃而談，我不知道他編《詩刊》時選過我的新詩。在此之前我交往過的詩人作家不少，沒有像他如此豪放真誠，我告別時他突然放聲大哭，陪我去看他的北京新華社社長族侄張選國先生，陪我四十天作《大陸文學之旅》的廣州電視台深圳站站長高麗華女士，文字攝影記者譚海屏先生等多人，不但我為艾青感傷，陪同我去看艾青的人也心有戚戚焉，所幸他去世後安葬在八寶山中共要人公墓，他是大陸唯一的詩人作家有此殊榮。台灣單身詩人同上校軍文黃仲琮先生，死後屍臭才有人知道，他小我二歲，如我不生前買好八坪墓地，連子女也只好將我兩老草草火化，這是與我共患難一生的老伴死也不甘心的，抗日戰爭時她父親就是我單獨送上江西南城北門外義山土葬的。這是中國人「入土為安」的共識。也許有讀者會問這和文學創作有什麼關係？但文學創作不是單純的文字工作，而是作者整個文化觀、文學觀，人生觀的具體表現，不可分離。詩人作家不能「瞎子摸象」，還要有「舉一反三」的能力。我做人很低調。寫作也不唱高調，但也會作不平之鳴、仗義直言。我不鄉愿，我重視一步一個腳印，「打高空」可以譁眾邀寵於一時，但「旁觀者清」，讀者中藏龍臥虎，那些不輕易表態的多是高人。高人一旦直言不隱，會使洋洋自得者現出原形。作品一旦公諸於世，一切後果都要由作者自己負責，這也是天經地義的事。

我寫作七十多年無功無祿，我因熬夜寫作頭暈住馬偕醫院一個星期也沒有人知道，更不像大陸的當代作家、詩人是有給制，有同教授的待過，而稿費、版稅都歸作者所有。依據民國九十八年一月十日「中國時報」A十四版「二〇〇八年中國作家富豪榜單」二十五名收入人民幣的數字統計，第一高的郭敬明一年是一千三百萬人民幣，第二名鄭淵潔是一千一百萬人民幣，第三名楊紅櫻是九百八十萬人民幣。最少的第二十五名的李西閩也有一百萬人民幣，以人民幣與台幣最近的匯率近一比四・五而言，現在大陸作家一年的收入就如此之多，是我一九九〇年應邀訪問大陸四十天作文學之旅時所未想像到的，而現在的台灣作家與我年紀相近的二十年前即已停筆，原因之一是發表出版兩難，二是年齡太大了。民國九十八年（二〇〇九）以前就有張漱菡（本名欣禾）、尹雪曼、劉枋、王書川、艾雯、嚴友梅六位去世，嚴友梅還小我四、五歲，小我兩歲的小說家楊念慈則行動不便，鬍鬚相當長，可以賣老了。我托天佑，又自我節制，二十多年來吃全素，又未停止運動，也未停筆，最近在台北榮民總醫院驗血檢查，健康正常。我也有我的養生之道，每天吃枸杞子明目，吃南瓜子抑制攝護腺肥大，多走路、少坐車，伏案寫作四、五小時而不疲倦，此非一日之功。

民國九十八（二〇〇九）己丑，是我來台六十周年，這六十年來只搬過兩次家，第一次從左營搬到台北大直海軍眷舍，在那一大片天主教白色公墓之下，我原先不重視風水，也無錢自購住宅，想不到鄰居的子女有得神經病的，有在金門車禍死亡的，大人有坐牢的，有槍斃的，也有得神經病的，我退役養雞也賠光了過去稿費的積蓄，讀台大外文系的大兒子也生病，我則諸事不順，直到搬到大屯山下坐北朝南的兩層樓的獨門獨院自宅後，自然諸事順遂，我退休後更能安心寫作，遠離台北市區，真是「市遠無兼味，地僻客來稀。」同里鄰的多是市井小民，但治安很好，誰也不知道我是爬格子的，連警察先生也不光顧舍下，除了近十年常有人打電話來騙我，幸未上大當外，我安心過自己的生活。當年「移民潮」去不了美國的也會去加拿大，我是「美國人」的祖父，我不移民美國，更別說去加拿大了。娑婆世界無常，早年即移民美國的琦君（本名潘希真）、彭歌，最後還是回到台灣來了，這不能說台灣是「天堂」，以我的體驗而言是台北市氣候宜人，夏天三十四度以上的日子少，冬天十度以下的日子也很少，老年人更不能適應零度以下的氣溫，我只有冬天上大屯山、七星山頂才能見雪。有高血壓、心臟病的老人更不能適應。我不想做美國公民，做台灣平民六十多年，也沒有自卑感。

娑婆世界是一個無常的世界，天有不測風雲，人有旦夕禍福，老子早說過：「福兮禍所倚，禍兮福所伏。」禍福無門，唯人自招。我一生不起歪念，更不損人利己，與人爲善。雖常吃暗虧，只當作上了一課。這個花花世界是我學不完的大教室，萬丈紅塵其中也有黑洞，我心存善念，更不造文字孽，不投機取巧，不違背良知，蒼天自有公斷，我本著文學良心寫作，盡其在我而已，讀者是最好的裁判。

民國一〇〇年（二〇一一）辛卯七月二十九日下午六時二十三分於紅塵寄廬

紅塵目次

三更燈火五更雞

（初版自序）

《紅塵》是我在民國六十年開始構思、準備的大長篇，直到民國七十三（甲子）年六月四日端午節那天才動筆，拖延了十三年之久。原因是我每天上班，又住在新北投，每天耗費在辦公室和公車上的時間在十二小時以上，所剩下的時間太少，不敢輕率動筆。因為長篇開頭太難，尤其是百萬字以上的大長篇，開頭不好就很難發展下去。我原先期望在六十五歲以前完成出版，可是拖到快六十五歲我還沒有動筆，因此心急如焚。我深恐年紀再大，精力不繼，無法完成這個心願。不少朋友六十五歲以前雄心萬丈，一過六十五歲，多力不從心。我也是常人，不是金剛不壞之身。不過為了準備完成這個艱鉅的工作，我一直在鍛鍊身體。以前是每天打太極拳，後來又登大屯、七星這兩座臺北近郊最高的山，只要一有假日，不論天晴下雨，我單人匹馬，照登不誤，每次上下山總在三十華里以上，而且速度很快，目的是訓練自己的體力耐力。

另外一個準備更久的工作是，對中國文化源頭的探索，對最具有文化整合功能的六經之首的《易經》和闡釋《易經》的宇宙本體論、相對相生論最透徹的《道德經》，我花了不少時間研讀；甚至對與《易經》血肉相連的命學，我也花了很多時間鑽研。一部涉及中西、中日歷史文化和中國人的長期苦難的作品，如果不深入瞭解中國固有文化，那是很難著筆的，即使蜻蜓點水，不是隔靴抓癢，就是曲解誤解，那不但可笑，而且危險。再則中國近代史和日本更密不可分，這個吃中國奶水長大而又反噬中國的緊鄰，造成中國空前浩劫的國家，我們必須徹底瞭解，因此在這方面我也花了不少心力，而且先後兩次去過日本，實地觀察。寫小說不止是編個故事，作者對他所要寫的內涵，必須要學要問。對於文化特質，歷史軌跡、方向，更不可模糊不清。曹雪芹、吳敬梓，不止是傑出的小說家，同時是了不起的學人。今天有人還看不懂《紅樓夢》就是不瞭解曹雪芹的哲學思想植根在甚麼地方？曹雪芹怎樣替元春算命？自然也不清楚了。

我的準備工作完成之後就決心提前退休。可是不巧的是，一個乞食宦場、平生無大志的人，卻在已近黃昏的時候幹著單位主管的工作，託了很多人說情還是退不下來。我不能再蹉跎下去，便在七十三年端午節內子住院開白內障那天，一人在家，節也不過，下定決心開筆。想不到開筆十分順利，當天就寫了五、六千字，把網撒開了，不禁暗自高興，以後每天晚上三更燈火五更雞，每天只睡兩、三小時，一覺醒來便不能再睡，又起來接著寫，經常寫到早晨七點上班，結果眼睛寫出飛蚊症來，先是左眼，接著右眼也有了。燈光下、太陽下，總是有蚊蟲似的東西在眼前晃動，但我決不停筆，我只希望在作品未完成前不瞎掉就行，寫到七十四年六月十四日，一年零十天的下半夜，一覺醒來，天旋地轉，我以為是內耳神經失去平衡，絕對沒有想到中風這種危險的病上來，因為我血壓一向是八十、一百二十，甚至還低一些。但我還是不休息。後來頭腦昏昏沈沈，走路一腳高一腳低，我才去公保看腦神經科，吃藥無效，才請榮總內科醫生開單轉榮總住院檢查。我雖有雙重身份，可是一直住不進去，我有被榮總先後兩次「擋駕」的經驗，因為我不是要人、不是大亨。這樣拖了一個多月，講話口齒也不清楚，而且會流口水。又再去公保看病。想不到遇到馬偕醫院的薛一鴻大夫，他問我的病情，又看我的病歷有轉診住院的紀錄，問我為甚麼不住院檢查治療？我說住不進去，他馬上說：

「住馬偕好不好？」

我當然求之不得，我問他還是不是中風現象？

他說：「是。」要我下午就去住院。

我住進醫院兩天，他就把我昏昏沈沈的毛病治好了。在公保服了一個多月的藥卻毫無效果，而且還要看所謂大牌醫生的臉色，他們連話都不願意多講一句。薛大夫不但態度親切，又替我作超音波、電腦斷層掃瞄、驗血，仔細檢查結果，說我一切正常，只要多休息，不要用腦過度，而且給我開了三個月的促進血液循環的「Trental」，囑咐我自行購買，按時服用。我一面服藥，一面寫作，沒有再發生天旋地轉。

七十四年農曆四月二十日我滿六十五歲，陽曆八月一日正式退休，結束了我幾十年的公職生活。專心寫作，得償夙願。

退休後無牽無掛，天塌下來也不關我的事，心無二用，寫作進度更快，終於在十二月二十三日完成一百二十多萬字，暫時告一段落，休息一下再寫。

當我十多年前和人談起我想寫的這部作品時，一位年輕的女作家說：

「你寫那麼長的東西誰要？」

我不作聲，我只考慮我能不能完成這部作品？我不考慮誰要不要的問題。有些年紀大的朋友也勸我不要做這種傻事，他們對寫作多已心灰意冷，其中原因很多，真是一言難盡。

當我的〈三更燈火五更雞〉在《中央日報副刊》發表後，遠在舊金山的謝冰瑩大姐立即飛函勸我不要寫，說我的年齡「已經過了寫長篇小說的時代」，要我節勞。她的愛護我十分感激，但我沒有接受她的勸告。我的個性是：我決定做的事，跳火坑我也不畏縮，我有『雖千萬人吾往矣』的傻勁；我不願幹的事，縱然是挖金礦，或是舉手之勞，我也不做。

這個長篇證明了我的愚公移山精神。我幾乎為它拚掉老命。我之所以如此，是要盡一個中國人應盡的責任。在文學變質、社會完全商業化、是非價值顛倒的今天，我確實是一個不識時務的大傻瓜，絕不是一位聰明的作家。

《新生報》不隨波逐流，前社長沈岳兄、《新副》負責人楊震夷兄、《新副》主編劉靜娟小姐，以如許魄力，連載拙作，也是破天荒的事。臺灣還沒有一家報紙副刊連載過一百多萬字的純文學長篇創作小說。拙作發表之後，讀者、文友給我的鼓勵的確不少。一位東海大學化學系畢業卻信仰佛教，住在雲林的龍天心先生，看了《紅塵》連載不到一個月就寫信給我，一年之內寫了四封信，第四封信說《紅塵》出版時他要買一百本分送友人；《青年報》校對組副主任鄭臺英小姐，亦與我素昧平生，一天她突然打電話到舍下，自我介紹，說《紅塵》出版時她要替我校對，做到一字不錯。這兩位無一面之緣的讀者的熱情愛護，使我深深感動；而遠在香港，腹笥極寬的岳騫兄，早先也和我緣慳一面，且無片紙隻字來往，七十六年三月我隨東南亞文藝訪問團訪問香港，才初次相識，卻一見如故。他對拙作《全唐詩尋幽探微》頗多過譽之詞（見其〈讀全唐詩尋幽探微〉大作），但我沒有想到他每天都讀《紅塵》，而且讀得格外仔細，他講的每一句話都很踏實，絕非泛泛的奉承。龔聲濤（長篇小說《日月潭之戀》作者）兄嫂（恕我仍未見過她）更常在人前我後過獎。有一天聲濤兄在喜慶場合中碰見我甚至笑說：

「我懷疑日本小姐川端美子是你的戀人，你是在夫子自道。」

我聽了好笑，因為那時我還沒有出生，我那會有這樣的異國紅粉知己？不過我得承認，我對《紅塵》中的許多人物，如龍老夫人，另一女主角文珍，以及漢蒙混血的香君，以及蝶仙、梅影、古美雲，乃至坤伶郝薔華……卜天鵬、太監小貴兒，混血兒劉聯軍母子……我都有一分憐愛和同情，我是以最大的愛心來寫他們。尤其是男主角龍天行，這位在中西文化衝突中受盡折磨煎熬的文化人——中華民族苦難的象徵，以及他哥哥龍天放，他們人人都與我血肉相連，密不可分。我不是玩弄文字遊戲，編個故事騙點稿費，迎合年輕的讀者，我是將自己六、七十年的痛苦體驗、思想、情感，全部投入，甚至不惜犧牲自己的老命，因為我們民族的苦難太深。但很多人並不明白造成這個大苦難的原因！而我是幸而未死的歷史證人。如果我不寫下這部《紅塵》，我是死不瞑目的。

自始即深深關心《紅塵》發表、出版的好友很多，如朱介凡、張佛千、鐵陀、黃文範、羅盤兄等……他們的關愛，我十分感謝。

今我意想不到的是大陸著名詩人、作家雁翼先生，在我戊辰年赴大陸探親之前，他突然託香港詩人藍海文打長途電話給我，要我將《紅塵》稿帶到北平，給他出版，我不知道他是怎樣知道這個訊息的？但我的手稿已贈臺北中央圖書館，幸好該館送了我兩套影本，我除了將《新生報》發表的五百多天的剪報影印一份，連同手稿影本七、八、九三大冊一併帶給他外，見了面才知道他是從美國方面得到訊息的。今年庚午五月，他終於將《紅塵》一至五十四章先行出版。同時還排好了我的另一部長篇《白雪青山》，他對我說要將這兩部長篇拙作作為他的「黃河」文化事業的「招牌書」。他邀我訪問大陸，作大陸文學之旅。同時廣州電視臺深圳記者站站長高麗華女士和編導譚海屏先生組成了電視製作組，一路伴我將我所有的參觀訪問、座談，全程錄影（大陸稱錄像），製作電視節目放映。雁翼和他的事業夥伴王瑜小姐，先在北平為我舉行七十賤辰慶生會，與著名作家、詩人正式見面、座談，事後又與公司同仁輪流陪我赴上海、杭州、[illegible]九江、武漢、西安、蘭州、武威、張掖、酒泉、敦煌、深圳等地參觀、訪問，與當地作家、詩人座談，費時四十天，這番盛情厚意，不但否定了「文人相輕」的惡習，更表現了「斯文同骨肉」的至情。他視我如兄長，我更引他為知己，這是我寫《紅塵》的意外精神安慰。而他的事業夥伴深圳甘肅省農副土特產品工貿總公司總經理藏族王瑜小姐，向未與我謀面，亦無片紙隻字往來，我甚至不知其人，她卻自始至終對我熱忱接待，出錢出力，奉我如上賓，我在臺灣還未碰上這樣支持文化事業，重視文學作家的企業家。這也是一大意外。

今年元月六日，《紅塵》在《新副》連載了一千零三十七天完畢。《新生報》新任社長邱勝安先生，決定不計成本出版這本拙作，現任主任祕書的楊震夷兄，和我一樣高興，《紅塵》的發表和出版，他都是關鍵人物，我除了深深欽佩前後兩任社長沈岳、邱勝安先生的中流砥柱精神和大氣魄外，自然要感謝這位畫家好友的古道熱腸。

在商業氣息，西方功利主義淹沒了臺灣的今天，純文學幾無立足餘地，像我這樣「不識時務」的人，生存空間更小，如果我的定力不夠，生命力不強，早就倒下去了！墳頭早已長樹長草。

現在我已過古稀之年，在我倒下之前，《紅塵》前[illegible]，我不得不將這段心路歷程寫出來。當然，有些話我還不便講，講出來不但對我無益，於事無補，還會使讀者氣結。我還是和書中男主角龍天行一樣：打落門牙和血吞。

民國七十九（一九九〇，庚午）年七月十七日凌晨四點二十分，《紅塵》初校

民國八十九（二〇〇〇，庚辰）年一月二十日重校

不畏浮雲遮望眼（定本自序之一）

《紅塵》這部一百二十萬字的大長篇，我構思了十三、四年，至民國七十三年（甲子）六月四日端午節那天，因老伴住院開刀治療白內障，我才下定決心，不顧一切困難，正式開筆。前九十二章，於民國七十四年十二月二十三日完稿，民國七十六年三月三日開始在《臺灣新生報副刊》連載，民國七十九年一月六日連載一千零三十七天完畢，民國八十年二月初版，同年十二月同時獲行政院新聞局金鼎著作獎、嘉新文化基金會優良著作獎。民國八十一年十二月一日開始在中國廣播公司《中國小說選播》節目中播出。民國八十二年三月再版，同年九月再版二刷。民國八十四年一月十一日，臺北廣播電臺先作專訪，隨後廣播《紅塵》十個月。

《新生報》是省營報紙，不以營利為目的，行事小心謹慎，但出書沒有良好的行銷管道，也少及時宣傳。《紅塵》一書雖與「建忠書報社」訂有代銷合約，卻仍遲遲不敢發書，生怕倒帳。後雖交「建忠」發給臺北市金石堂等少數書店，但上、中、下三卷精裝本訂價共達一千三百圓，普及本共達一千一百圓，這與輕、薄、短、小的書兩百圓上下一本相比，自然處於很不利的地位。然而《紅塵》能有銷售兩版再加二版二刷的成績，不但報社喜出望外，我也十分感謝讀者的支持。我曾在新生報社遇見臺北市某大民營報社的一位女編輯，她一人就買了三套。加上《紅塵續集》的出版，定價三百六十圓，四冊合計是普及本一千四百六十圓。民國八十六年初，在蘇社長玉珍任內，出版部曾簽准出第四版，後因凍省及其他原因，中途擱置。報社同意我解除出版合約，自行處理。這是我與《新生報》的一段善緣。

我真沒有想到，文化界會突然出現一夥有理想、有抱負的青壯年生力軍，他們共同創辦了知書房出版集團的「昭明出版社」。不但我的新長篇《娑婆世界》在我來臺五十週年、創作六十週年，又值八十賤辰時，成為他們創業的文學書籍，而且作為我的長篇小說類的第一部代表作，並將《紅塵》列為第二部代表作，《白雪青山》作為第三部代表作，還有《滾滾長江》、《春梅小史》、《[illegible]》等長篇及文學理論《紅樓夢的寫作技巧》與作序、修訂、批註的《脂本紅樓夢》等，也將陸續出版。僅前六部長篇，[illegible]他們都是「識途老馬」，是有十、二十年寫作、編輯、發行、經理經驗的[illegible]有抱負的作風，這是要有很大的[illegible]的。這對純正的作家、高品味的文學，會產生很大的鼓舞作用，不僅是我個人的榮幸而已。

文學不是溫室的花朵，作家不是布袋戲的木偶。文學需要良好的自然土壤裏的有機肥料，作家也不是靠飼料長大的，但要作為一位有風骨的作家，真是談何容易？作家付出的心血，知者甚少，在國際間所受的肯定，所享的盛譽，卻視而不見。俗話說：「滿瓶水不響，半瓶水響叮噹」，臺灣的「民主」造成了「選舉文化」與泛政治化，而文學又不是「選舉」產生的，作家拋不是「拔萃」定位的，作家和作品的價值必須通過長時間的考驗才能確立。而今天的社會卻無形中以這種心態看待文學和作家，自然「脫軌」了。甚至有讀者以為臺灣作家未能獲得諾貝爾文學獎為憾。弦外之音，似乎怪臺灣作家不爭氣。卻不知道諾貝爾文學獎評審會十八位委員中只有一位懂中文，如何評審？[illegible]將真正有份量、有代表性的文學作品翻譯出去，[illegible]作獎。這對臺灣文學、臺灣作家公平嗎？[illegible]即以諾貝爾文學獎而論，本世紀得獎者十有八九不如[illegible]有那一位作家的作品能與未得獎的曹雪芹的《紅樓夢》、托爾斯泰的《戰爭與和平》相提並論？[illegible]

也有不少看過《紅塵》的讀者以《紅塵》未能在大陸出版替我惋惜，甚至大陸教授亦有同感者。如潘亞暾教授是。但他們亦希望我能遷就「現實」，稍作刪改。其實出版過我的《紅樓夢的寫作技巧》和長篇小說《春梅小史》（易名《也無風雨也無情》）的北京文聯出版社，早在一九九二年就開過三次會議通過出版《紅塵》，並詳列表格寫出格於「現實」的部分文字，寄來請我同意刪節出版。我考慮再三，沒有同意。[illegible]由於[illegible]我還有九十三章至一百二十章沒有出版，那是殘缺不全的《紅塵》，[illegible]也引以為憾。但這不是編者和作者的問題，我也無權抱怨。

續文見頁四十五

不過眼前的名利不是我寫作的目的。我重視的是「文學良心」、「文學道德」。也重視因緣與因果關係。我自信我的「文學生命」還長，到一百歲時我也不會停筆。王安石〈登飛來峰〉七絕有「不畏浮雲遮望眼」。我雖然有很多挫折感，但非鼠目寸光。人生無常，世界無常，沒有什麼是一成不變的。上蒼既然讓我活下去，不會光是讓我吃飯、睡覺、養得白白胖胖的，自然還有別的原因。事實上我是愈老愈瘦了。人會辜負我，上天不會辜負我。我[illegible]十歲就是這樣活過來、寫過來的。只要不白活就好。

為了不白活，為了好好地服務讀者，《紅塵》[illegible]之前，我又仔細閱讀、校正、潤飾了一次，也調整了一些有關定義、史識的文句，另外還增加了一百二十章章目，以求完美。這次的版本是我的「定本」，[illegible]它能[illegible]為我真正的代表作。[illegible]幾十年、幾百年之後，《紅塵》的人物故事仍能活在讀者心中，因為他們與中華民族的歷史、文化、命運，血肉相連，我來到這個世界只是提供《紅塵》，作個見證。我不是來作文字遊戲的。

民國八十八（一九九九，己卯）年九月六日，於北投紅塵寄廬

民國八十九（二〇〇〇，庚辰）年一月二十一日，校正

畫龍點睛看標題（定本自序二）

中國古典小說都有回目標題，如《三國演義》、《水滸傳》、《金瓶梅》、《儒林外史》、《紅樓夢》、《西遊記》、《鏡花緣》莫不如此。回目不但可以暗示作品內容，更有畫龍點睛之妙。回目本身也是中國文學中特有的「對聯文學」。對聯作不好，絕對寫不好律詩，不論是五律、七律。唐宋詩人無一不長於此道。詩最難寫的就是律詩，寫不好律詩就算不上是好詩人、大詩人。詩聖杜甫就以律詩見長。他的〈蜀相〉七律、〈登樓〉七律、〈秋興〉八首都是膾炙人口的作品。為了瞭解他的詩對仗的工穩，我且引他的〈春望〉五律和〈聞官軍收河南河北〉七律稍作說明：

國破山河在，春城草木深；
感時花濺淚，恨別鳥驚心。
烽火連三月，家書抵萬金；
白頭搔更短，渾欲不勝簪。

劍外忽傳收薊北，初聞涕淚滿衣裳；
卻看妻子愁何在？漫卷詩書喜欲狂。
白日放歌須縱酒，青春作伴好還鄉；
即從巴峽穿巫峽，便下襄陽向洛陽。

這兩首律詩都是寫作者心情的，心情是抽象的，很不好寫，更不好對。但杜甫不論五律、七律，中間兩聯都對得十分工穩，絲絲入扣，可謂天衣無縫。所以這兩首都是好律詩，如果對仗不好，律詩就好不起來。

人稱小杜的杜牧，本來是絕句高手，可是他的〈題宣州開元寺水閣下宛溪夾溪居人〉七律中間的兩聯也是功力才情兼而有之。請看：

鳥去鳥來山色裏，人歌人哭水聲中；
深秋簾幕千家雨，落日樓臺一笛風。

這真是絕對，無一字不妙。

李商隱是中國的象徵派大詩人，抒情詩高手，請看他的〈錦瑟〉七律兩聯：

莊生曉夢迷蝴蝶，望帝春心託杜鵑；
滄海月明珠有淚，藍田日暖玉生煙。

這兩聯也是工穩之至，妙到毫巔。還有他的最著名的〈無題〉詩中的：「神女生涯原是夢，小姑居處本無郎。」更是經常被人引用，這種對聯只有中國文字、文學才能辦到。多音節的西洋文字、文學是辦不到的。

可是中國自庚子年被八國聯軍打敗以後，我們完全喪了民族自信心、自尊心。「五四」以後，所謂新派作家，在文學方面也完全學習西方，詩多學法國象徵派，小說也模倣西方作家作品，不用章題，不用對聯作章次的題目，只用一、二、三、四……數字分章，因此少了對作品內容的暗示，少了標題的魅力、詩聯的韻味。原因之一是趕西洋時髦，原因之二是作者不會寫對聯、律詩。即以三十年代的作家而言，魯迅、郭沫若、田漢是會寫絕律詩的，而以郁達夫的才情、功力最高，其他作家則少見他們的絕律詩作。倒是大畫家齊白石的絕句意境很高，有大家風範，毫無匠氣。三十年代以後的作家，會寫絕律詩的更少之又少了！由於不會寫，就更加否定、排斥。所以長篇小說就一直看不到章題了。再加上一些「評論家」推波助瀾，更增加了否定的力量。《紅塵》研討會時，還有一位半吊子「評論家」事先安排好了似的說新文學小說裏面不應有舊詩詞。恰好有一位行家當場打了回去，還有一位書法家當場送了我一首用大宣紙寫的七絕，我和他並不熟識。長篇小說如果沒有章題，讀者初拿在手中便如墮五里霧中，只有聽廣告亂吹了！沒有打廣告的作品就更吃虧。如有章題，明眼人一看，便知作者有幾斤幾兩了。

本來拙作《紅塵》前九十二章上、中、下三卷出版前，我寫好了對聯章題，打算排在書前。我將這個意思在電話中告訴一位《新副》的老編、老友，他是會寫絕律詩的，可是他卻說：「你不能這麼做，不然人家會將你看成張恨水一類的舊式章回小說家。」他也愛看張恨水的長篇小說。

我並不看輕張恨水，他的中國文學修養、才情，實在比他同輩的一般新派小說家高。我倒是有點怕新生報社賠本。我又問老友知不知道一般讀者的反應會怎樣？對銷路有沒有影響？他說：「現在年輕的讀者多不懂對聯，分不出上下聯，更分不出好壞，只看表面形式，愈新奇、愈淺的愈好賣，你要好好考慮。」

我考慮的還是怕新生報社賠老本，這是一部大書，新生報社又沒有適當的發行管道，發表《紅塵》時就佔了《新副》一千多天時間，幸好讀者反應甚佳。出書前報社主管一再開會，都反對出版，生怕賠錢，只有邱勝安社長一人堅持於民國八十年二月出版，他一肩承擔風險，我不能陷他於不義，所以我沒有將影印好的章題交給出版部陳小姐編進去。由於報社小心謹慎，書出版後都不敢交給已經簽約的「建忠書報社」發行出去，生怕倒帳。完全由讀者直接郵購、面購。報社很多人說已經銷得很不錯，報社同仁買的就不算少，其他的書就沒有這種情形。後來葉建麗兄接長報社，他知道這種情形，決定交給「建忠書報社」發給臺北金石堂等少數書店，想不到第一版很快銷完了，經銷的「建忠」和報社都賺了不少錢，民國八十一年三月再版兩千套，又銷完了，於同年九月再版二刷。葉社長要我趕寫九十三章至一百二十章，我成竹在胸，也很快就交稿了，報社也很快發表，並在八十二年十二月出版了，但出版部只好名為《紅塵續集》。本來出版部[illegible]在蘇玉珍社長任內就簽准了出版第三版，後來因為涷省等等原因而中途擱置下來。我這才和報社商量，解除出版合約，自行處理。報社同意了。這是《新生報》與我的一段《紅塵》好因緣。同時《新生報》在中國新聞史上也開創了一個連載大文學長篇小說的先例。

[illegible]新成立的[illegible]綜合出版社「昭明出版社」社長兼總編輯吳明興先生，是一位有二十年以上的寫作、編輯經驗的新詩人，而且深[illegible]儒、釋、道三家傳統文化、文學修養。他在擔任圓明出版社總編輯時出版過我的散文集《紅塵心語》，編輯考究，有些篇章還加了小標題，給讀者作了適當的啟示。但那本散文集是我在《新生報》寫的專欄，每篇不過千字左右。我的新長篇《娑婆世界》，卻是圖[illegible]五十萬字的長篇，他將初樣寄給我時，多達七百七十三頁，這也算是一部大書，一點不輕、薄、短、小，但我沒有擬訂章題，他在信中請我：「思量看看每一章是否要加題目？」我知道他是兼綜《詩經》傳統的新詩人，因此經他這一提醒，我在校對時就逐章寫好對聯式的章題，使它更能發揮良好的文學效應。讀者看後不但可以省去一點尋思內容的時間，也增加了判斷的著力點。同時也可以提供反對章題的人一個比較的機會。因此，這次《紅塵》出版我也加了一百二十章的章題，其實古今中外所有文學作品只分好壞，不論「新」、「舊」。以出版時間來說，《紅樓夢》是「舊」了，莎士比亞的所有作品也「舊」了。但其價值卻萬古常新，誰

能否定曹、莎兩公作品的文學價值？英國人至今還是以頂著莎士比亞這頂鑽石桂冠為榮呢！

好酒是愈陳愈香，作者的文學修養、思想境界才是判斷作品好壞的標準，而不是形式上的標新立異，或作品年代的先後。中國三、四十年代的作家就沒有一部作品足以與《紅樓夢》分庭抗禮。不論他們的名氣多大？背景如何？如何被當局重用？但這是一個不爭的事實。而嚴格說來，有些作家還未必真能讀懂《紅樓夢》呢！因為那不僅是文學問題，而是哲學問題；不僅是人生觀問題，而是宇宙觀問題，其他方面我就不再辭費了。

民國八十八（一九九九，己卯）年八月十八日，於北投紅塵寄廬

民國八十九（二〇〇〇，庚辰）年一月二十一日，校正

二〇〇五年二月六日農曆除夕前七日下午三時四十分重校

文接頁三十八倒數三行

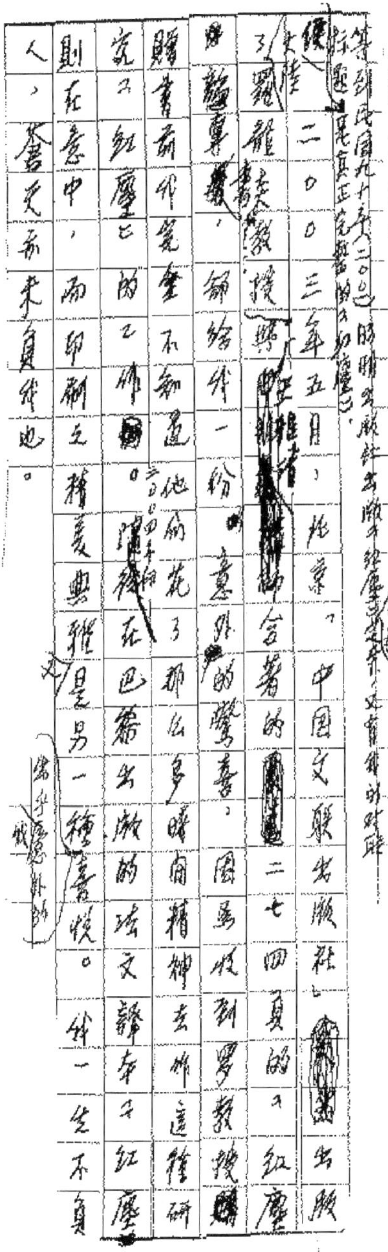

一燈能破千年暗（定本補記）

昭明出版社[redacted]的定本《紅塵》，總頁碼長達二千七百餘頁，約一百九十萬字，可以說是中外古今少有的長篇創作小說（非真正創作[redacted]不論）。比我們的古典小說名著《紅樓夢》、《三國演義》、《水滸傳》、《西遊記》、《儒林外史》、《金瓶梅》，以及俄國大文豪托爾斯泰的《戰爭與和平》等都長很多。

《紅塵》是上承五千年文化，化近代史為文學，化中華民族血淚為文學，化儒、釋、道三家思想為文學的，與另一部[redacted]化佛家經典精義為長篇小說[redacted]《娑婆世界》，都是我晚年的創作，是我敝帚自珍的作品，《紅塵》更是我以老命換來的作品。但我相信兩者都不是我最後的作品。

當我的〈三更燈火五更[redacted]〉那篇短文在民國七十三年八月十九日的《中央日報副刊》發表後，遠在舊金山的謝冰瑩大姐立即飛函好心勸我愛惜身體，不要拚老命寫長篇，還說我已經過了寫長篇的年齡，但我回信告訴她，我不寫完這部長篇[redacted]「死不瞑目」。從此她再也不寫信給我了。我知道我辜負了她的好心。[redacted]她已於[redacted]一月五日客死異國異鄉，我更心有戚戚焉。我和她都是二十世紀愛國家民族、受苦受難、都信佛而無所求的炎黃子孫，她已先我而去。我留後埋骨何地，只有天知道。

我知道文學創作還是「有為法」，不是「究竟法」，但它是慧業，在這個還需要文字、語言的物質世界，文學還是有它提升人類精神生活、恢復人的良知的功能的。因此我不能放棄做人的責任。

二十世紀是一個經過兩次世界大戰，不少區域戰爭、內戰不斷的世紀，血淋淋的世紀，中西文化思想衝突最大的世紀。中華民族的王道精神文明，和清末統治者的昏庸、腐敗，使慣於物質思維的西方強權有機可乘，使我們這一代子孫遭到空前浩劫。我大難不死，怎能不記取這個慘痛的教訓？剛跨過二十世紀，照中國的算法我已八十歲，我為什麼不採用西方算法，我認為他們的算法很不科學，因為人的生命始於陰陽相合受孕之時，而不是哇哇墜地之際。我們老祖宗的科學腦比西方人高明得多。五千年前伏羲的《易經》、兩千年前老子的《道德經》、就在講宇宙自然法則，而且他們講得更具體，他們的思想早已融入中華文化體系之中，成為一鼎三足。伏羲、老子、釋迦牟尼佛，早將人生觀提昇到宇宙觀，他們是既科學又超科學、既哲學又超哲學的。只是一般人還不太瞭解，而一直慣於物質思維的西方人更不知其妙。

但最悲哀的是庚子年（一九〇〇）八國聯軍打跨了我們的民族自尊心、自信心，因而自輕自賤，盲目崇洋了上百年。胡適之流不懂道家、佛家思想甚至儒家思想的留學西方的學者，否定自己的文化，捧著祖先的金飯盌，向別人討飯，造成今天十多億的炎黃子孫無所適從、左右為難的尷尬局面。我為什麼拼老命寫《紅塵》？又再寫《娑婆世界》？就是這種原因。我是站在儒、道、釋三家的人生觀、宇宙觀的思想基礎上建立我的文學世界。我希望兩岸同胞能重視祖先留下的金飯盌，將自己的頭腦、四肢弄得更健全。

現在大陸十三億多的炎黃子孫是站起來了，揚眉吐氣了，對西方強權敢說「不」了。臺灣兩千三百萬的炎黃子孫也自由富足了，但還是仰人鼻息、不敢說[illegible]總統我都不幹，別說[illegible]美國總統柯林頓希望活到一百五十歲，我倒有可能。但一百五十歲在無始終的大宇宙生命中也不過是一剎那，我不會浪費這短暫的生命。我只希望兩岸早恢復一鼎三足的文化，使寶鼎的支撐力量平衡，不然還是經不起兩大的衝擊[illegible]。作為炎黃子孫，我會有一分熱就發一分光，雖然我的光比螢火還小，但「一燈能破千年暗」，有生之年，我不會讓這盞比螢火都小的燈熄滅。

[illegible]在二十世紀中我打滾了八十年，《紅塵》中有我的斑斑足跡、點點血淚。這次再小心檢查

民國八十九（二〇〇〇）年一月二十一日凌晨五時三刻，於紅塵寄廬古典詩詞研究所

民國八十九年一月二十三日，修正；二月一日凌晨五時四十六分，補正

1951 年墨人 31 歲與夫人曾麗春女士（30 歲）結婚十周年紀念合影於左營

墨人博士七十壽辰與夫人曾麗春女士合影。此照為大翻譯家、文學理論家黃文範先生所攝，並在照片背後題「南山北海惟仁者壽」。

民國二十九年(1940)作者
墨人在江西南城戎裝照。

1939 年墨人即自戰時陪都四川重慶奉派至江西臨川王安石家鄉，第三戰區前線任軍事記者創辦軍報，提供抗日官兵精神食糧。時年 19 歲。

2010 年「五四」作者墨人 91 歲在花蓮和南寺家人合影

2003 年 8 月 26 日作者墨人（中）在含鄱口觀山景點與作者長女韻華、長子選翰、三女韻湘、二女韻真合影。

2005 年 2 月作者次子選良（右一）回台北與父（右二）及作者夫人（中）三女韻湘（左二）二女韻真（左一）合影。

作者墨人在書房留影，時年八十五歲。

《墨人博士大長篇小說〈紅塵〉法文譯本封面照片》

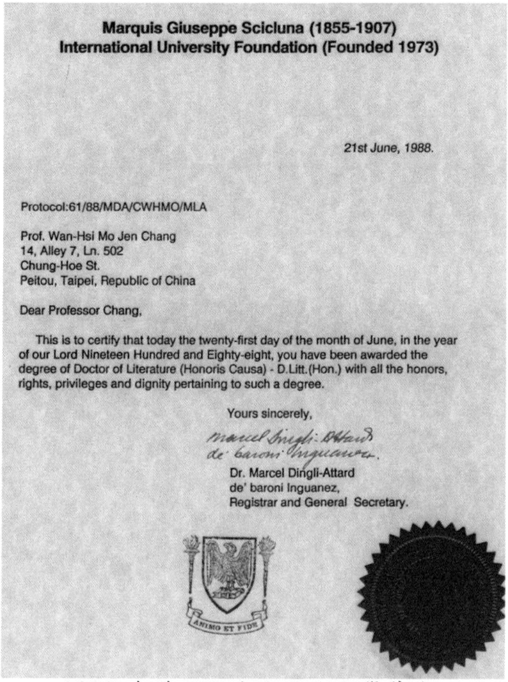

Marquis Giuseppe Scicluna (1855-1907)
International University Foundation (Founded 1973)

21st June, 1988.

Protocol:61/88/MDA/CWHMO/MLA

Prof. Wan-Hsi Mo Jen Chang
14, Alley 7, Ln. 502
Chung-Hoe St.
Peitou, Taipei, Republic of China

Dear Professor Chang,

This is to certify that today the twenty-first day of the month of June, in the year of our Lord Nineteen Hundred and Eighty-eight, you have been awarded the degree of Doctor of Literature (Honoris Causa) - D.Litt.(Hon.) with all the honors, rights, privileges and dignity pertaining to such a degree.

Yours sincerely,

Dr. Marcel Dingli-Attard
de' baroni Inguanez,
Registrar and General Secretary.

1988 年美國馬奎士國際大學基金會，授予張萬熙墨人教授榮譽文學博士學位證書。

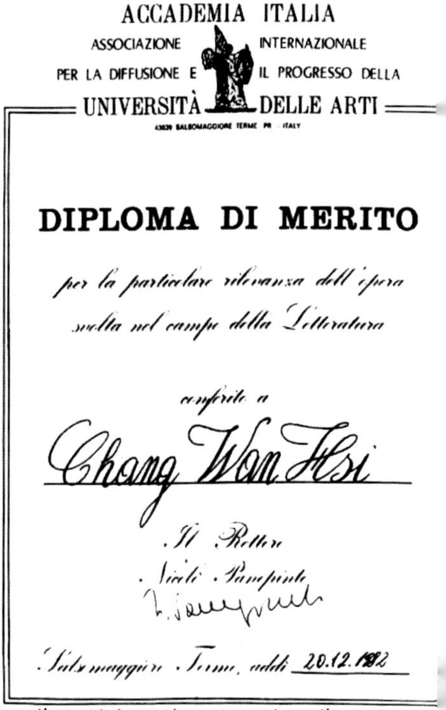

ACCADEMIA ITALIA
ASSOCIAZIONE INTERNAZIONALE
PER LA DIFFUSIONE E IL PROGRESSO DELLA
UNIVERSITÀ DELLE ARTI

DIPLOMA DI MERITO

per la particolare rilevanza dell'opera svolta nel campo della Letteratura

conferito a

Chang Wan Hsi

Il Rettore
Nicola Pampinto

Salsomaggiore Terme, addì 20.12.1982

義大利出版英、法、德、義四種文字的「國際文學史」的 ACCADEMIA ITALIA, 1982 年授予墨人的文學功績證書。

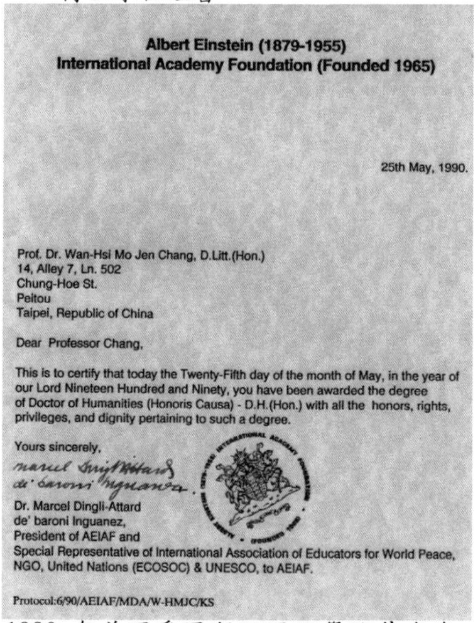

Albert Einstein (1879-1955)
International Academy Foundation (Founded 1965)

25th May, 1990.

Prof. Dr. Wan-Hsi Mo Jen Chang, D.Litt.(Hon.)
14, Alley 7, Ln. 502
Chung-Hoe St.
Peitou
Taipei, Republic of China

Dear Professor Chang,

This is to certify that today the Twenty-Fifth day of the month of May, in the year of our Lord Nineteen Hundred and Ninety, you have been awarded the degree of Doctor of Humanities (Honoris Causa) - D.H.(Hon.) with all the honors, rights, privileges, and dignity pertaining to such a degree.

Yours sincerely,

Dr. Marcel Dingli-Attard
de' baroni Inguanez,
President of AEIAF and
Special Representative of International Association of Educators for World Peace, NGO, United Nations (ECOSOC) & UNESCO, to AEIAF.

Protocol:6/90/AEIAF/MDA/W-HMJC/KS

1990 年美國愛因斯坦國際學院基金會授予張萬熙墨人教授榮譽人文學（含哲學文學藝術語言四種）博士學位

WORLD UNIVERSITY ROUNDTABLE
In Corporate Affiliation with the World University
Greetings
In recognition of Distinguished Achievement within the principles and purposes of the World University development, the Trustees of the Corporation, upon the nomination of the Secretariat, confer doctoral membership and this honorary award upon
Chang Wan-Hsi (Mo Jen)
The Cultural Doctorate in Literature
with all rights and privileges there to pertaining.

Witness our hand and seal at the International Secretariat Regional Campus, Benson, Arizona
April 17, 1989

President of the Board of Trustees
Secretary of the Board of Trustees

1989 年美國世界大學授予張萬熙墨人榮譽文學博士學位，文化大學創辦人張其昀（曉峰）先生亦獲此榮譽。

THIS PICTORIAL TESTIMONIAL OF ACHIEVEMENT AND DISTINCTION
proclaims throughout the world that
DR. CHANG WAN-HSI (MO JEN)
is the recipient of the above-mentioned Honour, granted by the Board of Editors of the
2000 OUTSTANDING SCHOLARS OF THE 20TH CENTURY
meeting in Cambridge, England, on the date set out below,
AND that the Board also resolves that a portrait photograph of
DR. CHANG WAN-HSI (MO JEN)
be attached to this Testimonial as verification of the Honour bestowed.
2000 OUTSTANDING SCHOLARS OF THE 20TH CENTURY
First Edition
Signed and sealed on the
14th December 1999
Authorized Officer

1999 年 10 月張萬熙墨人博士榮登英國劍橋國際傳記中心《二十世二千位傑出學者》第一版證書。

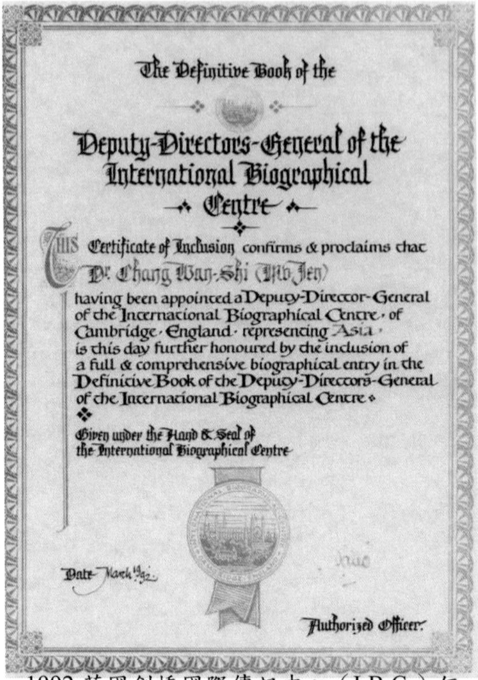
The Definitive Book of the
Deputy-Directors-General of the International Biographical Centre
THIS Certificate of Inclusion confirms & proclaims that
Dr. Chang Wan-Shi (Mo Jen)
having been appointed a Deputy-Director-General of the International Biographical Centre, of Cambridge, England, representing Asia, is this day further honoured by the inclusion of a full & comprehensive biographical entry in the Definitive Book of the Deputy-Directors-General of the International Biographical Centre.
Given under the Hand & Seal of the International Biographical Centre
Date March 1992
Authorized Officer

1992 英國劍橋國際傳記中心（I.B.C.）任張萬熙墨人博士為代表亞洲的副總裁。

THE INTERNATIONAL SHAKESPEARE AWARD
FOR LITERARY ACHIEVEMENT
This Illuminated Certificate of Merit commemorates and celebrates the life and work of
Dr. Chang Wan-Hsi (Mo Jen) DDG
and is therefore a rightful recipient of the Shakespeare Award for Literary Achievement and as such stands testament to the efforts made by said individual in the arena of
Poetry, Novels and the Humanities
Witnessed on the date set out below by the Officers of the International Biographical Centre at its Headquarters in Cambridge, England and signed by the Director General and Editor-In-Chief.
16th March 2009
Director General
Editor-In-Chief

2009 年 3 月 16 日英國劍橋國傳記中心總裁與總編輯聯合授予張萬熙墨人博士國際莎士比亞文學成就獎。

International Biographical Centre Cambridge CB2 3QP England
Telephone: +44 (0) 1353 646600 Facsimile: +44 (0) 1353 646601
IBC

REF: LAA/MED/MW-13640

13 November 2002

Dr Chang Wan-Hsi (Mo Jen) DDG
14 Alley 7, Lane 502
Chung Ho Street
Peitou
Taipei
Taiwan

Dear Dr Chang

Please find enclosed the Medal in respect of the **Lifetime Achievement Award** which I hope meets with your approval.

Yours sincerely

M Whitehall

MICHELLE WHITEHALL
Personal Assistant to the Director General

Enc

英國劍橋國際傳記中心(I.B.C.)2002 年頒發詩人作家張萬熙（墨人）博士終身成就獎，英文信及金牌正反面照片墨人早年即被 I.B.C.推選為副總裁。

《紅塵》人物提要

《紅塵》重要人物系統表

《紅塵》重要人物系統表

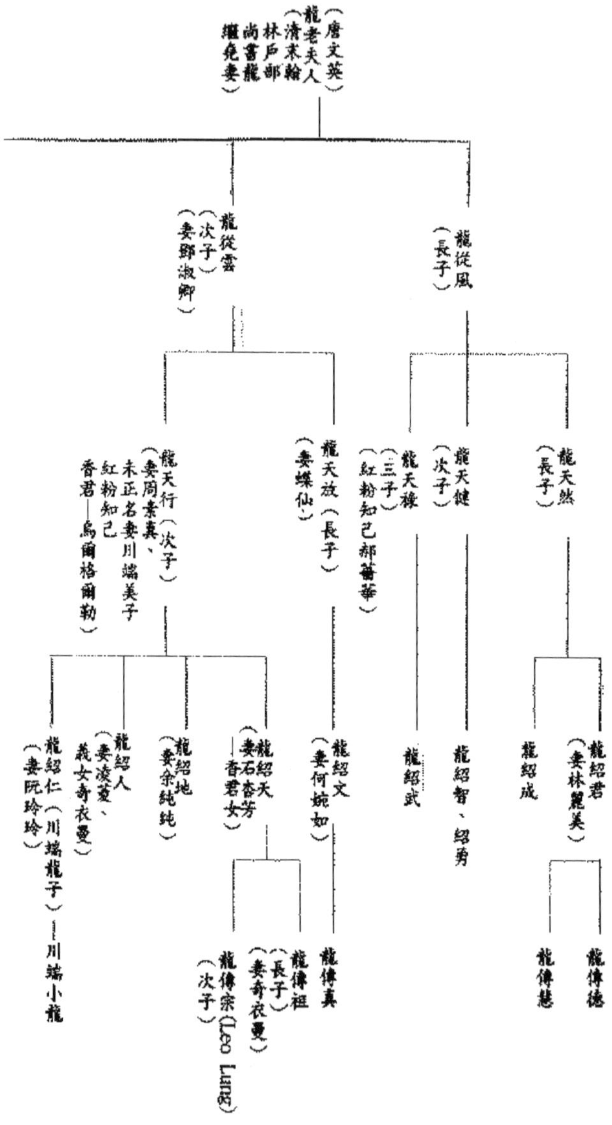
唐文英
（龍老夫人）
（清末翰林戶部尚書龍繼堯妻）
龍從風
（長子）
龍從雲
（次子）
（妻鄧淑卿）
龍天然
（長子）
龍天健
（次子）
龍天祿
（三子）
（紅粉知己郝薔華）
龍天放（長子）
（妻蝶仙）
龍天行（次子）
（妻周素眞、未正名妻川端美子
紅粉知己
香君—烏爾格爾勒）
龍紹君
（妻林麗美）
龍紹成
龍紹智、紹勇
龍紹武
龍紹文
（妻何婉如）
龍紹天
（妻石杏芳
—香君女）
龍紹地
（妻余純純）
龍紹人
（妻凌菱、
義女奇衣曼）
龍紹仁（川端龍子）
（妻阮玲玲）
—川端小龍
龍傳德
龍傳慧
龍傳眞
龍傳祖
（長子）
（妻奇衣曼）
龍傳宗（Leo Lung）
（次子）

- 龍從雨（三子）
  - 龍天任
    - 龍紹忠（子）
    - 龍紹貞、紹華（女）（夫甫拉提江）
  - 龍天祥
    - 龍紹禮、紹義（子）
    - 龍紹芬（女未婚）（義女廖淑君）
  - 龍天德
    - 龍紹雄、紹杰（子）
    - 龍紹珍、紹玲（女）（夫施朗）、（夫王紹光）
- 龍從容（女）（夫楊通）
  - 楊仁（子）
  - 楊文玲（女）（夫彼得）（未婚夫龍天行）
- 古美雲（義女）

相關人物：

- 知識份子——柳敬中（逍遙子）、王仁儒、加藤中人（日本漢學家川端美子老師）、黃凍梅、梁勉人、阮雪冰、周而福、賀元、佘震天、史寧、白蘋等多人。
- 傳教士——司徒威（Steward）。
- 尼姑——應素蘭（了空）、月印、慧心等；和尚——悟明、悟性等；道人——離塵子。
- 太監——小貴兒。混血兒——劉聯軍。
- 丫鬟——梅影、秋月等多人。護院、僕人——卜天鵬、梁忠、劉嬸嬤等多人。
- 其他人物——川端太郎、李烈、劉安娜、馬福康、龍翔、馬長青、林阿足、阿衣古麗、王保生、梁子才、李德民、李薇、許昌、劉李兒、李小蘭、劉文英、王立德、李興唐、李繼聃、劉光漢、夏宗周、吳修身、周希文等。

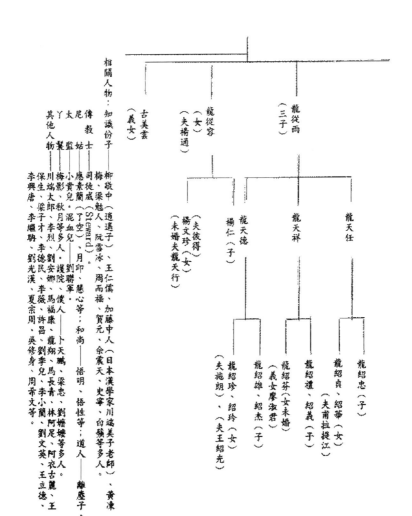

《紅塵》人物提要

墨人

龍老夫人

清末翰林戶部尚書龍繼堯之妻，唐狀元之女，生子從風、從雲、從雨，女從容，龍繼堯過世後成為一家之至。長子從風、三子從雨在原籍九江，次子從雲、女從容留京。老夫人年輕時乃一大美人，一雙丹鳳眼如朗月明星，自有一種祥和高貴之氣。知書識禮、福慧雙修。年屆七十猶腰背挺直、毫無老態、不胖不瘦、精神矍爍、幽默風趣。信佛茹素、慈悲為懷。一言九鼎、滿室春風。壽高一百零一歲，福壽全歸。龍府靈魂人物。

龍天行

本書男主角，龍從雲次子，極得祖母家人寵愛。同字臉，秀眉朗目，神清氣和，面色白中透紅，十分和藹，卻隱隱然有一股不可侵犯之氣。莊嚴中透出幾分澹泊、瀟灑；外表、性格多似父；嚴肅、果敢則似母。極重情感道義，是性情中人，有所為有所不為。與表妹楊文珍指腹為婚，青梅竹馬，情投意合，不料姑父楊通食言，拆散良緣，造大成一大悲劇。憤而辭家留日。京都美人，才女川端美子一見鍾情，以身相許，又以中日關係惡化，有情人未能成為眷屬，又造成一大悲劇。他文武全才，學貫中西，對中國固有文化尤具真知灼見。其一生不幸際遇與國運密不可分，有先見之明。百歲誕辰登臺北七星山，不知所終。遺有百萬字鉅著《中國文化新論》原稿。

楊文珍

本書女主角，龍老夫人外孫女。身材適中，一臉秀氣，眼如秋水，清可鑑人。一見令人歡欣、喜悅，是一才女。不但與天行指腹為婚，自幼即一起讀書，耳鬢廝磨，芳心早屬。而其父兄千方百計，逼嫁英國傳教士、洋行大亨司徒威養子彼得，痛不欲生。中日戰爭期間，彼得攜子女隨司徒威赴英，文珍不去，乃賦仳離，司徒威、彼得全家葬身海底。她歷經變亂後，變賣家產，隨蝶仙、天行全家來臺創業，安享晚年。聞天行登山不知所終，一慟而絕。

川端美子

本書另一女主角。日本漢學家加藤中人高足，京都美人、才女。膚如凝脂、眼如秋水、鼻如懸膽、唇紅齒白、面如洋娃娃、亭亭玉立，非一般日女可比。頭梳高髻，身穿花和服，看來如唐朝仕女。一口京都腔，又如吳儂軟語。對天行一見鍾情、以身相許，惜因中日關係惡化，有情人未成眷屬。生有天行骨肉，取名川端龍子。雖未正名、終身不渝。中日戰爭期間，曾來中國探視龍子，而天行已遠走大後方，未能相會，卻與古美雲、文珍、香君成為莫逆。中日戰爭結束後，天行因公重到東京，美子以飽經憂患而得癌症，死於天行懷中。遺有日記、詩，十分悽惋。

香　君

原為龍老夫人丫鬟，後服侍天行。父為蒙古人，母為漢人。天生麗質，聰明伶俐，臉色紅潤如水蜜桃，有小酒窩。與文珍情同姐妹，對天行忠心耿耿，用情亦深，但發乎情，止乎禮。老夫人原已許她做文珍陪房，因文珍婚變，滿盤皆輸，失望哀傷，難以言宣。平日得天行、文珍指導，又聰明過人，故能詩能文。後因其父貪人厚聘，嫁與石獃子，又造成一大悲劇。中日戰爭期間，夫、子均死於日軍槍下，幸與天行已成兒女親家，乃同來臺灣，安度晚年。

蝶　仙

本書關鍵人物。龍老夫人的貼身丫鬟。亭亭玉立，明眸皓齒，聰明絕頂，善解人意，口齒伶俐，風趣幽默，妙語如珠，能屈能伸，極得龍老夫人歡心，與眾人喜愛。後與天放成婚，成為天行精神支柱，天行三子保姆，一家重心。生有一子紹文。歷經戰亂，持家井井有條，有巧婦之稱。與天行父子來臺創業，晚年禮佛，修行有成，曾入禪定五晝夜，隨天行化身同登淨土，親見老夫人，奉命重返人間，訓示子孫，行善積德，重視因果。

古美雲

許狀元側室，龍老夫人義女，本書關鍵人物，江南大美人。瓜子臉，皮膚白細，吹彈可破，眉似春山，眼如明星，秋水盈盈，鼻秀挺，嘴端正，有角有稜，唇紅齒白，一顰一笑，口角春風。飽經滄桑，見多識廣，人情世故練達，豪爽風趣，能言善道，而心地善良，有活觀音之稱，為風塵中奇女子。對龍老夫人十分孝順，對天行愛護有加，深得龍家上下敬愛。八國聯軍入京期間，曾大顯身手，抗戰期間，守護龍家，除惡鋤奸，深藏不露，功成不居。身後事亦先安排，遺愛人間。

梅　影

龍老夫人貼身丫鬟，秀髮如雲，長裙曳地，十分清秀，稍嫌單薄，似不食人間煙火，性格內向，忠心耿耿，亦善解人意、口才不如蝶仙。因鑑於應素蘭紅顏薄命，天行與文珍、川端美子有情人不能成為眷屬，反與周素真成為怨偶以及香君被亂點鴛鴦之種種悲劇，矢志不嫁。龍老夫人逝世後，即去紫竹菴削髮為尼，刻苦清修，希望能修成六通，永遠解脫。

應素蘭

紫竹菴尼姑，法號了空。原嫁與紈絝子蒲世仁為妻，被休，憤而出家。眉如春山一脈，輕籠淡煙薄霧，眼如明潭秋水，幽幽深沈，嘴形秀美，卻少血色，牙齒晶瑩雪白，彷彿未食人間煙火。向為龍老夫人喜愛，常來龍家走動，與蝶仙、梅影、文珍、香君等均甚友好。深知清修之苦，心魔難去，不敢奢望成佛，亦不還俗，後與梅影同受紅衛兵羞辱。

龍天放

龍從雲長子，天行之兄，方頭方臉，頭角崢嶸，面色紅紫，不怒而威，出身武舉，長於拳術，在日本士官學校肄業時，因留日同期同學深受日本同學松下輕視，不得不與松下比武，一戰而勝，松下切腹。自推翻滿清以至抗日戰爭，無役不從，公而忘私，席不暇暖，獨具慧眼，與蝶仙成婚，公私兼顧，終在保衛大武漢抗日戰爭中殉國。

龍從雲

龍老夫人次子，自幼隨侍在京，事親至孝，待人寬厚。同字臉，秀眉朗目，一身書卷氣，瀟灑如不繫之舟，無意仕途，嗜骨董字畫，經營景德瓷莊，優游歲月，惟好景不長。景德瓷莊既毀於義和團之火，萬寶齋古玩店又被八國聯軍洗劫一空，妹婿楊通更投靠司徒威，背信食言毀婚，重重打擊，接踵而至，不一而足。「七七」事變，舉家遷往後方，所有骨董字畫均在廬山頤園為日軍掠走，又有折翼之痛，在重慶沙坪霸抑鬱以終。

鄧淑卿

龍從雲夫人。方面大耳，穩重厚實，不苟言笑，不怒而威，令人敬畏，臨危不亂，治家教子有方。抗戰時死於四川重慶沙坪壩。

龍從容

龍老夫人之女，楊通之妻。外表雖似母親，但無龍老夫人之精、氣、神，十分善良，優柔寡斷。楊通信教、背義、毀約，她一籌莫展，左右為難，惟與文珍對泣，終於造成悲劇。

楊　通

龍從容之夫，投機商人，矮矮胖胖，肥頭大耳，大蒜鼻，一對鼠眼暗藏許多玄機。唯利是圖，食言而肥，一手拆散天行、文珍良緣。曾遭卜天鵬痛毆，中日戰爭時附敵，死於非命。

楊　仁

楊通之子，文珍之兄，外表、性格多似楊通，與文珍相反，趨炎附勢，討好賣乖，與楊通狼狽為奸，引狼入室，陷文珍於痛苦深淵，曾遭天放痛毆。太平洋戰爭爆發，隨司徒威、彼得赴英，葬身海底。

柳敬中

龍繼堯夫婦老友，天放、天行之師，欽天監正，通天文、地理、《易經》、《道德經》，且有神通、人稱柳神仙。身著絳色道袍，仙風道骨，武功莫測高深，步履輕盈，望之如四十歲人。極受龍府上下敬重，八國聯軍時曾救王仁儒於危難之中。隨即絕跡京華，龍老夫人去世時又突來弔唁，並留「紅塵滾滾，浩劫連連，依山而居，入土為安，避秦聖地，海上仙山。」偈語而去，後均應驗。

王仁儒

食古不化腐儒，六十左右，抽長旱菸桿，彎腰駝骨，隨地吐痰，不通人情世故，不知民間疾苦，龍繼堯曾多次提拔，均鎩羽而歸。龍從雲念舊，以西席名義，予以賙濟，但功名利祿心重，自歎懷才不遇。適義和團起，乃投靠原為混混之坎團首領趙福星，終死於八國聯軍之手，梟首示眾，其狀甚慘。

卜天鵬

原為平劇名武生，倒嗓後為龍從雲聘為護院，兼教天放、天行拳術。潔身自愛，俠肝義膽，好打不平，曾痛毆楊通，助教民脫險。抗戰時留守龍府，金甌無缺。天行子紹人迷途，龍府成為大雜院，紹人棄嫂姪不顧，卜痛責其非。紹人召公安拘捕，卜天鵬反擊，一躍而出龍府，不知所終。

梁　忠

九江龍家武師，體格魁梧，武功與卜天鵬不相上下，忠心耿耿，江湖經驗豐富，運送瓷器往來於北京、九江之間，向未失手。陪龍老夫人在牯嶺頤園歇伏，教訓狗仗人勢之教民，英國人廚師，上海癟三，日軍佔領牯嶺，搜索頤園時為維護龍從風及龍從雲之骨董字畫，死於日軍亂槍之下。

龍從風

龍老夫人長子，九江縉紳，經營景德瓷莊，管理祖產，為人正直，亦頗幽默，為一家之主。治家從嚴，視幼子天祿為敗家子，曾在龍老夫人墳前痛責天祿。在牯嶺頤園死於日軍亂槍之下。

龍從雨

龍老夫人三子，人情世故練達，思想觀念甚新，在九江創辦紗廠，振興工業，鼓勵天行送長子紹天赴英習紡織，為以後在臺創辦天龍紡織公司，重振龍家事業張本。抗戰時整廠捐獻國家，並親自參與生產，九江變色後，被鬥慘死。

加藤中人

日本漢學家，曾來中國，為龍繼堯故交。對中日歷史文化淵源瞭解極深，深愛中國文化。對中國處境十分同情，對皇軍之飛揚跋扈，欺人太甚，則不以為然；有遠見，常懷隱憂，後果如所料。瘦小斯文，戴近視眼鏡，膝下空虛，視學生川端美子如己出，對天行愛護有加，有長者之風。「九一八」事變前去世，土葬，一如中國習俗。

黃凍梅

天行同事好友，學識淵博，性情直爽，不沽名釣譽，為一純正學者。對梁勉人的標新立異，譁眾取寵，不以為然，思想見解與天行相似，以教授終生，死於臺灣。

梁勉人

留美博士，標新立異，譁眾取寵，主張全盤西化，而於中國固有文化之科學精神與整合功能則無所知。搖擺於學術、政治之間，成為聖之時者，為佘震天輩玩於股掌而不自知，後遺症甚大。

阮雪冰

阮國璋朝鮮如夫人之子，詩酒風流，不問世事，亦不齒梁勉人之流。以抽大菸，票戲，娶姨太太為樂。曾以重金取得幫會「老頭子」地位，開堂收徒，供其揮霍。因古美雲關係認識天行，而青眼相看，英年風流而死，風光一時。

龍天祿

龍從風三子，天行堂兄，性情中人，因抽大菸、票戲與女伶郝薔華同居，為家人不齒，視為敗子。抗戰時卻與郝薔華發起義演勞軍，勞累而死，令人觀感一新。對天行敬愛有加，引為知已。有獨子紹武，抗戰負傷絕後。

郝薔華

平劇坤伶，因龍天祿知音，又愛九江湖光山色，乃與龍天祿同居於甘棠湖濱，暫時息影。出淤泥而不染，識大體，明大義，潔身自愛，為天行、蝶仙賞識，並與蝶仙結為姐妹。天祿死後，隻身走武漢，重登紅氍毹，後與天行、蝶仙會合，再赴重慶，終成為龍家一員，又同來臺灣，傳授薪火。

佘震天

龍家遠親，身材高大，不修邊幅，目中無人，自視極高，工於心計，長於鬥爭。又熟讀《水滸》、《三國》、《紅樓夢》，頗有文才。更多英雄、豪傑、帝王思想。

龍紹武

龍天祿獨子，軍校出身，淞滬之戰、日軍傷其要害，不能結婚，桂南之戰，稍雪前恥，入緬支援英軍，出入野人山，艱苦備嘗，駐印度整訓，反攻緬甸。屢造大捷。後在東北內戰中殉戰。

龍紹地

天行次子，抗戰時投筆從戎，歷經桂南、緬甸大戰，與紹武出生入死，戰績輝煌，後在東北作戰被俘勞改。得異母兄龍子之助，恢復自由重新生活。

龍紹芬

龍從雨孫女，與紹地等投筆從戎，為現代花木蘭，聰明而有膽識，與天行學生余純純，轉戰桂南、緬甸，入野人山，幾曝屍原始森林，兩人叨天之幸，為僅存之花木蘭，入印後遣返重慶復學，余純純已與紹地在緬成婚。大陸變色，余純純未能脫身，受盡折磨，生死未卜，她則冒死逃亡臺灣，任紹天創辦的美雲孤兒院院長。

龍紹人

龍天行三子，幻想、激進文人，留居龍家翰林第，初尚能苟安，後一再勞改，打入牛棚，嚴密監禁，陷於精神崩潰邊緣。大夢醒時，已垂垂老矣。

龍紹天

龍天行長子，香君之婿，留英習紡織，抗戰時改進被服補給，貢獻甚多，後奉天行之命來臺創辦天龍紡織公司，大展鴻圖，重振家聲。

川端龍子

天行與川端美子所生骨肉，譜名紹仁。日軍侵華，充作砲灰，兩次負傷，幸留一命，因受美子教導，從無暴行。日本侵華失敗，無條件投降，志願留華，以圖報效，並欲歸宗，不幸受盡折磨。日本與北京建交後，始偕新婚妻子阮玲玲重回日本，著有《煉獄春秋》一書，並來臺與天行共敘天倫，決定日譯其父之《中國文化新論》。後與表兄川端太郎、異母弟紹天共同投資大陸，重返北京，溝通兩岸關係，深受禮遇。

阮玲玲

川端龍子之妻，生長北京，賢淑能幹，人情世故練達，為龍子賢內助，紹地、紹人兩夫妻之及時雨，龍家第四代家庭、事業之關鍵人物。

余純純

紹地之妻，原為天行學生，抗戰時投筆從戎，與紹芬同為花木蘭，兩人同生死共患難，幾同時曝骨野人山。大陸變色後，掃地出京，發配青海，攜幼子傳薪，茹苦含辛，矢志不改嫁，撫養成人，娶藏女旺姆為妻。純純後得龍子夫婦之助，幸而回京與紹地團聚，但翰林第已鵲巢鳩佔矣。

凌　菱

紹人之妻，女作家，夫唱婦隨，患難與共。為救紹人，不惜間關萬里探監，牛衣對泣，慰解有加，使紹人如獲重生。曾育一女，黔桂大逃難時中途夭折。後收維吾爾族佳人奇衣曼為義女。

龍傳宗

紹天次子，留美習比較文學。以《勞倫斯夫人的情人與肉蒲團、金瓶梅的比較》一文獲文學博士學位。崇洋媚外，而於中國固有文化、古典文學則無所知，不懂《紅樓夢》，更視太極圖為圖騰。卻回國演講教學，洋洋自得，風靡一時。

龍傳祖

傳宗之兄，留美天體物理學家，太空科學家，曾乘太空船遨遊太空，卻極重視中國固有文化。回國時衣繡太極圖，以其成就歸功於中國固有文化之科學精神與《易經》八卦陰陽變化之無窮無盡。對天行鉅著《中國文化新論》更為重視，為龍家繼往開來之傳人。

奇衣曼

新疆維吾爾族佳人，凌菱義女，經紹芬撮合與傳祖結為連理。兼具東方、西方美人雙重特質，深受漢、維文化雙重教育，且通俄文、俄語，秀外慧中，剛柔互濟，才思敏捷，口才更佳。龍家均視為蝶仙之衣缽傳人，傳祖之賢內助。

文化與文學

——嘉新優良著作獎頒獎典禮答詞

墨人

首先我要謝謝嘉新文化基金會給我這份意外的榮幸。同時我也要謝謝新生報社和行政院文建會對拙作《紅塵》的支持。如果沒有《新生報》以一千零三十七天的長期連載，和文建會的支持，今天臺灣的讀者就看不到一百三十萬字三大本的《紅塵》，書出不來，自然就不會有嘉新優良著作獎和新聞局的著作金鼎獎了。

說來慚愧，直到十一月二十七日，基金會的曾武雄先生親自交給我一份基金會簡介和獎學金三十週年紀念特刊，看了以後我才知道嘉新文化基金會成立了二十八年，獲得獎學金的學生到八十年止共有六萬九千多人。優良著作獎也頒發了二十八屆，獲獎的作家共一百九十八人。我雖然寫作了五十多年，出版了四十四部作品，我從來沒有申請過嘉新著作獎和金鼎獎。這次《新生報》兩邊送審，真想不到我也會得獎。今年我已經七十二歲了，這三、四十年來，得各類文學獎的作家多於過江之鯽，有些愛護我的朋友不免有「冠蓋滿京華，斯人獨憔悴」之感。但我並不在乎這些。我是一個和《紅塵》中的男主角龍天行一樣打落門牙和血吞，而且不容易受外界影響的人。我自始即認為，很多事都可以取巧，唯有文學創作不能；文學創作必須將自己整個的生命投入，不計代價。同時我更不是一個唱流行歌曲的作家，我絕不追趕流行，跟著流行跑。當二、三十年前，西方的存在主義、意識流席捲臺灣文壇，像流行病一樣傳染的時候，我反其道而行，於民國五十五年在商務印書館出版了《紅樓夢的寫作技巧》。現在存在主義、意識流已經煙消雲散，讀者也不再暈頭轉向，不再《嘔吐》了。對於文學，我一向有我自己的價值判斷，文學上的任何主義都不能左右我。唐朝大詩人杜甫在他的五言長詩〈偶題〉開頭兩句就是：「文章千古事，得失寸心知。」這是杜甫的心聲。他的〈戲為六絕句〉第一首開頭兩句就是：「庾信文章老更成，凌雲健筆意縱橫。」這是杜甫的自負。我仰望前賢，窮且益堅。但杜甫只活了五十九歲，我已經比他多活了十三歲，到了別人所罵的「老賊」的年齡。但我是「老」而不「賊」，我對中國文化、中國文學的老興和信心未減，我還要繼續努力。說到所受的時代苦難和個人足跡之廣，那更遠甚於杜甫。我十八歲即參加抗日戰爭。《紅塵》中所寫的抗日戰爭情形，絕非向壁虛構。我不是所謂學院派和躲在象牙塔裏的詩人作家，我能活到現在，是老天爺在冥冥中庇佑，不然我怎能有幸在這裏致答詞？

至於拙作《紅塵》寫些什麼？我為什麼要拚老命寫這部書？我簡單報告一下。

中華民族遭一百年的大災難，前所未有。諸位當中有不少可能也是劫後餘生。發生這種空前大災難的原因在那裏？個人的淺見以為是文化的失調。民國六十六年十二月六日我在《中國時報》發表的〈中國文化的三條根〉，民國六十七年一月六日我在《聯合報》發表的〈中國文化的宇宙觀〉，民國六十七年一月二十七、二十八日在《中華日報》發表的〈宇宙為心人為本——中國文化的真面目〉民國六十六年十二月十四、十五、十六日在《新生報》發表的〈文藝界的『洋』癲瘋〉，民國六十九年三月二十一日在《聯合報》發表的〈李約瑟與中國文化〉，以及六十七年十二月在《幼獅文藝》發表的〈人與宇宙自然法則〉這一系列的論文，都談到中國固有的以宇宙為中心極富科學思想與統合功能的優異文化，經劉徹罷黜諸子百家，排斥黃老、排斥科技，造成兩千多年來的一言堂的嚴重後果。但是論文的功能有限，而且不能充分發揮，因此，自民國六十年起我就本此認知，下定決心，要以長篇文學創作來表現中華民族這一百年來空前浩劫的前因後果，《紅塵》中的男主角龍天行和日本漢學家加藤中人的談話，龍天行、黃凍梅和梁勉人、賀元、佘震天的談話，乃至其他人物的一言一行，都深深切入中國文化問題及中日、中西文化關係。

現在《紅塵》」已經公諸於世，而且已經接受過新聞局和嘉新文化基金會雙方所聘的學者專家的嚴格評審，通過了兩關。但我有勇氣面對更多的讀者，也希望更多的學者專家隨時指教。不過半瓶醋、不知創作為何事者的信口雌黃，則不敢領教。我寫《紅塵》不是搞文字遊戲，也不是為稿費和獎金寫作，我花了幾十年時間鑽研中國固有的優異文化，我是在「正其誼不謀其利，明其道不計其功」的大原則下拚老命來寫這部書的。我認為個人的得失事小，中華民族優良的文化傳統、文學傳統的發揚事大。我做到了多少？我不敢講，但我要報告諸位的是：《紅塵》並沒有寫完。我留下了很多伏筆，希望在我八十歲以前，能夠寫完、發表、出版《紅塵續集》。

中華民族是一個具有五千年悠久歷史文化的偉大民族，中國文學更有足以傲視全世界的輝煌成就。不但唐詩、宋詞如此，《三國演義》、《水滸傳》、《西遊記》、《儒林外史》、《紅樓夢》，更是獨步全世界。我們有這樣豐富、珍貴的文學遺產，為甚麼要自輕自賤？要捧著金飯碗討飯？

文化與文學是母子關係，絕對不能一刀兩斷。中國文學如果脫離了中國文化，那就是無根的浮萍，所寫的作品必然不中不西，非驢非馬。不幸的是，現在居然有人以評論家自居，公然排斥小說中的詩詞，說甚麼新小說就不該有舊詩詞，那對小說無益云云。那實在是由於其人不懂詩詞在文學中的重要性和時代背景與人物關係。不能因為自己不會作詩填詞而強詞奪理否定它，反而自以為是新、是時髦。這種不知文學創作為何事者的幼稚看法，實在不值識者一笑。至於所謂「亭亭玉立」只能形容少女，也是少讀詩書，不知典籍之過。這也就是「洋」癲瘋，取法乎下，抱著金飯碗討飯的實例。也是中國文化、文學墮落的一大原因。

嘉新文化基金會回饋社會很多，學術著作方面成績斐然，但是文學創作方面過去得獎的只有《微曦》和《長夜》兩部，而《微曦》作者馮馮，自得嘉新優良著作獎後，即遭到重重打擊，甚至辱及他篤信佛祖、清修自持、與世無爭的慈母。他太年輕，受不了惡毒的打擊，突然自臺灣消失，流寓加拿大溫哥華已經二、三十年了，也放棄了文學創作，這對中國文學是一個很大的損失。雖然他在佛學上的成就更大。最近五年，我才由佛教刊物和他取得聯繫，他寫給我的二十多封信我都編號保存，這是最真實的文學史料。從中可以看出某些人存心毀滅一位勤奮、優秀的作家的險惡用心和無恥伎倆。而我這次意外地而又同時獲得金鼎和嘉新兩大著作獎，明槍暗箭已然紛至沓來。但我不是當年二十剛出頭的馮馮，我已過古稀之年，早已經過大風大浪。我在大陸初出茅廬時，即遭[redacted]作家封鎖打擊，[redacted]我不但不投降，反而以一首新詩〈戰書〉挑戰，結果那一撮人莫奈我何。一九九〇年我應邀堂堂正正赴大陸訪問，與北京、上海、杭州、九江、武漢、西安、蘭州……等地詩人、作家、紅學家、教授座談，卻不見當年揚言封鎖我的那一撮人，也從來沒有人談起他們。這足以證明，先倒下的不是我。民國三十八年來臺灣後，起初很少人寫作，我是少數作者中的少數。但三十年前，文壇即有一股強大惡勢力的黑手想一下扼死我，甚至連筆會都不准我加入（整批推薦，我從未申請）。我一笑置之，文藝獎自然更沒有我的份了。這次獲獎是漏網之魚，因為那些黑手[redacted]已難遮天了。

我是一個永遠站在陽光下[redacted]的人。我從不搞小圈圈，更無領袖慾一向埋頭寫作，獨來獨往，是是非非，[redacted]《紅塵》也絕不會是我最後的一部作品。

從嘉新歷屆著作獎得獎作品看來，與學術著作相較，不論在作品和作者方面，都不成比例，但這不能怪嘉新，文學創作本來是一種無中生有的難事，尤其是在工商業社會，功利思想觀念充斥，都希望早晨種樹，晚上乘陰，沒有人肯以整個生命投入而又不計代價的。因此，這二十多年來，流行輕、薄、短、小，連短篇小說都很少人寫，都沒有地方出版，更別說大長篇了。因此我希望嘉新今後更能鼓勵文學創作，尤其是長篇小說，畢竟長篇小說是文學的重鎮。希望嘉新能成為中國的諾貝爾；也希望其他大企業能在文化和文學方面多做一點貢獻，共襄盛舉。世界上很多人事都是難以持久的，轉眼物換星移，而文化和文學卻是不朽的，值得投資。

謝謝嘉新文化基金會，謝謝諸位，請多多指教。

原文載民國八十年十二月三日《臺灣新生報副刊》，致答詞時已有增訂

民國八十（一九九一，辛未）年十二月十一日，定稿

民國八十九（二〇〇〇，庚辰）年一月二十一日，重校

民國九十四(二〇〇五乙酉)年十一月一日四讀[redacted]

民國九十六年(二〇〇七丁亥)五月二日五讀訂正

墨人註：一九九九年十月又由金楓、昭明出版社出版二函兩套共八冊六百萬言長達六十万字的化佛學為文學的長篇小說打破世界記錄。惟一九九五年即連續以發表長篇小說[redacted]入選精出版(不足)網富出版公司編選的世界最佳小說選集。二〇〇四年，法國巴黎You-Feng書局又出版法文譯本《紅塵》，印刷之精美與雅前所未見，這是二十世紀以來世界作家以大長篇小說[redacted]進入西方文學藝術重鎮巴黎的里程碑。

凌雲健筆意縱橫

——民族浩劫的偉大史詩《紅塵》讀後

廣州暨南大學教授
中文系[illegible]
潘亞暾

最近，臺灣資深作家墨人（張萬熙）先生贈長篇小說《紅塵》。讀後，深感「薑還是老的辣」。在愈來愈輕飄飄、軟綿綿的小說世界裏，《紅塵》顯得博大精深而不同凡響，令人刮目相看。

墨人先生的新著一百二十萬字的長篇小說《紅塵》（註），是一部民族浩劫的偉大史詩。作者痛心撰寫，讀者含淚賞讀，愛我中華，哀我中華。悠悠蒼天，曷其有極，奈何五千年煌煌青史，竟蒙此禍結災連？

墨人先生才學兼眾科之長，而尤潛心於中華文化之哲理闡釋，畢生沉浸濃郁，含英咀華，發為文章，其書滿家。四五十部文學創作之中，我以為《紅塵》最能不朽。先生史識卓越，百事窮根究柢，一絲不苟，所以小說構架有十分可信的現實基礎，其中大半的史蹟又是他本人全身心投入，一步步走過來的。《紅塵》的成就是雙向的：其一是歷史和哲理的學術貢獻，這是一般文學評論所忽略的（忽略也對，便於突出文學，但上乘的文學傑作無一不是兼精史哲的）；其二是長篇歷史小說創作上的貢獻，本文是以後者為重點的。

有數位前輩作家或學者都認為《紅塵》很像《紅樓夢》，我頗不敢附和。我認為二書祇有半截架構上彷彿近似，龍府五代人歷劫不衰跟賈府由盛而衰的世變確實尚有可比較的餘地，但其他方面就很不相同了。若許我去談，我就要說：「墨人早生二百年，也未必會寫出《紅樓夢》；曹雪芹晚生二百年，就肯定寫不出《紅塵》！」時勢造英雄，時世出作家，「偉大」祇會空前而決不能絕後。文學史家每有崇古的傾向，從而誤把偉大的名作捧成絕後的怪物了！豈有文化愈積愈薄，文學傳統一代不如一代的呢？誠然，四五十載光陰，也許適逢一劫，因而左看右看祇歎子孫不肖遽爾斷言今不如昔了。其實，文學祇是文化的一個分支，代代所需要的作家規格是必不相同的；歷史是人類社會的進程，人的素質與能力總的趨勢是後來居上。我們不能說曹雪芹是封閉時代的墨人；但不妨說墨人是開放時代的曹雪芹。他繼承了中華文化的優秀傳統，其中包括了《紅樓夢》的傳統，祇是被他發揚光大了二十世紀的風格罷了。

總之，時代不同，作家的經歷也不同，創作的社會條件又大大不同，個人的思想氣質更難相同，這一切使我們無法用比較法去評價二書的高度。大言無當，不如舉例議其點滴。

一、《紅塵》中八國聯軍之禍，表面上起於義和團，而實際因果卻是中國積弱腐敗終於招致了侵略。墨人取材翔實，渲染而不誇張，史識卓越，大而能化（今語宏觀微觀都適切），其表現為文學佳作的手法尤令人敬服。歷史小說忌抄陳年資料，祇寫成新聞報導。歷史小說祇留歷史骨架，而其血肉則應是「文學加工的事實」。這其實有史為證，其虛構又決非妄言，文文雅雅，詩心不假。我讀《紅塵》頗羨作者於此道之出神入化，尤其是抗日男女切身經歷的許多描寫。八年抗戰墨人是全程參加了的，八國聯軍之役他當然不可能參加（他生於民國九年），但所據有別，所出卻同等佳妙。我想他的才能加勤奮引得了成功。墨人的一絲不苟堅持原則曾經使某名人傷心掉淚！今日阿世取寵的文人見此理當知愧。

二、《紅塵》中的理想人物個個有血有肉，栩栩如生，沒有一個不被安放在最適當的歷史位置上。例如龍太夫人唐文英，學識見解都切合身世。她能前事不忘，而成後事之師，至少有三十年的歷史洞察力；在家族內、在社交上，都能遇事明斷，安定眾心。生平唯一錯就錯在外孫女楊文珍的婚事上不夠果斷，導致龍楊兩家的共同悲劇。這個角色的成功有歷史深度，有對詩禮世家的深刻理解。要對比嗎？那史太君賈母簡直是虛設的沒頭沒腦的傀儡了。

綜觀《紅塵》全部人物的分類和搭對，人們不能不欽佩作者文思的細密。龍府人物的世系反映整個故事的發展變化。另有龍府交往人物的網路，跟前者套連起來，便顯示了五十年民族浩劫中的世界萬花筒。在墨人筆下，日本人也分敵友兩類，處理合情，教人心服。知識分子有三四類，都夠典型，所影射的現實中人，也都無可平反。寫紅粉知己，「好色而不淫」；寫敗家浪子，亦存良心。至於龍家子孫政治上異途殊轍，所導致的榮辱不同，都寫得切合中國的政治實況。我祇覺得主角龍天行飄逸遠舉，這對於全書似乎意有未盡。不知《續集》是否將伏筆延伸，補救龍天行所代表的某種道德力量對劫後中華有那些正面的影響？

三、關於道家哲學。中國歷史上的宗教和準宗教都遠非一元，它們背後的哲學也決非「異教相斥」的，而歷代統治者及其智囊都做了不少調整兼容的工作，以使原有程序得到維護，隱發的危機得以避免。漢唐以下，事例多多。我們撇開政治，祇看不同思想流派的哲學核心究竟有多少合理的成份。我們再撇開儒、佛、基督，也把道家哲學跟道教信仰區別開來，那似乎應該承認：今天所理解的道家哲學，比古代任何其他哲學家都高明得多。

但我不曾用功研究過道家思想，所以祇敢以門外文談的淺議來說幾點隔行隔山的話，向墨人先生請教，也向《紅塵》的廣大讀者請教。下邊就如是我言了。

人類對物質世界的認識，基本乃在乎「切分」。原先假定為整體代號的「一」把物質實體抽象化、數學化了。「數學化」為「切分」打開方便之門，「一生二，二生三，三生萬物」的思考隨之而生。切分表上是量的兩端裁減，進而又從質的正極把二命名為陰陽，這種含著矛盾的兩個互相推生。切分表是量的兩端裁減，進而又從質的正反兩極把二命名為陰陽，這種含著矛盾的兩個互相推動、互相轉化的事物被圖象化為太極圖。太極圖是最聰明最概括的哲學圖表，質和量的運動變化盡在其中了。到此為止，「一分為二、二合而一」、「一生萬千，萬千歸一」的哲理得到了數學的肯定。宇宙萬變也盡在太極圖中了。八卦系統取自然界八種物質或現象，配位而衍成一個關係的網路，它也可集於太極，「極」是未切分的「原一」。心物二界沒有甚麼可脫離這個極的。以上哲理並不神祕，後來被宗教化了才產生許許多多的附會。

《紅塵》是中華民族近半個世紀經災歷劫的史詩。作者墨人愛國情深、創作志切。在他的多項準備工作中，有對我國文化源頭辛勤的探討，其成果已一再表露於這部傑作之中。我欽仰有餘，但全信又不是。我以為任何哲學都要繼續發展提高，沒有歷萬代保原封的道理。若古聖先哲有一言可以盡永恆，倒不合太極之理了。我無力深論，質疑而已。

至於文學作品中寫幾個仙風道骨的人物，那多半出乎主題要有此陪襯，如《紅塵》中逍遙子柳敬中，他既要增強了王仁儒的反面性，又加深了龍天行的正面性，此外還活躍了許多情節和氣氛。若有讀者自以為也能修那般道行，那就太不懂「文學創作本來是一種無中生有的難事」的道理了（引語見墨人〈文化與文學〉一文，附載於《紅塵》書端）。

四、關於歷史小說的全面性。文學創作固然是無中生有的事業，但虛構也不能太離譜[redacted]，而歷史小說更應大節真實，這是不言可喻的。近半個世紀以來，中國[redacted]實際存在著兩種政權，其意識形態可謂陰差陽錯，一時也難盡言。《紅塵》書中對於抗戰以來的民族浩劫的原因，除了總承全書的觀點以外，似乎對臺灣政權者（中華民國政府）昔日在大陸的統治頗多回護，或有所諱言。不知此係伏筆待續，抑或另有想法。當此《紅塵》要在大陸印行之際，我們期待《續集》將為《前集》的錦上添花。（墨人註）

不必也不宜拿《紅塵》比《紅樓夢》，但要指出：墨人史識遠超曹雪芹，視野廣於曹雪芹，關懷民族命運更非曹氏所能比。我深信，二書很不同，各有其不朽之處。《紅塵》是當代最優秀的中文歷史小說，它有一股神聖的幽思，啟發人們去改善中華民族的命運。我們不幸經歷了「紅塵滾滾，浩劫連連」的苦難歲月呀！

編者按：本文作者任廣州暨南大學中文系教授多年，對兩岸文學及海外華文作家作品有深入研究，本文乃依據《紅塵》上、中、下三冊（手稿一百二十萬字，以版面計則達一百四十多萬字，四卷合計則近兩百萬字）立論，未識《紅塵續集》。
又本文曾分別刊載於民國八十二年三月十九日臺北市的《世界論壇報》、一九九三年八月五日，馬尼拉的《聯合日報》。

（　）

墨人識：我生作人寫作，本諸[redacted]良心，是非分明，出入儒釋道三家思想之間，但以宇宙規律自然法則為依歸。[redacted]孫中山先生的天下為公思想，平開政客視如爛草鞋，我更不懂厚黑學。[redacted]拙作紅塵之類作品全集已正出版，我七十年的心血沒有白費。遺憾的是未之前在大陸親朋發表的作品[redacted]散失殆盡，在台中市一家出版社[redacted]又失火，我的文稿[redacted]成灰，[redacted]是不全之全。

這次出版全集

二〇一〇年八月二十一日補記

《紅塵》的民族風格

武漢中南財經大學台灣史學研究所所長　古遠清

墨人是一位有獨立的藝術追求、堅持自己創作信念的資深作家，在五、六十年代，當西化之風在臺灣文壇勁吹的時候，當意識流一類的現代派技巧成了最時髦的貨色的時候，他不但沒有去湊熱鬧，而且還寫了《紅樓夢的寫作技巧》這本書去抵制這股歪風，企圖讓作家們去發揚中國文學的優良傳統。現在，後設小說、超驗小說又在臺灣文壇流行，墨人仍我行我素，寫他具有濃厚的民族風格的小說，長達一百二十萬言的《紅塵》，正是他堅持民族化創作道路所留下的堅實足跡。

《紅塵》濃厚的民族風格，首先表現在它所寫的是純粹的中國人和中國事。

臺灣當代小說在取得重大成績的同時，也存在著一種缺陷：過於西化，對中華民族的歷史特點注意不夠。尤其是某些過份強調「地方主體性」的作家，在創造上出現了離開中國文化母體的現象。和這種創作傾向不同，墨人的小說創作始終著眼於中國歷史特點和現實狀況，著力反映中華民族的苦難和揭示阻礙中國進步、危及中華民族存在的那些病毒。具體說來，《紅塵》通過龍府五代人的遭遇，反映了自清朝末年至今的海峽兩岸的中國社會現實，所謂「龍府」——龍氏家族的興衰，正象徵著中國這條東方巨龍在近、現代史上所發生的翻天覆地的變革。他在小說中栩栩如生地反映了八國聯軍洗劫北京，光緒皇帝和慈禧離京，之後談和，達成庚子賠款這一時期中國社會各方面的生活面貌。全書寫得最精彩的是有關表現抗日戰爭的段落。龍府一家在北平、南京相繼淪陷後，過著顛沛流離的生活。作者通過他們一家的遭遇，展現了中國人民的生活情景和精神面貌，表現了龍家子女在黑暗中痛苦呻吟、掙扎吶喊。在此之前寫的辛亥革命、軍閥割據、袁世凱稱帝、偽滿洲國出籠，也無一不是典型的中國事，無一不是二十世紀中國社會生活的真實寫照，無一不打上中國社會生活的鮮明烙印。

《紅塵》所寫的人物，多達一百餘人。除龍氏家族五十多人外，還有和尚、尼姑、僕人、丫鬟。這些人物是道道地地的中國人裝扮、容顏和氣質。男主角龍天行及澹泊明志的柳敬中、利令智昏的王仁儒、「風塵俠女」古美雲，無論是名字還是形象，衣著還是靈魂，架勢還是性格，都是那個時代中國人的特定人物、特定典型。就是那位日本女人川端美子，雖然血統不屬於中國，但她的氣質和情感，卻傾向於中國。作者沒將視野局限在神州大地，而將情節的發展擴展到日本、緬甸。但寫外國仍然是為了寫中國，仍然服從於探討中國文化問題及中日、中西文化關係。

《紅塵》所反映出來的中國民族文化心理，其表現是多方面的。風景畫和風俗畫，是它的一個重要表現形態。從北平的萬壽山昆明湖，到廬山的牯嶺黃龍寺，從九江的甘棠湖到長江三峽，從南京紫金山到重慶沙坪壩……，無不充滿詩情畫意和幾千年的中國文化氣息。再如翰林第的陳設、金谷園的裝飾、紫竹菴的佈置、能仁寺的香火、仙人洞的美景，無不體現了我們民族的特點。這裏不妨引第四章對甘棠湖的一段描寫：

　　老太太又最喜歡這個湖，湖水四季清澈，中間還有一條長長的柳堤，兩邊垂柳成行，把這條長堤形成一條綠巷，堤的那一端有座大廟天后宮，紅牆綠瓦，屋簷的風鈴叮叮噹噹，十分悅耳，湖中還有一座煙水亭，是三國時周瑜督練水師的地方。

再看龍府所作的七秩大壽及其所經營的景德瓷莊和萬寶齋古玩店，也完全是中國式的。這類景物和風俗描寫，極大地增強了作品的民族情調。

民族文化心理最突出的表現還在人物性格的刻劃上。《紅塵》的民族風格另一重要體現，便是寫出了能夠反映民族思想、民族心理的人物。墨人筆下的臺兒莊、衡陽血戰、重慶大轟炸與反攻緬甸的經過，反映了以龍天放為代表的中國人勤勞勇敢，不向惡勢力低頭的精神。《紅塵》的高超之處，還體現在即使在相似或相同的規定的情景下，各種人物行為方式及其遭遇、性格特徵也是不一樣的。如男主角龍天行和表妹楊文珍、異國「紅粉知己」川端美子、丫鬟香君的戀愛經歷及其結局絕不雷同，三個女子的個性亦異。當然，民族文化心理的表現決不止某一方面、某一人物性格通常只能體現某一方面；如力挽狂瀾的古美雲，體現了風塵女柔中有剛的一面，參加北伐、抗日，為國捐軀的龍天放，反映了中華兒女不怕犧牲的一面；投機賣祖的楊通，則反映了一部分人的奴才性格。

《紅塵》的民族風格還體現在運用了為中國讀者喜聞樂見的形式。強調民族風格，並不反對向外國作家學習。墨人並不是封閉型的作家。以前寫中日歷史文化關係時他兩次到過日本，因此才有加滕中人和川端美子、川端龍子等人物的產生。所不同的是，他學習外國不囫圇吞棗，而經過消化，並以不影響本國人民的閱讀和欣賞習慣為原則。還應該看到，墨人寫的是新體小說，和傳統的中國小說是不同的。但他在新體小說中也的確繼承了《紅樓夢》一類小說的表現手法。這從下面幾點可看出：

第一，通過日常的家庭生活表現中國傳統文化菁華。《紅塵》前半部正是這樣做的，讀者從中不難看到《紅樓夢》的投影。尤其是開頭寫唐文英七秩大壽，龍府張燈結綵，喜氣洋洋，賓客如雲的場面，為的是表明龍家的祥和高貴之氣和各種複雜的社會關係。第五十二章後，作家的筆墨從小家庭轉向大社會，每章都有較完整的故事情節，且能引人入勝。

第二，《紅塵》以敘述為主，而不像某些外國小說，常常用大量的篇幅對環境、場景以及人物的心理活動進行詳實的描寫和鋪陳。《紅塵》從頭至尾，都將敘述作為主要表現手段。像作品中寫國人全面抗戰，均用簡樸的筆墨，將戰爭的場面、情景的描寫穿插和融化在敘述中。

第三，詩詞的運用，這也是構成《紅塵》民族風格的一個重要因素。其中有引用李白、沈彬、蘇軾等人的，也有作家自己再創造的。可是現在有人竟認為小說中不應有詩詞，有它會妨礙小說的「現代化」。這種評論家不懂得，像《紅塵》這樣反映中華民族苦難的小說，缺了詩詞就會使時代背景與人物關係的描寫失卻主動性。當然，運用詩詞不應掉書袋，應恰如其分。《紅塵》正是這樣做的。

《紅塵》的敘述語言和人物語言也值得稱道。總的說來，《紅塵》採用的是現代文學語言，且是以現代口語為源泉的。像「狗掀門簾兒，全靠一張嘴」、「和尚打傘，無法無天」一類的俗語、歇後語全書運用了不少，增強了作品的生活氣息。《紅塵》在某些章節還較多引用古語，不僅用其語彙還用其文氣，這更為難得。對比該書寫到一九四九年以後的段落，由於作家缺乏大陸生活的經驗和急於表現自己的政治觀念，語言顯得淺露，且有理念大於形象的傾向，遠不如寫抗日戰爭的段落來得耐讀和真實。

《紅塵》能一版再版，無疑是個奇蹟。這一奇蹟的獲得，一個重要原因是它沒脫離中國讀者的閱讀習慣，具有濃厚的民族風格。

編者按：本文作者為武漢中南財經大學臺港文學研究所所長。本文係依據《紅塵》上、中、下三冊而論，未觸及[illegible]第四冊[illegible]。

《紅塵》四大特色

記者·作家 樊聲濤

我是最早的「紅塵迷」，當它還在連載的時候，我就每天必讀。偶爾因事未能看到，就會如有所失。因之，我特別高興的是：我們大家都發現了它的文學價值，肯定了它對我們這個時代的貢獻。

我認為，《紅塵》有四大值得肯定的特色：

第一是格局的宏偉。它所表達的範圍是：上下一百年，週遭五萬里。用一個家族在這個時間空間裏的演進，來反映我們國家和人民所受的苦難與磨練，也反映出我們民族和文化的偉大與堅強。楊允達兄說「紅塵在為歷史作見證」，是十分公允恰當的。

第二是內容的淵博。正如黃文範兄剛才所指出，紅塵包羅萬象：人情世故、風土民俗、官場積習、市井俚俗，自全國各地、各行、各業，乃至於日本的民情國運，無不內行透徹、精闢入微。的確是一部充分表達我們這個時代的百科全書。

第三是描述的細微深切。書中人物有世家子弟名媛，也有假洋鬼子、市井豪俠、仙風道骨的野鶴閒雲、冬烘八股的窮酸文丐、仰慕中華文化的日本漢學家及其女弟子等等，無不是入木三分，幾句對話，一段描述，就鮮活亮麗地表達出他們的性格、心理、生活情況，甚至於還可預測出他們的未來發展。

第四是文字運用的靈活純熟。可謂增一分太肥、減一分太瘦，作者對於文字詞句的掌握，每一頁每一段都有其可圈可點處。偶爾附上一首詩詞，更添畫龍點睛的效用。

剛才好幾位先生都把《紅塵》比成《紅樓夢》，我認為是不大恰當的。《紅樓夢》雖然也是用一個家族的歷史來反映一個時代，但其時間空間的格局，都不能和跨朝代跨國度的《紅塵》相比。《紅樓夢》所寫小兒女之間的深情相愛，已是中國小說史上的經典之作。但《紅塵》除此而外，尚有各種各型人物的愛恨恩仇，其高深廣博，也都各具背景，各擅勝場，這就是最值得擊節贊歎之處。

《紅塵》裏所表達的愛，除男女之愛而外，還有家國之愛、民族之愛，更有異國情鴛間，由文化之愛生。她是那麼溫柔婉約而又勇毅堅貞，一往情深，無尤無怨。這樣可愛的女孩子真是使人無限嚮往，其情操之聖潔當遠在黛玉、寶釵之上。因此，《紅塵》應亦在《紅樓夢》之上！單憑這一個人物的創造，《紅塵》就值得流傳了！

川端美子是日本人，她的血液是日本的，但她的思維、她的情感，卻多是中國的。——她和男主角的愛情結晶，長大後卻是日本侵華的大兵。這個時代悲劇的安排，正是《紅塵》的用心深切處。

描寫日本可愛女性的作品，如菊子夫人、如櫻花戀……都很使人著迷。但其女主角之可愛，卻都只有川端美子的一部分。我想，其不同處是，他們所寫只是純粹的日本文化，而《紅塵》所寫，則是受中國文化薰陶之後的日本文化。他們都是用整本書來表現一個人，而《紅塵》，則所用的祇是第四十章至第四十四章而已。——而且，在這幾章中，就同時反映了日本的世俗民情，指出了日本必將侵華的背景，而其對上野、蘆之湖……等風景名勝的描繪，都只寥寥數語，而情致萬千，可說是神來之筆。

日本NHK所拍攝的「絲綢之路」，表現出一種對中華文化、歷史的嚮往與懷念，他們以為，看到西安、洛陽，以迄敦煌、西域，就有種「回到故鄉」的感覺。《紅塵》在五年以前，就表達了日本高級知識份子這種「文化歸宗」的感情，我們閱讀《紅塵》，也就對井上靖、喜多郎等日本小說家、音樂家，增加更多的親切和瞭解。

黃文範先生剛才提到《戰爭與和平》，這是最好的相提並論。如果要再擴大範圍，則美國的《飄》（別譯《隨風而去》）也可作比較研究。

長話短說，我的讀後感就到此為止，如果時間充裕，應可寫成一篇論文。我相信，研究文學的人，將來一定會發展出一科「新紅學」——研究《紅塵》的紅學。

本文為中國作家藝術家聯盟舉辦的《紅塵》學術討論會中發言稿

為歷史作見證

——《紅塵》長篇鉅作讀後

中央社特派員
旅法作家、詩人
文學博士
巴黎大學
楊允達

詩人、小說家墨人，以年近古稀之身，窮一年六個月日以繼夜之功，完成一百二十餘萬字的長篇小說《紅塵》，在臺北《新生報》連載一千零三十七天完畢後，已於今年（民國八十年）二月結集出版，筆者有幸於今年春天，讀完全書三鉅冊一千六百餘頁（編案：指第一至第九十二章），對作者百折不撓的毅力和用心，感佩萬分。（註）

這是一部中華民族的悲壯史詩。墨人先生以歷史見證人的身份，將百年來中華民族的經歷，活生生地寫出來。

作者以龍天行一家祖孫五代的生平事蹟為經，以中華民族百年來遭受的苦難和時代背景為緯，交織成《紅塵》鉅構。落筆嚴謹，取材週延，刻劃人物栩栩如生，剖析人生入木三分，是一部最能反映中國人所存活的這個世紀，也是最能代表中國當代文學的作品。

《紅塵》是以清末翰林戶部尚書龍繼堯的夫人作七秩大壽開端，敘述北平「翰林第」內龍老夫人、龍從雲夫婦、龍天行弟兄的書香世家生活，家境富裕，時局太平，可惜好景不長，不久遭逢義和團事變，引起八國聯軍攻進北京，光緒皇帝和慈禧太后離京談和，以庚子賠款達成協議。龍府在這次事變中，所經營的景德瓷莊和萬寶齋古玩店，被洗劫一空；全家人閉門深居，飽受虛驚。繼而又逢武昌起義，辛亥革命，宣統皇帝遜位，中華民國肇建，其間，龍老夫人之婿楊通見利忘義，賣國通敵，並私下毀棄女兒楊文珍與她的表哥龍天行的婚約，嫁給英國傳教士司徒威的養子彼得。龍天行的哥哥天放，則獻身革命，參加北伐、抗日，不幸在抗戰中為國捐軀。

《紅塵》對中日戰爭的描述最為細膩，佔了全書的一半。作者在敘說龍天行的表妹楊文珍嫁給彼得後赴日本留學，巧逢異國情侶川端美子的戀情時，即已指出日本軍閥侵華的野心，中日不免一戰，終於在民國二十六年爆發戰爭，日軍攻陷北平、南京，龍府一家在抗日期間顛沛流亡，生離死別，日軍四處姦淫燒殺，使億萬生靈塗炭。龍天行的兒子紹人夫婦在抗日期間[redacted]誤入歧途，[redacted]後來又被打成右派，下放勞改。[redacted]

《紅塵》中的主人翁龍天行是代表中國傳統的亦儒亦道的君子，熟讀經書，不慕名利，身處亂世，具有遠見。[redacted]在寶島百歲誕辰時獨自登山不知所終。

《紅塵》一書所寫人物，除了龍老夫人祖孫五代五十餘人以外，另有家中丫鬟、護院、僕人、尼姑、和尚、基督教傳教士、學人、知識份子及日本漢學家總計逾百人，並遠超過中國古典小說《紅樓夢》的字數。其中，對龍太夫人的乾女兒古美雲、丫鬟香君、蝶仙、梅影，護院卜天鵬等人物塑造，個性鮮明，令人敬愛。男主角龍天行和表妹楊文珍、日本「紅粉知己」川端美子、丫鬟香君四人間的戀情，纏綿動人。

誠如墨人先生所說：「他們人人都與我血肉相連，密不可分。」他在寫《紅塵》時，已將他七十年的痛苦體驗、思想、情感，全部投入。

《紅塵》書中，曾借龍天行、楊文珍、川端美子和香君的手，寫出感人的詩篇，如作者未下苦功讀遍《全唐詩》四萬八千九百多首，全唐、五代、兩宋詞二萬六千二百餘首，則不會有如此的功力與造詣。

墨人先生對佛家的「緣」、道家「數」，以及《易經》中的宇宙觀和命相學，極有鑽研。讀者可以從《紅塵》中的逍遙子柳敬中，老尼月印的偈語禪音，窺見一斑。

法國大文豪維克多‧雨果，以長篇小說《悲慘世界》描繪法國大革命而永垂於世。俄國文學家托爾斯泰的《戰爭與和平》紀錄拿破崙侵俄的史實而歷久不朽。中國古典小說家曹雪芹的《紅樓夢》，已成經典之作。墨人先生的《紅塵》，在當代中國文學作品中，自有其應有的地位。他已為中國近百年的歷史，作了公平而真實的見證。

原載民國八十年七月十七日、《臺灣新生報副刊》

墨人註：《紅塵》全書台灣新生報連載四年多，發行三版四巨冊。二〇〇一年台北昭明出版社出版的《紅塵》定本則為六大卷，墨人特在每卷卷首加對聯標題，全書共二七〇四頁，達一百九十餘萬字。二〇〇四年初，法國巴黎[illegible]書局並出版堂皇典雅的巨型法文譯本，深受法國文學藝術界重視，讀者矚目。[illegible]中文作家大長篇小說進入西方世界。法文譯本《紅塵》網路廣告已普及全世界。

二〇〇四年五月二十日北投

卷首詩詞

一、揮淚寫紅塵

浩劫未埋身，揮淚寫紅塵。
非名非利客，孰晉孰秦人？
毀譽何須問？吉凶自有因。
天心應可測，憂道不憂貧。

二、文學生涯七四年

七十年來筆一枝，五湖百嶽自飛馳。
心如日月無人我，胸際風雷掃魅魑。
住世有為行方便，出塵正好去嗔癡。
涅槃大化千年後，簫鼓聲聲首首詩。

三、戊寅立春七十晉九

冬去春來歲月更，但添華髮未添丁；
前門拒虎曾披甲，後院鬩牆不用兵。
百尺浪高浮大海，千山風起上天坪；
無人無我無恩怨，揮手雲天步步輕。

四、長相思——鄉思

憶江州，夢江州，夢見匡廬一片秋。長江日夜流。
桑枝柔，柳枝柔，甘棠湖水綠悠悠。相思到白頭。

註：余籍隸古江州（今江西九江）。匡廬為境內名山，牯嶺為夏都，中外馳名。甘棠湖為市內名湖，乃三國時周瑜練水師之所。湖上有煙水亭，為名勝古蹟。湖分為三，中有柳隄，垂柳千條，遊人如織。江州北帶長江，南擁鄱陽湖，風景之美，形勢之勝，少有其匹。抗戰勝利之後，曾有建都之議。

第一章　詩書畫琳瑯滿目　儒釋道往來一家

龍太夫人唐文英七秩大壽，龍府張燈結綵，喜氣洋洋。「翰林第」三個王體大金字也閃閃發亮。這三個大字是戶部尚書龍翰林龍繼堯當年買下這個大宅第時親筆書寫的。那時他才二十五歲，欽點翰林不久，家裏有錢，學問又好，一筆王字幾可亂真，詩畫亦稱雙絕。少年得志，意氣風發。據說這個大宅第原來是什麼貝子府，那個貝子很賞識他，便半賣半送地將這個貝子府賣給他，因為貝子新造了更豪華、更氣派的貝子府。龍繼堯便將這個貝子府改為翰林第，重新整修裝潢，使它更富書卷氣、更適合翰林身分。說也奇怪，龍繼堯自從住進這座翰林第之後，他便青雲直上，一直做到戶部尚書，後來還在南書房行走。由於在京做官日久，他便把三個兒子當中的老二龍從雲和小女兒龍從容留在身邊。老大龍從風、老三龍從雨都留在原籍九江府。他在原籍也家大業大、人口眾多、老太爺、老太太也要留著兩個孫兒享受天倫之樂。

現在龍繼堯雖然已去世多年，他二公子龍從雲因為自小在京中長大，深愛這個文化古都，便留了下來。可是他個性瀟脫風雅，不愛做官，中舉之後，便經營景德瓷莊和萬寶齋古玩店。景德瓷莊是他們的祖業，有兩三代的歷史，根基厚，行銷國內外，是道地的金字招牌。龍從雲經營的只能算是分號，但他沒有打出分號招牌。當初所有的瓷器乃至掌櫃師傅夥計都是從原籍調來，他當現成的大老闆。不過萬寶齋倒是他自己開創的，因為他家裏的字畫骨董很多，他見多識廣，又深愛此道，再加上這又是一本萬利的大生意，所以他便拿出一部分家藏和自己廉價收購的珍品，開起萬寶齋來。由於他交遊廣闊，上自王公大臣，下至販夫走卒，都有交往，兩樣生意都做得很好，比他父親龍翰林一心做官，更優游自在。

龍老太太七秩大壽，他雖無意鋪張，但憑著兩代的交情，客人都不請自來，連大門口的一對大理石獅子也張開大口笑容可掬。

龍府這座翰林第共有五進，每進之間都有庭園和東西院，共有大小房間兩百間，分正廳和廂房，第一進房屋進門走廊兩邊各有長棗木椅一排，為了慶祝老夫人的七秩大壽，龍從雲把整座翰林第都油漆一新，不但大門是朱紅色，連走廊上的棗木椅也漆成朱紅色。本來用紅木精工雕刻的隔門也油漆了一番，只有大塊的磨水清磚地沒有油漆。正廳掛滿了歷代名人字畫，每一件都是珍品、原蹟。

龍府的總管、下人原先已裏裏外外忙了個把月，今天一大清早下人就忙著打掃庭院。其實龍府早已一塵不染，只是後花園繁花似錦，落英遍地，清早必須重新打掃，準備迎接嘉賓，每進走廊兩旁也早已站好了兩位迎候客人的下人，他們都是龍府的老人，見過世面，也唸過書，有的還是書僮出身，認識的人多，不會出錯兒。

龍老太太信佛，喜愛清靜，一個人帶著幾位侍候她的丫鬟，住在第五進，壽堂也擺在第五進的正廳，龍府的祖先也供在正廳上位。

正廳原先有一副大字對聯，這副對聯是陳摶的墨寶，上下文是：

開張天岸馬

奇逸人中龍

原來龍翰林不但長於義理，更擅詞章字畫，他既以八股文章連戰皆捷，直取進士，又以詩詞聞名朝野，字畫亦稱雙絕。陳摶的這副對聯就是一位親王割愛送給他的，他便把這副對聯作為中堂。他過世後龍從雲也不敢換下，這次老太太七秩大壽，他請當代書法大家紀停雲寫了一百個篆體壽字掛在正中間，其他名公巨卿、富商大賈送的字畫都掛在兩邊。供桌上點著一對七十斤重的大紅蠟燭，中間放著檀香嬝嬝宋朝鈞窯出品的紫色香爐，這座香爐也是龍府的傳家之寶，不是行家還認不出來。

龍老太太的起居是在東廂房，西廂房做她的佛堂。兩房都十分寬敞整潔，桌椅家具光可鑑人。佛堂供的兩尺高的觀世音白瓷像，五寸高的蓮花座，以及八寸高、一尺二寸口徑的仿鈞窯形狀的天青色香爐，都是龍從雲在她五十大壽時特地從景德鎮訂製的，連龍老太太天天敲的檀香木魚、木槌、磬也是龍從雲特別訂製的，都已整整二十年了。

龍老太太每天四更即起，漱洗之後就到佛堂來念經。龍從雲也每天清早到佛堂來請安，這天老太太生日更不例外。

他輕輕推開虛掩的月門，龍老太太正跪在錦繡蒲團上，左手禮佛，右手敲著木魚，嘴裏喃喃唸著[redacted]阿彌陀經之[redacted]的極樂國土段

又舍利弗，極樂國土，七重欄楯，七重羅[redacted]網，七重行樹，皆是四寶，周[redacted]匝圍繞，是故彼國名為極樂。

龍從雲屏聲靜氣地站在月門外，不敢驚動母親。龍老太太彷彿入定，沒有理會兒子，等她念完經之後，她又慢聲慢氣地念了一聲「阿彌陀佛」，這才緩緩地轉過頭來，望著兒子一身長袍馬褂，玉樹臨風般地站在月門外，四十歲的人了，一點兒也不出老。她從兒子身上看出丈夫的那股書卷氣，但兒子比丈夫更瀟灑，彷彿不繫之舟。她看兒子這麼孝順，心裏十分歡喜，自然向他微微一笑。龍從雲這才快步跑過去伸手把她扶起，讓她站在旁邊，然後自己依例向觀世音瓷像叩了三個頭。

龍老太太滿意地笑了，又隨口說了一聲：

「觀世音菩薩保佑。」

然後脫下身上的黑色海青，龍從雲連忙替她掛上衣架。

龍老太太脫了黑色海青，露出一身絳色錦緞旗袍，更顯得亭亭玉立。她年輕時是位大美人，唐狀元的千金，現在雖然七十歲了，腰背還是挺得筆直，看不出一點兒龍鍾老態。她長年吃素，不沾葷腥，因此體態一點兒也不臃腫，鵝蛋臉上還看不出什麼皺紋。一雙丹鳳眼炯炯有神，如朗月明星，自然有一種祥和高貴之氣。

「今天雖然是我的七十賤辰，你可不能驚師動眾？」

「娘，我遵照您的吩咐，沒有發帖子。」龍從雲孝順地回答：「只是爹的門生故交很多，兒子的至交好友也不少，他們有的早就送過禮來，有的今天還要親自來拜壽，兒子總不能讓他們吃閉門羹？」

「你說得也是。」龍老太太安慰地笑笑：「你父親在日，廣結善緣，與人無怨，朋友很多；你雖然沒有為官做宦，可是上承你父親的餘蔭，你自己又有那麼多朋友，再則菩薩保佑，叨天之幸，我們龍家又沒有落敗，要想冷清一下也[redacted]。」

「是呀，娘！」龍從雲輕輕一拍手：「俗話說：『人生七十古來稀。』如果兒子不咚不嗆，一來別人會說兒子不孝，二來別人也會說兒子矯揉做作，三來兒子沒有做官做府，父親在日也沒有貪贓枉法，不怕犯什麼禁忌，自自然然地給娘做個生日，沒有什麼不妥。」

「你的話自然也有道理，」老太太點頭微笑：「為娘的不能陷你於不義，一方面要顧到禮數、綱常，另一方面也要合乎情理。人不能做違反情理的事，一違反情理，天下必然大亂。」

「是呀！娘！兒子做人做事，一向是順乎自然，合乎情理，決不做作、強求。」

「這就對了！」老太太點點頭：「這樣才能心安理得。不過，今天如果有人送禮金的，一定要拿去賙濟窮人，我們不能受用。」

「這我知道，」一龍從雲連忙點頭：「而且兒子還準備了一筆救濟金，打算一起散發。」

「可千萬不能用我的名義。」老太太連忙叮囑。

「娘，我知道您是為善不欲人知，我用無名氏總可以？」

老太太慈祥地笑笑。

媳婦鄧淑卿和孫兒天放、天行一道過來請安。

媳婦生得十分穩重厚實，方面大耳，不苟言笑，不怒而威。雖是婦道人家，一般男子漢還沒有她這分令人敬畏的威儀。她生了兩個兒子，長子天放，次子天行，兩兄弟只差一歲，天放十七，天行十六，兩人站在一起，幾乎一般高矮。天放方頭方臉，頭角崢嶸，劍眉大眼，面色發紅，有種威武氣概。天行是同字臉，秀眉朗目，神清氣和，面色白中透紅，看來十分和藹，隱隱然卻有一股不可侵犯之氣，莊嚴中又透著幾分澹泊、瀟灑。天行外表性格很像他父親，而其中幾許威嚴又得自母親的遺傳，天放外表個性都像母親。

老太太一看見孫兒天放、天行，一雙丹鳳眼笑得都瞇了起來。一手拉著一個，打量著他們說：

「真像春筍兒似的，長得都比我高了！」

兩兄弟拉著老太太磕頭拜壽，龍從雲吩咐他們到壽堂去，同時對他太太說：

「勞您的駕，吩咐下人分批到壽堂來，先給老太太拜壽，再侍候客人。」

老太太的丫鬟們都有一顆七巧玲瓏心，不待主人吩咐，已經傳話下去，一進一進地傳到前面。

於是龍從雲夫婦扶著老太太穿過月門，走進壽堂，後面跟著孫兒丫鬟一大群。

老太太身子還很硬朗，她平時不用拐杖，也不用人扶，現在兒子、媳婦一左一右地扶著她，她反而有些不自在，她笑著對兒子、媳婦說：

「本來我還不覺得老，現在你們左一個右一個地扶著我，反而把我扶老了。」

兒子、媳婦、孫兒、丫鬟都笑了。龍從雲也笑著打趣：

「娘是長生不老的地行仙，兒子、媳婦平日沒有盡到孝心，難得逮住今天這個機會行行孝。」

「你就是這張嘴討娘歡心。」老太太也開心地一笑。

龍從雲是從小跟著母親沒有分開，不像老大從風、老三從雨都在原籍跟著祖父母長大。他們兩位本來要趕來替母親祝壽，但是原籍的本家、親戚、朋友更多，也要設個壽堂，招待親友，所以老太太沒有讓他們千里迢迢地趕來，她預備生日過後回九江過端午，上牯嶺歇伏，和他們團聚一下。他們龍家在吼虎嶺有一棟別墅，是夏天上山歇伏的，龍老太太已經好幾年沒有去了。

龍從雲夫婦把老太太扶到丫鬟們早已準備好的罩上了紅毯的太師椅上坐下，然後帶著兩個兒子向老太太行三跪九叩大禮。他們行禮之後，再由老太太的四個丫鬟，他們夫婦的兩個丫鬟相繼磕頭。丫鬟們一個個穿得花枝招展，比普通人家的大姑娘體面多了。

龍從雲早已準備好了許多紅包，放在一個紅漆金邊的托盤裏面，由他的貼身小跟班棄兒雙手托著，他一個個分給丫鬟們，還特別說明：

「這是老太太賞給妳們的。」

「祝老夫人多福多壽。」丫鬟們領了賞，齊聲祝福，然後又一個個站在老夫人身後，替老夫人搥背。

管家高宗義帶著男男女女拜壽時，照樣一人一個紅包，紅包裏面都是大洋，他們拿在手裏，笑在臉上，掂掂分量，足抵一個月的工錢。

他們一家主僕剛向老太太拜完壽，前面就傳來一個小子邊跑邊叫的聲音：

「外婆，我們來向您拜壽了！」

大家一聽，就知道是老太太的外孫楊仁了。他的聲音剛落，人就衝到壽堂來了。他是一位十六、七歲矮墩墩、胖乎乎的小子，穿起長袍來像一個大冬瓜。他一跑到老夫人跟前，就趴到地上向老夫人磕了幾個頭，後腦殼上的大辮子直甩到前面來。

老夫人連忙吩咐丫鬟把他拉起來，笑問：

「你怎麼來得這麼早？你娘呢？」

「他們都來了，馬上到。」他拍拍膝蓋說。

正說著，楊通夫婦已經帶著女兒文珍和下人走進了壽堂。楊通矮矮胖胖，肥頭大耳，還有一個大蒜鼻，一對眼睛卻很小，這對小眼睛裏暗藏了許多玄機，他滿臉堆笑地向老夫人說：

「娘，恕我來遲了！」

隨即把手一招，將帶來的下人招到面前，把兩隻紅漆禮盒放在老太太面前打開，裏面是春、夏、秋、冬四季衣料，都是綾羅綢緞，外加一件紅狐皮統子，兩斤老蔘。他左手托著檀香木盒盛著的老蔘，右手提著紅狐皮統子抖了幾下說：

「娘，這是興安嶺的紅狐皮統子，這是長白山的千年老蔘，都是孝敬您的。」

「難得你這片孝心。」老太太也高興地說。

「娘，我本來要他昨天陪我來，他說沒有空。」老太太唯一的千金龍從容艾怨地插嘴：「所以今天起了一個大早，兔兒下嶺似的匆匆趕來。」

龍從容外表看來像她母親，可是沒有龍老太太那種精、氣、神。她顯得十分優柔，缺少主張，更沒有她哥哥龍從雲那分瀟灑風雅。龍老太太望著女兒愛憐地說：

「昨天來、今天來都是一樣。俗話說：『有心拜年，端午不遲。』我不計較這些。」

老太太突然發現外孫女兒楊文珍站在女兒從容身後。她身材小巧，比母親矮了大半個頭，十分文靜，一臉秀氣，兩眼明如秋水，清可照人，一見令人歡欣、喜悅，正是情竇初開，花樣年華；臉上似有幾分羞態。老太太看見她就眉開眼笑，連忙向她招招手說：

「我的乖外孫女兒，快到外婆身邊來。」

楊文珍一走過去，老太太就一把把她摟進懷裏，同時取笑她說：

「害什麼羞嘛？天行表哥又不是外人。」

她和龍天行是指腹為婚，親上加親，又自小在一塊兒唸書，去年才回家去，每隔一兩個月便到外婆家來住幾天，天行每看見她一次心裏就更加喜歡，她的一舉一動都合他的心意，兩人只要一見面，一切盡在不言中。他早已看見她站在姑母身後，欣賞了好一陣子。她一看見他就禁不住有些心跳，臉上不知不覺飛上兩朵紅雲，別人原先並不覺得有什麼異樣，一聽老太太這麼一取笑，大家都笑了起來，丫鬟們抿著小嘴兒笑，不敢出聲。

楊文珍聽了老太太的話更加不好意思，摟著老太太拖長聲音撒嬌地說：

「外——婆——！」

老太太拍拍她哈哈一笑，楊通夫婦同聲對女兒說：

「好了，好了！快過來一道向外婆拜壽。」

楊文珍連忙抽身過來，站在父母身邊，掠掠頭髮，同父母一道跪拜，楊仁也湊上一腳。

「你剛才不是拜過了？怎麼又拜？」老太太笑問楊仁。

「外婆，這叫做『禮多人不怪』呀！」楊仁機靈地回答。

「我的乖外孫，想不到你的口齒這麼伶俐。」

「還不是向他老子學的！專會討好賣乖。」龍從容說。

楊通把太太的話當作耳邊風，楊文珍聽了卻不禁噗嗤一笑，楊仁望著她說：

「妹妹，妳就是幸災樂禍，歡喜看我出醜。」

「哥哥，你本來就會見風使舵嘛！」楊文珍笑著回答。

「好了，你兄妹兩個別頂嘴，我們趕快吃早飯，待會兒會有客人來，我要待客。」龍從雲說，同時吩咐廚房開飯。

「你們幾個寶跟我一道吃素，別和他們大人一樣葷的、腥的吃了罪過。」老太太要孫兒、外孫和她一道在佛堂裏吃。

於是孫兒、外孫、丫鬟一起簇擁著老太太走進佛堂。

平時老太太的早餐是紅棗燕窩熬粥，幾碟色香味俱佳的好菜，今天因為是她的生日，廚房特別為她準備了壽麵。龍府的廚子是烹調高手，因為龍翰林父子兩人都是美食家，當年是由龍老太太親自下廚，她自四十歲起吃齋唸佛，才遠庖廚，可是今天這幾個老廚子多是她調教出來的，新進的廚子也都經過她指點，現在她還偶爾下下廚房弄一兩樣素菜。因為老太太不吃葷，不能用雞湯，廚子便多用香菇、筍尖、上好的豆豉，一起熬出汁來，味道比雞湯更鮮，麵也是細如髮絲的油麵，這種麵是加了香油、細鹽揉和，拉長曬乾的，可以久藏不壞，味道很好。今天廚子更是加意烹調，以討老太太的歡心，小菜也多到十樣。

丫鬟們從廚房裏把麵菜一樣樣端上來，這是老太太的規矩，廚子們一身油膩，不許進佛堂。

龍府的茶壺、盌、碟、調羹等都是最精緻的景德鎮細瓷，不但上面的山水、花鳥、魚蟲和釉彩是最考究的，瓷器本身也薄得像雞蛋殼一般，幾乎到了透明的程度。這種瓷盌、瓷碟端在丫鬟們十指纖纖的手裏就夠瞧好半天的。

楊仁吃了一大口麵、喝了一口湯之後，不禁嘖嘖不已，連說：「好鮮！好鮮！」丫鬟們看他那副怪模樣，不禁掩著嘴兒笑。楊文珍盯了楊仁一眼說：

「哥哥，你也不瞧瞧你那副德性？好在這是在外婆家，要是在別人家裏作客，那不丟人現眼？」

「妹妹，我可不是千金小姐，像妳那樣：吃飯一粒粒的數，喝湯也不敢出聲，走路怕踩死螞蟻。我可是男子漢大丈夫，英雄本色，不會作假。」他故意望望龍天行說：「天行，你說句公道話，是不是？」

龍天行笑而不答，楊仁故意歪著頭笑他：

「怎麼？妹妹還沒有過門，你就護著她？」

楊文珍紅著臉瞪著楊仁：

「哥哥，你胡說些什麼？」

「我沒有說什麼，」楊仁望著妹妹故意傻笑：「妳何必多心？」

楊文珍揉揉身邊的老太太說：

「外婆，您看哥哥嘛！一大清早他就睜著眼睛說瞎話！」

「乖！」老太太笑著拍拍楊文珍：「哥哥今天起得太早，大概沒有漱口，妳就當他童言無忌好了。」

「就是漱了口，也吐不出象牙。」楊文珍說著不禁噗嗤一笑。

老太太、天放、天行都被她惹得笑了起來。丫鬟們更是掩嘴兒嗤嗤地笑。

楊仁望望大家，隨即自我解嘲地對妹妹說：

「好，在外婆家裏妳人多勢眾，我不惹妳；回家以後，妳瞧我的！」

老太太看看外孫那種神氣，笑著警告他：

「你在家裏可不能欺負妹妹唷？」

「外婆，哥哥在家裏就會死相。」楊文珍委屈地說。

「那可不成，」老太太望望外孫，又拍拍外孫女兒說：「哥哥要是欺負妳，妳就來告訴外婆好了。」

「外婆，您遠水救不了近火。」楊文珍說。

「那妳就住在外婆這裏好了，看他敢不敢在我面前撒野？」老太太笑著說。

「外婆，妹妹就是想您說這句話。」楊仁搶著說：「她司馬昭之心……」

楊文珍又窘又羞，臉都紅了，正想舉起銀筷敲他，龍從雲夫婦、楊通夫婦，卻雙雙出現在月門前。

「怎麼？你們還沒有吃完？」龍從雲邊說邊走了進來，他太太鄧淑卿如影隨形地跟在後面，楊通夫婦卻停在月門外，沒有進來。

老太太要他們進來，楊通卻支支吾吾，半天才說：

「我們怕褻瀆了娘的佛地，還是站在外面好。」

老太太也不勉強他們，他一向不歡迎喝酒吃肉的人到她的佛堂來，他們早晨雖然沒有喝酒，少不得要吃些葷腥。龍從雲看妹夫、妹妹站在正廳，心裏不免有點奇怪，以前他們不是也時常進來？怎麼今天母親的生日，反而不進佛堂？但他知道妹婿是個十分玲瓏的人，不進來也許另有道理，妹妹一向是嫁雞隨雞，自己沒有主意，他心裏有事，也就懶得瞎猜。龍從雲向他們兩人打了一個招呼，要他們在壽堂裏隨便坐坐。

「我有事向娘請教，待會兒再出來奉陪。」龍從雲站在月門內對他們說。

老太太的丫鬟梅影，隨即用小巧的紅托盤端了兩隻畫龍描鳳的蓋盌茶來，恭恭敬敬地奉上：

「姑爺、姑奶奶請用茶。」

楊通作了一個手勢，要她把蓋盌放在黑漆茶几上，梅影恭恭敬敬地放好，然後右手放在腰眼上，左手拿著小巧的紅托盤向右手上一掩，身腰微微一屈，同時拂了兩下，這才飄然離去，彷彿落花一般。

「梅影這丫頭給娘調教得愈來愈出色了！」龍從容望著梅影的秀髮如雲長裙曳地的背影讚歎地說。

「真是女大十八變，癩蝦蟆變天仙。」楊通隨聲附和。「現在梅影這丫頭比起一般人家的大小姐還要體面有禮數得多了。」

「娘真是法力無邊，凡是跟在她身邊的人，沒有不受她感化的。」

「娘是狀元的女兒翰林的妻，自己又喝了不少墨水兒，自然會調教人的。」

「我看文珍也該多留在娘身邊調教調教？」龍從容望著丈夫試探地說：「我比娘差遠了！」

「現在世界在變，我們也該跟著變，何必要一個模子裏倒出來？」

「娘這個模子又有什麼不好？」

「比方說，梅影那雙三寸金蓮，旗人就不作興，聖母瑪琍亞也是一雙大腳。」

龍從容被丈夫這麼一說又啞口無言。她想到自己一雙小腳吃過不少苦頭，所以替女兒文珍纏足也半途而廢，好在哥哥從雲也不贊成她替未來的兒媳纏足，娘也未置可否。

楊通堵住了太太，便自個兒背著手，踱著方步，欣賞廳中琳瑯滿目的字畫，他雖然沒有功名，也唸過四書五經，他知道這些字畫一大半是岳老太爺的珍藏，其中有不少是當代名家送給他的；此外都是龍從雲搜購的。他心中暗自盤算這個廳中的字畫，比他進手一批關外老蔘、口外皮毛，可要貴重得多。他對於這位內兄的眼光、交遊、人緣，也不能不暗自佩服。他自己雖然是八面玲瓏，但頂戴功名的朋友遠不如內兄多，骨董字畫方面更沒有內兄內行，詩、詞、歌、賦更不必談了。好在兩人的門路不同，不然自己真不是內兄的對手。

龍從雲夫婦正在佛堂裏和老太太商量怎樣接待客人。最後決定五十歲以上、五品以上的客人老太太才親自出廳接待，其他的客人由龍從雲接待，以免老太太過於勞累。

辰時以後就有客人陸續到來，送禮的由帳房登記收下，重要的客人龍從雲還趕到前廳迎接，有的吃過茶點寒暄一番就起身告辭，有的留下吃飯，管家高宗義已經準備好了十幾桌酒席，其中還有一桌是叫化子席，他們知道龍老太太樂善好施，正午時分就揹著長口袋，口唱〈蓮花落〉，趕來慶賀。高管家也遵照老太太和龍從雲的吩咐，在第一進廂房內為他們安排了一席，讓他們酒醉飯飽而去，還帶走不少白麵做的壽桃。

下午來了幾位特別的客人，先來的是應祖謙、應素蘭父女，應祖謙是位篤信佛教的居士，法號道仁，雖未出家，但長年茹素，比一般和尚更守清規、更加慈悲，綽號應和尚。他的獨生女應素蘭，本來是他的掌上明珠，美得像古畫兒上逃脫出來的仙女，眉如春山一脈，輕籠淡煙薄霧；眼如明潭秋水，卻幽幽沈沈。嘴形十分秀美，卻少血色；牙齒晶瑩雪白，又彷彿不食人間煙火。十七歲那年，嫁了一位幼年訂婚的紈綺子蒲世仁，蒲世仁是獨生子，從小驕縱慣了，又喜新厭舊，專愛拈花惹草，應素蘭過門兩年，沒有生育，蒲世仁就把她休了。應素蘭又羞又憤，一氣之下就在紫竹菴出了家。應祖謙心裏有說不出來的內疚，只為了當年和蒲世仁父親的一句戲言，答應了這門婚事，後來明知道蒲世仁是個十足的紈綺子弟，又性好漁色，但自己又不肯反悔，眼睜睜地看著女兒斷送了一生的幸福，反而更篤信佛祖，說：「色即是空，這也是女兒前世的孽。」由於龍老太太信佛，他們本來就熟，老太太又十分同情應素蘭的遭遇，所以雙方來往就更加密切，今天是龍老太太七秩大壽，他們父女兩人就一道來拜壽。

龍老太太對他們父女兩人也另眼相看，他們一來就被接進佛堂。兩父女先向觀音瓷像拜了幾拜，然後齊聲向龍老太太說：

「老夫人，請上坐，我們就在觀音菩薩面前向您老人家拜壽。」

龍老太太連忙說：「不敢當！」應素蘭卻乖巧地把她扶到上座，倒頭便拜，老太太連忙伸手把她拉起，愛憐地說：

「素蘭，妳受了戒，不必這麼多禮。」

「老夫人，叫我『了空』好了。」應素蘭感傷地說。「我雖然受了戒，但對您不能不拜。」

「唉！我真老糊塗了！」龍老太太抱歉地一笑，望望她頭上新燒的戒疤和一身灰色的袈裟說：「怎麼一時改不過口來？」

「老夫人，不是您糊塗，大概是她的俗緣未了。」應祖謙湊趣地說。

「唉！也真想不到，像她這樣如花似玉的人兒……」

老太太說到半途連忙收住。楊文珍悄悄走過去，握著應素蘭的手親切地說：

「素蘭姐，如果妳不穿這身袈裟，那該多美、多好？」

「文珍，我那有妳這麼好的造化？」應素蘭感慨地說：「以後不要叫我姐姐，叫我『了空』好了。」

「素蘭姐，我們從小就這麼叫慣了的，何必改口？」龍天行接著說。他看應素蘭這身袈裟，心裏就不是味道，要改口叫她「了空」，更覺得彆扭。

「二少爺，僧是僧，俗是俗，我既然入了空門，就不能從俗。」了空回答。

「除了出家以外，難道不可以改嫁？」龍天放說。

「俗話說：『一馬不配雙鞍，一女不事二夫。』我沒有第二條路走。」

「不公平，不公平！」龍天放搖搖頭。

「大少爺，這是古人立的規矩。」應素蘭說。

龍天放還想再講，龍老太太望了他一眼，他便不敢再說下去。

「今天是老夫人的大壽之日，我們應該講點吉慶話兒，不要再談了空的事。」應祖謙心如刀割，他真不想再談女兒的事。

楊文珍為了安慰應素蘭，乘機和她絮絮叨叨，應素蘭很喜歡她，一向把她當妹妹看待，兩人也最談得來，和她閒談本來就是一種愉快，談著，談著，也就忘記了自己頭上的戒疤，身上的袈裟了。

老太太一面和應和尚聊天，一面囑咐孫兒、外孫，外孫女兒陪應祖謙父女和她一起在佛堂吃晚飯，今天他們祖孫整天團聚在一起，龍天行有表妹又是未婚妻楊文珍在，自然樂得不離開。只是龍天放和楊仁有點不自在，覷著一個機會一道溜了出來。

「真想不到！應素蘭居然當小尼姑了！」一走出月門，龍天放就悄悄地對楊仁說。「我恨不得一拳打碎蒲世仁的狗頭！」

「表哥，你是不是很愛應素蘭？」楊仁向龍天放邪氣地一笑。

「你別胡說八道！」龍天放瞪了楊仁一眼：「本來像她那樣的美人胎子是人見人愛，可是我不是愛她，我是替她可惜。」

「表哥，我也覺得有點兒可惜。」

「你也懂得憐香惜玉？」龍天放噗嗤一笑。

「表哥，我又不是鐵打的心腸，怎麼不懂？」

「你和姑爹一樣……」

「我當然和我爹一樣，我爹有什麼不好？」

「馬尾串豆腐——別提！」龍天放搖搖頭，揮揮手，逕自跑開。卻在第二進碰見柳敬中、王仁儒聯袂而來。

柳敬中和王仁儒是龍從雲的好友，也是天放、天行兩兄弟的老師。柳敬中是欽天監正，通天文、氣象、地理、拳術，人稱柳神仙。王仁儒是一個落魄的進士，仕途蹭蹬，一心只想做官，當初也外放做了一任知縣，可是不到一年，就以失職之罪摘了紗帽，要不是龍從雲的父親龍繼堯暗中幫了大忙，還少不了三年五載的牢獄之災。後來龍繼堯還幫了他幾次忙，弄到幾任小官，都因為他只會子曰詩云，不通世故，不知民生疾苦，都沒有好下場，弄得龍繼堯也不能不說他「太迂」。他自己也解嘲地說「文章憎命達」。龍繼堯去世後他更潦倒，幸好龍從雲念舊，覺得他人並不壞，只是太缺少經世之才，與其幫助他弄個一官半職，牧民誤事，不如給他一個西席的美名，做食客之實。這在他顏面上也有些光彩，他便在龍家教天放、天行兩兄弟和楊仁、楊文珍兩兄妹，一教就是七、八年，他很想弄個一官半職，但是再也沒有人肯幫他的忙了。

他四個學生中，楊仁小心眼兒最多，可是不愛讀死書。楊通也要他子承父業，不情願他做個窮秀才，更不願他變成王仁儒那樣食古不化的書獃子，所以在楊仁十五、六歲時就要他棄學從商。楊仁一走，楊文珍也不得不走。因為楊通說她一天天大了，表兄妹也不能成天混在一塊兒，其實他心中已另有打算。龍天放好武厭文，歡喜使槍弄棒，揮拳踢腿，不耐煩唸子曰詩云。因此，王仁儒得意的只有兩個學生，那就是龍天行和楊文珍。但楊文珍半途而廢，也不能入闈，只有龍天行一人中舉。龍天行中舉之後他只偶爾來指點他一些科舉的門道，書是不教了。

柳敬中也是天放、天行兩兄弟的老師，但他不拿束修，只教他們兩人打坐、內功、彈琴、講《易經》、《道德經》、《南華經》。王仁儒是不教《易經》、《老》、《莊》的，他不懂《易經》，又說唸《老》、《莊》不能應試，不能做官，沒有出息。柳敬中講《易經》、《老》、《莊》，教琴時楊文珍也一道學，她和天行愈學愈入迷，柳敬中說他們兩人有夙慧。同時他還指點他們兩兄弟一些拳術訣竅，這是與打坐內功並行的。真正教他們兩人拳術的是龍從雲的保鏢，龍家護院師傅卜天鵬。卜天鵬本來是一位長靠短打十八般武藝件件精通又有一條好嗓子的名武生，因受盛名之累，被人在小茶壺裏暗中下了倒嗓藥，不能再唱，龍從雲便把他請到家來，教兩個兒子拳術、看家、護院。這兩兄弟歡喜卜天鵬、柳敬中還甚於王仁儒，因為卜天鵬不但功夫好，打拳之外還教他們吊嗓、說戲，又告訴他們一些梨園內幕，武林祕辛；柳敬中更上通天文、下通地理、更通人情，武功又莫測高深，連卜天鵬也佩服得五體投地。他們兩人都不像王仁儒那樣整天咬文嚼字，之乎者也矣焉哉，卻連小麥和韭菜都認不出來。

龍天放一碰上他們，連忙把他們引到後進來。

王仁儒拄著枴杖，橫身方步，大模大樣地走在前面，他今天換了一身新的團花長袍馬褂，看來六十上下年紀，已經有點彎腰駝背，老態龍鍾。

柳敬中穿著一身絳色道袍、瀟瀟灑灑、步履輕快地跟在王仁儒的後面，看來不過三、四十歲的年紀，但龍繼堯點翰林時就看見他，那時他就是這個樣子。每當別人問他貴庚時，他不是笑而不答，就推說：「僧不言姓，道不言壽。」究竟他有多大年紀？誰也不知道。但可以確定的是，他比王仁儒大多了。

龍從雲一聽傳報他們兩位來了，連忙趨前迎接，老太太也由丫鬟梅影、蝶仙扶著，走出佛堂來到正廳，嘴裏還連聲說：「不敢勞駕。」

「今天是老夫人上壽，晚生怎敢不來？」王仁儒酸溜溜地說，同時想行大禮，可是身體有點僵硬，跪不下去，龍從雲及時把他扶住，他又補上兩句賀詞：「祝老夫人福如東海，壽比南山。」

龍老太太連忙說：「托福，托福！」龍從雲把王仁儒扶到一張太師椅上坐下，他就咳嗽起來，又反手搥搥腰背。

柳敬中笑著向龍老太太長長一揖，龍老太太連忙躬身還禮，一疊連聲地說：

「柳老前輩，您這就折殺老身了。」

「今天是老夫人的七秩大壽，禮當受我一揖。」柳敬中神清氣爽地說。

「慚愧！慚愧！比起老前輩來，我怎敢稱壽？」龍老太太笑盈盈地回答。

「『人生七十古來稀』，老夫人應該算是上壽，焉有不舉觴稱壽之理？」王仁儒咳嗽一停就搶著奉承。

「王進士，在我們俗人的眼光裏，七十歲不算小，可是在柳老前輩的眼光裏，七十歲能算老幾？」龍老太太笑著對王仁儒說。

「我就不相信他比我大？在我眼中他還是小老弟呢！」王仁儒不服氣地說。

龍老太太、龍從雲、柳敬中他們都笑了起來。龍老太太忍住笑對王仁儒說：

「王進士，當年我和先夫進京時，不過二十出頭，就在宮裏碰見過柳老前輩。現在事隔數十年，先夫過世了，我也老了，柳老前輩還似當年，這是千真萬確的事，他當然比你大啦。」

「那他一定是旁門左道，有什麼妖術？」王仁儒紅著臉說。

柳敬中笑了起來，龍從雲笑著解釋：

「王兄，柳老前輩是法乎自然，吸山川的靈氣，日月之菁華，他一方面打坐，一方面練拳，動靜有致，陰陽燮理，所以他才健康長壽。不像你成天子曰詩云，四體不勤，非禮勿動……」

「我也到了花甲之年哪！」王仁儒賣老地說。

「當然，你已經算是長壽了。」龍從雲故意恭維他。隨後又想起什麼似的說：「不過，我倒想起一位古人來了……」

「誰？」龍老太太追問。

「娘，彭祖。」

「相傳這位古人壽高八百。」龍老太太說。

「老夫人，傳說不足為憑。」王仁儒搖頭晃腦。

「老夫人，其實比彭祖壽高的還有。」柳敬中笑著插嘴。

「真是無稽之談！」王仁儒直搖頭。

「王兄，你總該讀過《莊子》吧？」柳敬中笑問。

「當然讀過。」王仁儒腰桿一挺，神氣起來。

「你可知道廣成子這位古人？」

王仁儒思索了一下，連聲嗯嗯說：

「莊子似乎提過他。」

「王兄，不是『似乎』，〈在宥〉裏面說得清清楚楚。」柳敬中提醒他。

「對！」龍從雲拊掌一笑：「我還記得，是黃帝問道於廣成子，廣成子第二次才對黃帝說：『來，吾語汝至道，至道之精，窈窈冥冥；至道之極，昏昏默默。無視無聽，抱神以靜，形將自正……我守其一，以處其和，故我修身千二百歲矣，吾形未嘗衰……』。」

「虧你還背得出來？」龍老太太望著兒子一笑。

「世兄高才。」柳敬中也很高興。

「科舉雖然不考《老》、《莊》，我倒是滿喜歡這兩本書的。」龍從雲也意興飛揚地說：

「可惜有些地方我還是不懂。」

「世兄指的是那些地方？」柳敬中笑問。

「比方說，剛才我背的『至道之精』那一段。」

「這是道家的修持方法和境界。」柳敬中笑道：「也就是廣成子活了一千二百歲，身形未嘗衰的原因。」

「無稽！無稽！」王仁儒直翻白眼：「我就不信《老》、《莊》！」

「信《老》、《莊》你就考不取進士，我也考不取舉人了。」龍從雲笑著解嘲。

「世兄，我們別談這些，王兄是功名中人，再談下去就牛頭不對馬嘴了。」柳敬中笑說。

「其實老子是真正的高人，他真懂《易經》，學問大得很。」龍從雲說：「孔子就請教過他好幾次，有一次見了他之後出來還對顏回說：『丘之於道也其猶醯雞與！微夫子之發吾覆也，吾不知天地之大全也。』不知道後人對老子為什麼這樣誤解、曲解？」

「因為漢朝那位皇帝老子把他打進了十八層地獄，以後的讀書人又不能靠他做官，因此落井下石……」柳敬中說。

「這也許和老子重天道，講陰陽變化法則，曲高和寡有關？」龍從雲說。

「世兄可以算得是一位解人，一般舉子是不懂什麼『有物混成，先天地生。寂兮寥兮，獨立而不改，周行而不殆，可以為天下母』的，所以厚誣先知。」

「什麼先知？」王仁儒大大不以為然：「他講『無為』就不對。」

「他講『無為』是教人順乎自然法則，不能違反自然法則，不是教人睡懶覺。好了，隔靴抓癢沒有意思。」柳敬中自己打住，笑對龍從雲說：「世兄，你還是帶我去看看你的寶藏吧？」

龍從雲滿口答應，隨即陪他和王仁儒一道參觀。

龍從雲家的房間多，真正寶貴的珍品他都藏在家裏，並不放在萬寶齋店中。他的收藏室都按著天干地支編號。他先帶他們參觀青銅器，他新近高價買到一隻人足獸扳匜，是春秋初期的水器，用四個人形的腳支撐著，扳手像一條龍，高四十五．五公分、寬三十四．二公分。他藏在一隻精緻的小木盒子裏，用紅絲絨包著，並附有工整的楷書說明文字。

「春秋初期的人就能用這麼精巧的器具注水洗手，真不簡單。」龍從雲在手上把玩了一會，不禁贊歎。

「如果當時的製造術不發達，就做不出這樣優美精巧的銅器來。」柳敬中說。

「奇技淫巧，亂之源也。」王仁儒不以為然。

「王兄，如果沒有這些奇技淫巧，那來的中國文化？可惜今天我們已經不行了。」龍從雲笑著對王仁儒說：「我收藏骨董，不光是為了賺錢，也是想瞭解我們老祖宗的文化生活。」

「世兄倒是一位有心人。」柳敬中說。

「我中舉以後，就不想再進科場，也不想做官做府，我覺得我們中國人在這方面浪費了太多的光陰。」龍從雲說：「我不是張衡那些上通天文的大學問家，我只是退而求其次，不為形役，但求適情適性而已。」

「世兄真是雅人。」柳敬中說。

「在老前輩面前，我怎麼敢當？」龍從雲說。

在陶瓷收藏室內，他有戰國時期的黑陶缶，宋朝定窯牙白劃花蓮花瓶，汝窯粉青蓮花溫盌，鈞窯三足爐，最新蒐購的是一件元朝釉裏紅四季花卉蓮瓣大盤。瓷器的收藏最多，因為龍家得地利之便，經營瓷業又不止一代，是這一方面的大行家。其中有一個霽青描青鏤空轉心游魚瓶，是乾隆窯的出品，內外兩層套燒，實在精巧，柳敬中不止看過一次，還是愛不釋手，王仁儒也睜大眼睛看了又看，連說：「怪哉！怪哉！」柳敬中笑著對他說：

「王兄，這是真本領，大學問，一點不怪，只是一般酸秀才做不出來。」

王仁儒瞪了他一眼，又咳嗽起來，隨口吐了一口濃痰，龍從雲眉頭一皺，連忙用火紙擦乾淨，王仁儒蒼白的臉也紅了起來。

玉器收藏室有新石器時代的玉圭，商周、戰國時代的玉器也有幾件，漢朝的玉辟邪，宋朝的荷葉形筆洗都很可愛，最近買的三羊開泰更是晶瑩剔透，是宋朝時物。

雕刻品收藏室更是琳瑯滿目，木、石、竹、玉都有，大多小巧玲瓏，其中黃楊木雕羅漢以如意搔背，呲牙裂嘴，令人好笑，象牙龍舟精緻極了，象牙山水人物更勝鬼斧神工。

「這枚橄欖核舟我花的錢最少。」龍從雲用兩根指頭夾起來給他們看，「是在舊貨攤上買的，算來也是乾隆年間的玩藝兒。」

「難得你有這份雅興。」柳敬中拿來托在掌心，仔細端詳。

「雲兄，你這樣會不會玩物喪志？」王仁儒心裏只想到聖賢所講的那些大道理，對這些東西卻毫無興趣，他看龍從雲沈迷在這些古玩之中，不禁發問。

「你這一下倒把我問住了。」龍從雲輕輕一笑。「我要是有那麼一丁點兒廟堂志氣，也就不會開萬寶齋了。」

「雲兄，不是我說你，以令尊大人的餘蔭，以你的長才，可以說取青紫如拾芥，你何必開什麼萬寶齋？」王仁儒也不看看龍從雲的臉色，繼續嘮叨。

「王兄，我知道你對古玩沒有興趣，我帶你到隔壁去看看山水，換換口味如何？」龍從雲說。

柳敬中領先走了過去，那邊已經有人開了門，這個房間有人正待上鎖，王仁儒不得不跟著過去。

龍從雲承父親餘蔭，畫收藏得尤其多，上自五代，下至本朝，名家作品，如趙幹、董源、范寬、崔白、文同、郭熙、宋徽宗、趙伯駒、武元直、李唐、蘇漢臣、馬遠、趙孟頫、黃公望、吳鎮、倪瓚、文徵明、唐寅、仇英、董其昌、崔子忠、王原祁……花鳥、魚蟲、山水，應有盡有。龍從雲這幾年來更是千方百計蒐購。明朝沈周的一幅《廬山高》他就花了二十五兩黃金。因為這是故鄉山水，他覺得特別親切，所以他特地從樟木箱裏挑出來給他們兩位看。

王仁儒沒有去過廬山，柳敬中曾雲遊天下，看過名山大川，還在廬山住過。龍從雲把這幅畫在長桌上一展開，他就指著那條瀑布說。

「這就是李青蓮所寫的『飛流直下三千尺，疑是銀河落九天』的馬尾瀑了。」

「柳老前輩好記性！」龍從雲說。「這條瀑布遠在星子縣城就可以望見。」

「李白的這首詩我倒能背得出來，可惜廬山我沒有去過，更沒有看過這些瀑布。」王仁儒弓著背邊看邊說。

「廬山好景還多，不止秀峰寺這一處。」龍從雲說。

「貴寶地真是山明水秀，地靈人傑。」柳敬中說。

「可惜我生長京城，只能每年夏天回故鄉一次。」

「京師到底是龍盤虎踞之地，冠蓋雲集，雲兄正好在此大展鴻圖。」王仁儒抬起頭來對龍從雲說。

「謝謝金口。」龍從雲望著王仁儒笑笑。

「就以在下來說，時運再不濟，我也不想離開天子腳下。」王仁儒指著自己的鼻尖說。「龍是不能離開大海的。」

「王兄實在是才高命蹇。」龍從雲看看王仁儒那副彎腰駝背的樣子，又好笑又同情。

「時也，運也，命也，連至聖先師也在陳絕糧，毋怪在下。」王仁儒並不氣餒。「有朝一日……」

一陣咳嗽把他自己的話打斷，龍從雲和柳敬中一心看畫，沒有理會他。龍從雲這個大樟木箱裏都是精品、神品，不輕易掛出來，也不隨便出賣，仇十洲的一幅《春遊晚歸圖》有人出他三十兩黃金，他還不忍割愛。

「世兄，今天我又不虛此行了。」柳敬中看完幾幅新收藏的畫後笑著對龍從雲說。

「老前輩見多識廣，我的收藏比起建福宮的畫庫來真是小巫見大巫。」

「建福宮是不能輕易進去的。」

「先父曾參觀過一個畫庫。」

「那是對令尊大人的特殊優遇。」

「其實先父說他只看過一個箱子，可是那一箱畫他終身難忘。」

「『天上神仙府，人間帝王家』，那自然不同凡響。」

王仁儒咳嗽剛停，他就湊過來對龍從雲說：

「雲兄，就以您和令尊大人兩代的收藏，你們龍家子孫就享用不盡了。」

「我倒不作此想。」龍從雲淡然回答。

「世兄真是通達得很。」柳敬中點點頭。

「大概因為我還唸過幾句《老》、《莊》吧？」龍從雲笑著解嘲。

一個白白淨淨聰明伶俐的半大小子，悄悄地走近龍從雲身邊，輕輕地向他說了幾句話，又躡手躡腳離開，龍從雲把畫捲了起來，把樟木箱鎖好，然後對他們兩位說：

「酒席已經準備好了，兩位請吧？」

王仁儒好像有點餓了，逕自走在前面，直趨後進。

後進正廳只擺了兩桌酒席，一葷一素，這是龍從雲事先吩咐廚房的。本來老太太一向在佛堂用膳，今天是她的大壽，龍從雲早晨請示過她，特意安排到正廳來。家中下人有好幾桌，分別安排在別的廳裏，一般客人都在中午招待過了，下午來的客人不多，在壽堂裏行過禮都先後走了。柳敬中、王仁儒關係不同，和龍從雲來往密切，所以留了下來。應祖謙父女是老夫人的常客，也不拘俗套，自然留了下來。

龍老太太帶著孫兒、外孫和應祖謙父女坐上素席，旁邊有四個丫鬟梅影、蝶仙、香君、璧人侍候著；龍從雲夫婦、妹夫楊通、妹妹從容，和柳敬中、王仁儒等一桌，旁邊有龍從雲的跟班棄兒那個白白淨淨的小子以及丫鬟秋月、玉蘭侍候。

王仁儒看見滿桌山珍海味，又酒香四溢，便精神抖擻起來，他先用嘴抿了一口酒，首先端著杯子過去向龍老太太敬酒。

「今天我借花獻佛，祝老夫人多福多壽。」他脖子一仰就乾了一杯。

「海量，海量。」龍老太太笑著以茶回敬。

柳敬中當然也不能免俗，但他只端著杯子淺淺地喝了一點，笑著對龍老太太說：

「老夫人，心到神知。」

龍老太太對他左一個「柳老前輩」，右一個「柳老前輩」，十分客氣、尊敬，應素蘭看在眼裏好生奇怪，看他的樣子怎麼也不像是龍老太太的前輩，但她不敢發問，她以為王進士比老太太的年紀還大呢！

王仁儒有酒有肉，意興飛揚，話也多了起來，如果少了他還真不夠熱鬧。因為龍家下人都不敢高聲喧嘩，前面酒席雖有好幾桌，也聽不到猜拳聲，他們過來敬酒也是魚貫而入，規規矩矩，不敢放肆。連卜天鵬過來敬酒時柳敬中請他同席他都不敢坐，龍從雲請他坐他也抱拳作揖：

「多謝老爺賞臉，今天雖是老夫人的壽誕，也不能壞了規矩。」隨即飄然而去。

「卜師傅雖然是梨園子弟，倒是一位很有血性的男子漢。」柳敬中望著他矯捷的背影說。

「俗話說：『婊子無情，戲子無義。』可惜他入錯了行！」王仁儒說。

「這也不能一概而論，」龍從雲說：「他跟了我三年，我倒真覺得他是一位有情有義的男子漢。」

「這也是鳳毛麟角。」王仁儒喝了一口茅台說。

「如果他不是被人暗算倒了嗓，我真請他不來。」

「他今年多大年紀？」王仁儒問。

「將近而立。」龍從雲說。

「他的拳腳功夫到底如何？」王仁儒又問。

「您沒有看過他的三岔口、挑滑車？」龍從雲反問他。

「『勤有功，戲無益』。我向來不到戲園子那種誨盜誨淫的地方去。」

「那您就沒有眼福了！」龍從雲向王仁儒笑道：「當然您也不知道他的身手如何？」

「我不像雲兄，我身無長物，用不著他來保鏢。」王仁儒望了龍從雲一眼說。

「喝酒！喝酒！」柳敬中向龍從雲遞了一個眼色，笑著舉起杯子，龍從雲笑著一飲而盡。

王仁儒看柳敬中舉杯不飲，把自己的杯子伸到他的面前說：

「我們乾一杯如何？」

「王兄是海量，我怎敢同您乾杯？」柳敬中笑著說。

王仁儒得意地一笑，脖子一仰，又乾了一杯。

「王進士，柳老前輩是真人不露相。」龍老太太笑著傳過話來：「當年他和先夫對飲時，一人喝三、四瓶茅台還面不改色。」

柳敬中連忙向王仁儒抱拳拱手一疊連聲地說：

王仁儒歪著脖子打量他，不大相信，正如不相信柳敬中比他年紀大一樣。

「王兄包涵、包涵，剛才老夫人是故意往我臉上貼金，不可信以為真。」

王仁儒雙眼迷糊地望著柳敬中，然後自己喝了一口酒，夾了一塊冰糖紅燒肘子，往嘴裏一塞，搖頭晃腦地吟哦起來，吟的是詩還是詞？沒有人能聽清楚。

龍老太太今天十分高興，應祖謙父女是她的密友，其餘的都是孫兒、外孫，他們一桌有說有笑，毫無拘束。兒子、媳婦，女兒、女婿還不時過去敬酒湊興。

「娘，要不要請高管家過來唱一段兒給您聽聽？」龍從雲敬過酒後笑問。

「他今天夠忙了，讓他好好地享受一下，何必又打擾他呢？」老太太體諒地說。

「這會兒他大概正在興頭上，聽說您要聽他的戲，他會更加高興的。」龍從雲說。

「好吧！」老太太笑著點點頭：「也讓大家高興、高興。」

龍從雲立刻傳話下去，要管家高宗義和卜天鵬一道過來。本來他預備來一個堂會，或是在戲園子裏包下正中前十排座位，請至親好友家人聽一次好戲，老太太不同意，他只好一切從簡，幸好家裏有現成的好老生票友和卜天鵬這位科班出身的武生，卜天鵬雖然倒了嗓，但胡琴拉得不錯，高宗義更是能拉能唱，平日閒來無事，他們兩人也愛對對戲，或是一道去戲園子聽聽名角兒的戲。

高宗義、卜天鵬兩人很快趕了過來，卜天鵬手裏提著京胡，跟在後面。高宗義走到老太太面前一鞠躬說：

「老夫人，請您吩咐。」

老太太聽過他唱過不少次，但她最歡喜聽的是《借東風》。因此她說：

「我不想多打擾你，還是勞你的駕，唱段《借東風》吧？」

「成！」高宗義深深一點頭：「唱得不好，還請老夫人多多包涵。」

「你別客氣，放心唱好了。」老太太笑著說。

卜天鵬隨即坐在桌邊一張椅子上，架起左腿，把墊布放好，調調絃子，隨即拉起倒板，好聽極了，大家精神一振。高宗義一開口就是：

「習天書，玄妙法……」

他的嗓子十分寬亮、醇厚、中和，尖團音分得十分清楚，單以唱功而論，勝過很多科班出身的老生。倒板一唱完，大家不約而同地熱烈鼓掌。王仁儒一向不去戲園子，突然聽到這樣好聽的戲，張著嘴巴橋舌不下，傻傻地聽著，彷彿鴨兒聽打雷，歪頭歪腦。

高管家一唱完，又是霹靂啪啪的掌聲。他連忙雙手抱拳，向大家拱拱手說：

「獻醜，獻醜！見笑，見笑！」

老太太笑著對他說：

「高管家，您真是一條雲遮月的嗓子，愈來愈見火候了。」

「老夫人，您聽過的名角兒可多啦，多謝您過獎。」高管家鞠躬如也地回答。

「柳老前輩，」老太太望著柳敬中笑說：「您的見識比我多，我說的可不是假話。」

「老夫人的話不假，」柳敬中笑著點頭：「高管家的唱功真與叫天兒不相上下，卜老弟的胡琴也襯托得好。」

高宗義、卜天鵬又一起向柳敬中道謝。

老太太送給他們兩人兩個紅包，他們不敢接受，老太太佯裝生氣地說：

「要是兩位不肯接，以後我就不敢勞動兩位的大駕了。」

他們兩人這才雙手接下，雙雙告退。

高管家是四十來歲的中年人，在龍家已經有十幾年了。他本來是龍繼堯的跟班，龍繼堯去世後，龍從雲就把他升作管家了。

眾人酒醉飯飽盡興之後，丫鬟梅影、蝶仙扶著老太太進佛堂休息，老太太要應素蘭、楊文珍一道進去。

王仁儒大概是吃飽了，撐著難過，他在大廳踱著方步，走來走去，丫鬟秋月用紅漆托盤奉上頂好的廬山雲霧茶，他揭開蓋子嗅了一嗅，連說：「好茶，好茶！」可惜太燙，喝不進口。他把蓋盌放在茶几上，藥兒又奉上擦得雪亮的白銀水煙筒，紙撚點好了，煙絲也裝好了，他接過來呼嚕呼嚕地吸著，同時欣賞廳堂的字畫，兩眼忽然停在陳摶寫的「開張天岸馬，奇逸人中龍」的中堂對聯上，端詳了半天，方才回過頭來問龍從雲：

「雲兄，陳摶這副對聯當初令尊大人是從什麼地方謀來的？」

「聽說是一位親王送的。先父倒是很喜歡希夷先生這副字和他那首〈歸隱詩〉的。」龍從雲回答。

「希夷先生是一位高人，字有奇氣，那首〈歸隱詩〉尤其脫俗。」柳敬中說。

「我對陳摶這個人很少注意，」王仁儒說，又轉問龍從雲：「雲兄，你記不記得他那首詩？」

「天行記得，我要他背給你聽。」

龍從雲隨即吩咐兒子：

「天行，你背給老師聽聽。」

龍天行也歡喜這首詩，隨即抑揚頓挫地朗聲吟了出來：

十年蹤跡走紅塵，回首青山入夢頻；
紫綬縱榮爭及睡？朱門雖富不如貧。

愁聞劍戟扶危主，悶聽笙歌聒醉人；
攜取舊書歸舊隱，野花啼鳥一般春。

王仁儒一聽完，就摸摸下巴望著龍從雲說：

「奇怪？令尊大人是富貴中人，怎麼會歡喜這種詩？」

「這正是龍老太爺的過人之處，」柳敬中說：「他雖是富貴中人，卻了無俗氣。」

「我覺得這首詩太出世了，讀書人總以功名為重。」王仁儒說

「能出才能入，」柳敬中說：「像諸葛亮出山之前，還不是高臥南陽？在臥龍岡修道？出山之後，便能借東風三分天下了。」

「借東風不過是戲文，何足為憑？」王仁儒搖搖頭。

「其實這正是他上通天文的大學問，不是戲文。」柳敬中說。

「都是羅貫中搞的鬼！」王仁儒說：「諸葛亮未必真有那麼大的學問？」

「〈出師表〉該是真的？該是十分入世的了？」柳敬中望著王仁儒說。

「那倒是一片忠心，假不了的。」王仁儒點點頭。

「如果只是一片忠心，口口聲聲皇上萬歲，沒有半點本領，到頭來不過是賠掉一條老命，於事何補？上焉者如此，下焉者就更不堪聞問了！現就多的是這種既不能出，更不能入的功名中人。」

王仁儒突然睜大眼睛望著柳敬中，半天才問：

「你說這些話是不是指桑罵槐？」

「王兄多心了！」柳敬中笑了起來：「你不過是平時多讀了幾句子曰詩云，今天又多喝了幾盅酒而已，你既非什麼尚書大臣，亦非陳摶，更非諸葛亮、劉伯溫，八竿子都打不到，怎麼會是譏諷您呢？」

王仁儒臉上紅一陣、白一陣，忽然轉過身來教訓天行說：

「現在我告訴你：你年紀輕輕，應該在功名上力求上進，千萬不可聽妖道柳敬中胡說八道，血口噴人！」

柳敬中嗤的一聲笑了起來，龍從雲、龍天行父子也忍俊不禁。最後龍從雲帶著笑聲對王仁儒說：

「王兄，剛才我不過勸您多喝了幾盅酒，怎麼喝出一個妖道來了？」

「他離經叛道，怎麼不是妖道？」王仁儒臉紅脖子粗地說。

柳敬中神定氣閒，走近一步，笑臉相問：

「王兄，你知道什麼是經？什麼是道？」

王仁儒一下子愣住了，半天說不出話來，突然大袖子一甩，背轉身去咳嗽起來。

柳敬中金聲玉振地哈哈大笑，邊笑邊向龍從雲拱拱手說：

「世兄，得罪、得罪！我這就告辭了，改天我們兩人再喝幾盅。」

說罷，又向老夫人一揖，便身子一轉，飄然而去，轉眼不見人影，前廳卻迴響著朗朗的笑聲，久久不散。

第二章　老夫人觀今鑑古　嫦娥女論道談經

龍老太太乘著今天七十華誕的餘興，把應素蘭和外孫女兒楊文珍留下來住幾天，讓應祖謙、女兒、女婿、外孫先回去。同時慈愛地對天放、天行兩兄弟說：

「從今天起，我把璧人交給天放使喚，把香君交給天行使喚。你們兩兄弟也不算小了，不能再倚靠你娘，也應該有個人服侍才是。」

這兩個丫鬟都只十四、五歲，比梅影、蝶仙小，但都十分伶俐，兩人心裏自然高興。天行笑著對龍老太太說：

「婆婆，您把她們兩人交我和哥哥使喚，您豈不是少了兩條胳膊？」

「我還有梅影、蝶仙服侍，不妨事的。」

香君和文珍很投緣，兩人感情很好，心裏都很高興，相互望了一眼，心照不宣。

「老夫人，您想得真周到。」應素蘭一臉欽羨之色。

「他們兩人這種年齡頂尷尬，說大沒有圓房，說小又不吃奶，總得有個適當的人服侍。」老太太笑著回答，又用手指指香君、璧人：「我看這兩個丫頭還不錯，不怎麼笨手笨腳。」

「其實她們也是投錯了胎，」應素蘭望望香君、璧人說：「憑她們這副模樣兒，那一點不像大家千金小姐？」

「應姐姐，您太抬舉我們了。」香君欠著身子回答。

「我們生就了丫頭的命，上不了梧桐樹。」璧人接著說。

「我們是『禿子跟著月亮走』，多虧老夫人的調教。如果兩位爺不嫌棄，那就是我們的造化了。」香君說。

「天放、天行，你們兩人聽見了沒有？」老太太笑問孫兒。

「婆婆，聽得真、聽得明，只怕我沒有這個福氣。」天放回答。

「這是什麼話？」老夫人白了天放一眼。「我們龍家上不欺天，下不欺地，中不欺人，我一輩子良心放在中間，我的子孫應該有這點兒福澤。」

「婆婆，您放心，我不會把香君當丫頭看待。」天行說。

「這倒像話，」老夫人展顏一笑：「人要知福惜福，她們年紀雖小，可是比你們還懂事，我也很少對她們說句重話兒，你們也不能對她們使主子性兒。」

「婆婆，天行是憐香惜玉都來不及，那怎麼會呢？」

天放的話說得大家都笑了，香君、璧人抿著嘴兒笑，不敢出聲，兩眼卻在打量天放、天行。

「我想天行也不會，」老夫人微笑點頭，望著天放說：「我只怕你——」

「婆婆，我又怎麼來著？」天放笑問。

「你的性子比較烈，一旦火山爆發了，璧人難免會受委屈。」

「婆婆，您是要我立個保單？」

「那倒不必，」老夫人搖頭一笑：「我不過是提醒你。」

「婆婆，我雖然不會憐香惜玉，可也不是小霸王，您放心好了。」

「這才是我的好孫兒。」老夫人笑瞇瞇地點頭。

「老夫人，您老人家的福氣真好，真個是子孝孫賢。」應素蘭用手輕輕地捶著老夫人的背說。

「素蘭，」老夫人回頭看看應素蘭：「佛說三世因果，我能有今天，大概是祖上積德？」

「老夫人，您本身就積了不少功德。」應素蘭湊近老夫人的耳邊說。

「但願天下太平才好。」老夫人似有所感地說：「國泰才能民安，不然有福也享不成的。」

「老夫人，現在不是天下太平，國泰民安嗎？」應素蘭說。

「素蘭，觀今宜鑑古，妳還年輕，妳不知道過去的事兒。」老夫人說。

「老夫人，您是不是指過去長毛造反的事兒？」

「長毛造反固然是一件大事，弄得江南雞飛狗跳，民不聊生，可是京裏還是歌舞昇平。」

「老夫人，我出生得晚，沒有遇上長毛，算很幸運，難道還有比長毛更不幸的事情？」

「怎麼沒有？」

「外婆，那到底是什麼事嘛？」文珍半天沒有作聲，急著搖搖老夫人問。

「那是庚申年英法聯軍攻打北京，火燒圓明園的事情。」

「難道比長毛還厲害嗎？」應素蘭聽了很多長毛造反殺人如麻的故事，英法聯軍的故事反而少有人講。

「長毛也是中國人，他們是打江山，想做皇帝。英法聯軍可是西洋人，他們搶走了我們許多國寶，燒了圓明園，還作踐了許多婦女，這是我們中國人的奇恥大辱。」

「阿彌陀佛！幸好我們生得晚，沒有遭那場劫。」應素蘭捻捻胸前的串珠。

「可是現在又有點兒像當年那個世界了。」老夫人沈吟地說。

「現在洋人個個趾高氣昂，傳教士好像太上皇。」龍天放馬上接嘴。「父母官見了他們不敢吭氣，老百姓更是敢怒而不敢言。」

「這是不祥之兆。」老夫人輕輕歎息。

「老夫人，今天是您老人家的壽誕，應該談點開心事兒才是。」蝶仙乖巧地奉上一蓋盌冰糖桂圓水說，又替她捶捶背。

梅影也托著紅托盤，向楊文珍、應素蘭各奉上一盌，香君端了一盌奉給天行，瑩人端了一盌奉給天放。

老夫人喝完了冰糖桂圓水，又高興起來，笑問大家：

「你們那位講個開心的故事給我聽聽？」

大家你望望我，我望望你，半天沒有人作聲。老太太回頭看看替她搥背的蝶仙，笑著對她說：

「是妳起的頭兒，妳就先講一個吧？」

「老夫人，我成天在您身邊轉，大門不出，二門不邁，又沒有喝到四兩墨水兒，只有一肚子的苦水，那有什麼開心的故事？」蝶仙輕吟淺笑地說。

「妳這丫頭好一張利嘴。」老夫人笑著罵她：「我什麼時候虐待妳了？妳就吐吐苦水吧？」

大家都笑了，都睜大眼睛望著蝶仙，她站在老夫人身後亭亭玉立，高領綠短襖，曳地綠長裙，雪白的臉蛋，明眸皓齒，烏溜溜的頭髮，和應素蘭的光頭，灰袈裟，恰成對比，益發顯得她像一朵迎春花兒。

「老夫人，您就饒了我這一遭吧？」蝶仙故意哀求：「請恕我笨嘴笨舌，連個謊話兒都編不出來，您就罰我搥一千下背好了。」

「那可不成！」天放把空蓋盌遞給璧人，大聲湊趣：「就是老太太依了，我們也不會依。」

「大少爺，你可憐可憐我吧？」蝶仙笑著合掌作揖：「你知道我們丫頭坐井觀天，那像你們爺海闊天空，見多識廣？肚子裏又多的是典故，我就是把腸子掏出來，也編不成一個故事。」

「看她說得怪可憐的，你就饒了她吧？」老夫人心軟，笑著對天放說。

大家都笑，都不肯放過蝶仙。天行笑對祖母說：

「婆婆，您可別著了蝶仙姐的道兒，我看她是水仙花兒不開——裝蒜。」

蝶仙噗嗤一聲笑了起來，摟著應素蘭笑得伸不直腰，天放更不放過她，笑指她說：

「好一個厲害角色，今天非要妳講一個故事不可。」

「大少爺，怎麼你就使起主子的架勢來了？幸好我沒有撥到你的名下。」蝶仙掠掠頭髮整整衣裙說：「你逼我講個故事我不敢不遵，但是我也得先說明一下……。」

「妳說吧？」天放點頭。

「要是我說得並不中聽，你們爺可不能生氣唷？」

「好，快說，快說！」天放很想聽聽她說些什麼？她人在深閨，沒有見過什麼世面，也沒有唸過多少書，難道還能說《三國》、《水滸》不成？

蝶仙輕輕咳嗽一聲，掠掠鬢髮說：

「聽說從前長安城裏有一位多福多壽的老太太，活到一百二十歲，身體還是頂硬朗的。」

「怎麼個硬朗法？」天放大聲問。

「走路不拄拐棍，啃骨頭不掉牙。」蝶仙說。

「那倒是奇事兒。」老夫人笑著說。

「這倒不奇。」蝶仙淡淡一笑。

「還有什麼更奇的？」大家笑問。

「明明的她的身體很好，可是總對兒孫說她一身是病。」

「是不是疑心病？」老太太笑問。

「那倒不是。」蝶仙搖搖頭。

「那又是什麼病呢？」老太故意歪著頭問。

「她常說她肚子隱隱作痛，裏面一定有很多苦水，可是吐又吐不出來。」

「這就怪了？」

「就在她老人家一百二十歲大壽的那天晚上，她又嚷肚子痛，說是有很多苦水，在肚子裏咕嚕。大家都不在意，因為她一向只說不吐。可是這天晚上她突然大吐起來，吐了一地。」

「是不是吃壞了什麼東西？」

「她吃的不是燕窩就是白木耳，怎麼會吃壞肚子？」

「這就奇了？」大家緊張地說。

「這還不算稀奇。」蝶仙笑著搖搖頭。

「還有什麼更稀奇的？」老太太笑問。

「更奇的是，有成千上萬的螞蟻，從四面八方圍過來，吃老太太的苦水。老太太兩個孝順的乖孫子好生奇怪，伏在地上用手指蘸蘸老太太吐的苦水，放在自己舌尖上嚐嚐，突然大叫起來：不是苦水，是冰糖桂圓水。」

大家像砂鍋爆豆子似地大笑起來，老太太笑得前撞後仰，文珍伏在外婆懷裏笑得全身直抖，梅影、香君、璧人笑作一團，天放、天行兩兄弟笑著跺腳，應素蘭伏在老太太的太師椅背上抬不起頭來。

蝶仙卻笑著跪在老夫人面前請罪：

「蝶仙放肆，向老夫人領責。」

「妳快起來！」老夫人一把拉著她摟進懷裏，摸摸她的頭說：「妳這丫頭，是那兒來的鬼心眼兒？真把我笑壞了！」

「老夫人別見怪，我只不過向您偷學了一點兒皮毛。」蝶仙笑著站了起來，舉手理理頭髮。

「婆婆，蝶仙姐把我們祖孫三人當猴兒一般耍了，您還疼她？」天行笑指蝶仙說。

「乖孫兒，有蝶仙這樣的丫頭，我們祖孫三人權充一次猴兒又有何妨？」老夫人笑著回答。

「老夫人，您老人家這樣說，蝶仙真罪過，應該罰跪。」蝶仙笑著又要跪下去。

「本來是鬧著玩兒的，何必當真？」老夫人拉著她不讓她跪。

「老夫人，真是『強將手下無弱兵』，」應素蘭笑盈盈地說：「我連給您老人家當丫頭還不夠格呢！」

「素蘭，快別這麼說，」老夫人愛憐地拍拍她：「以後我還要請妳替我講經呢！」

「阿彌陀佛！老夫人，別折殺我了。」

「那妳以後有空就來陪我念經好了。」

「這我不敢推辭。」應素蘭爽快地回答：「就是老夫人不叫我來，我也會替老夫人和府上大大小小念經消災祈福的。」

「多謝妳，素蘭。」

「老夫人，您又是素蘭、素蘭的！」應素蘭故意嘟起嘴兒。

「好，了空、了空。」老夫人笑著點頭。

「素蘭姐，我真不懂？……」天行欲言又止，臉上無限惋惜。

「二少爺，有朝一日，你會懂的。」素蘭望著他說，兩眼如煙似霧。

「我倒希望永遠不懂，」天放自說自話：「我最不愛見娘兒們一把眼淚一把鼻涕的。」

「大表哥，人非草木，孰能無情？難道你是鐵石心腸？」文珍望著天放說。

「我的好表妹，妳花兒未開，果兒未結，怎麼就情呀情的？」天放望著文珍好笑。

大家都被天放逗笑了，文珍的臉飛上兩朵紅雲，腳一跺說：

「人家說正經的，你卻想歪了！」

天放看著文珍那羞惱的樣子更好笑，向她陪了個不是，還自離開。老夫人吩咐擘人跟過去，同時自言自語地說：

「這孩子好像是石頭縫裏蹦出來的？」

「老夫人，那倒未必。」應素蘭接嘴：「我看大少爺是有點兒英雄氣概。」

「我看他還有點兒懵懵懂懂？長得那麼高了，還像一隻沒有開口叫的小公雞兒似的。」

老太太的話又把大家都逗笑了。梅影卻在老太太耳邊輕輕地說：

「老夫人，您老人家快活了一整天，也該享福了？」

老夫人笑著點頭，梅影便向大家宣佈：

「老夫人要睡了，諸位也該休息休息。」

老夫人本來想要外孫、女兒、文珍一道睡，文珍卻先向她說：

「外婆，今天我陪應姐姐在客房睡，明天再來陪您。」

「好吧，」老夫人笑著點頭：「妳們也有好久沒有在一起，總該有些體己的話兒要說。不過要記住，明天四更都要起來陪我念經囉！」

「老夫人，我一定能起來，您放心。」應素蘭說。

老夫人囑咐香君服侍她們，準時叫她們起來。

她們的客房是一間寬敞精緻的繡房，窗明几淨，一塵不染。窗外不時飄進來一陣陣花香。庭院中有一棵兩、三百年的大杏銀、一棵幾丈高的玉蘭樹，還有梅樹、梔子、茉莉、桂樹，這陣陣花香好像是梔子、茉莉的味道。

香君替她們把大床中疊成一朵花兒形狀的錦被打開、鋪好，又在枕上灑些香水，房間裏更充滿了香味。

「香君，花兒已經夠香了，何必再灑香水？」應素蘭說。

「應姐姐，這是外國的香水，好香、好香，所以我替妳們灑在枕頭上，睡著了做夢也是香的。」

「我出家人不該聞這些異香的。」

「表小姐是黃花閨女，她就歡喜滿屋子香味。」香君說。

「妳叫香君，大概妳也特別歡喜吧？」應素蘭笑問。

「應姐姐，不瞞妳說，不管是丫頭、小姐，沒有一個女兒不喜歡香味的，難道妳真不喜歡？」香君望著應素蘭的臉上笑問。

「從前我也很喜歡，」應素蘭點點頭，「現在入了空門，就應該斷絕癡心妄想。」

「應姐姐，聞聞香味也不算什麼罪過呀！」

「雖然不算什麼大罪過，但聞多了也成不了正果。」

「應姐姐，恕我說句冒昧的話，我橫看豎著，妳都不像個出家人，難怪剛才二少爺也替妳惋惜。」

「香君，這都是命，妳可知道由命不由人？」應素蘭反問香君。

「這我就不懂了！」香君惘然一笑。「但我總覺得妳不應該是現在這個樣子的？」

文珍嗤的一笑，故意白了香君一眼說：

「香君，妳愈說愈離譜兒了，妳怎麼也像二少爺一樣，說這些傻話？」

「表小姐，二少爺才不傻呢！」

「不傻就癡。」應素蘭說。

文珍好笑，拍拍香君的肩說：

「妳去睡吧，我們用不著妳服侍了。」

香君含笑離開，不久用兩隻精巧的瓷碟盛了一碟茉莉、一碟梔子花送了進來，放在梳粧檯上，又退後一步，端詳了一會，才笑盈盈地離開，走到房門口突然又回眸一笑：

「應姐姐、表小姐，祝妳們兩位做一個又香又甜的好夢。」

「這丫頭真有點兒瘋了。」應素蘭搖搖頭輕輕一笑。

「這正是瘋瘋癲癲的年齡。」文珍說。

「說真格的，當年我也曾瘋癲過。」應素蘭悽然笑道：「誰想到……」

「素蘭姐，我連做夢也沒想到妳會出家？」文珍摸摸應素蘭的袈裟，又望望她的光頭，和頭頂上的六個戒疤說：「世事真教人難料！」

「只怪我命薄如紙，註定了常伴古佛青燈。」

「素蘭姐，這不能怪妳，只怪蒲世仁那個壞東西！」

「可是他在外面拈花惹草，風流浪蕩，並沒有人怪他；他休了我也沒有人講一句公道話。」

「這太不公平了！」

「我們女人都是黃連命！」

「應伯伯當初為什麼會許下這門親事？」

「爹說其實只是一句戲言。」

「既然是戲言，何必承認？」

「爹是死腦筋。他說：『大丈夫一言既出，駟馬難追。』明明知道錯了，他也不反悔。」

「蒲世仁休妳，那他也應該討個公道才對？」

「他認為這是沒有面子的事情，要我認了。」

「那妳也可以改嫁，何必出家？」

「妳還年輕，妳不知道一個被人休掉的女人那有人要？」

「素蘭姐，別人或許沒有人要，像妳這樣如花似玉，既賢慧又能幹的人，打著燈籠也找不到呢！怎麼沒有人要？」

「文珍，說真格的，當時我簡直氣糊塗了，現在後悔也來不及……。」應素蘭低沈地說。

「能不能再還俗？」文珍輕聲問。

「那更會鬧笑話——別人會以為我水性楊花。」應素蘭也輕輕回答。

「那我們做女人的真難了！」文珍心裏七上八下。

「妳不像我是黃連命。妳的命好，二少爺是一個有情有義的人，不像蒲世仁那個壞東西，更何況你們是親上加親，又從小一塊兒唸書，彼此都清楚得很。我是嫁過去了才知道他是紅眉毛綠眼睛的。」

文珍嗤的一笑，又連忙以手絹掩嘴，隨後低聲說：

「素蘭姐，真是家家有本難唸的經，妳不知道我也有苦難言。」

「妳有什麼苦處？」應素蘭奇怪地望著文珍：「難道是二少爺變了心？」

「那倒不是。」文珍搖搖頭。

「既然二少爺沒有變心，那還有什麼問題？」

「這問題誰也想不到。」

「那是什麼稀奇古怪的問題？」

「我們一家人都信了耶穌教。」文珍湊近應素蘭耳邊說。

「哦！真有這回事兒？」應素蘭睜大眼睛望著文珍。

「素蘭姐，我還會騙妳？」

「妳外婆知不知道？」

「不知道，」文珍用力搖頭：「我還不敢對她講。」

「妳二表哥呢？」

「他也蒙在鼓裏。」

「你們為什麼要這樣做？」

「是我爹一個人的主意。」

「他怎麼會心血來潮，要信耶穌教？」

「我爹的算盤精得很，他才不是心血來潮。」

「那總得有個原因？」

「當然有原因。」

「什麼原因？」

「他做生意認識了一個洋人。」

「這倒不容易。」

「不但如此，那洋人還是個大買辦，又是個傳教士，勢力大得很。」

「怎麼個大法？」

「妳別看衙門裏的大老爺對自己人兇巴巴的，可是一見了洋人，大老爺就變成了小丑了，尤其是那個姓什麼 Steward——中國名字叫做司徒威的傳教士，在中國衙門裏更是橫衝直撞。」

「真有這回事兒？」

「一點不假。」文珍斬釘截鐵地說。「我爹向來不做蝕本生意，他就是看準了這一點，才決心信耶穌教。他說大樹底下好遮陰，信了耶穌教，就不怕衙門，生意就更好做，錢會賺得更多。」

「那他一個人信好了，何必要一家人都信？」

「我爹說這樣才會使洋人更信任。」

「妳娘也不反對？」

「我娘是個糯米團兒，沒有主見，完全由我爹擺佈。」

「妳哥哥呢？」

「我哥哥雖然年紀輕輕的，可會見風使舵。」

「妳呢？」

「我孤掌難鳴。」楊文珍輕輕歎口氣：「再說，我們女人講的是三從四德，我怎敢大逆不道？」

「這和妳二表哥也沒有什麼關係呀？」

「這妳就不知道了！自從我們全家人受洗之後，我爹就禁止我們走漏半點風聲，還特別告誡我：以後要少和二表哥接近——表面的理由是說，我們兩人年齡漸漸大了，男女授受不親，誰知道他葫蘆裏賣的是什麼藥？」

「這真有點兒蹊蹺？」應素蘭不禁沈吟起來。

「所以在別人面前我都不敢講，今天妳是第一個知道。」

「妳放心，我會讓它爛在心裏。」應素蘭拍拍文珍。

「素蘭姐，『天有不測風雲，人有旦夕禍福』，我真怕平地起一場風波。」

「我會替妳念經消災祈福。」

「靈嗎？」文珍偏起頭問。

「心誠則靈。」

「那我是不是該天天禱告呢？」

「禱告是什麼意思？」

「也和妳念經一樣，一禱告上帝就會幫忙。」

「我不懂耶穌教是什麼意思？」

「我也不太明白，只聽那位傳教士司徒威告訴我們說：男人女人都是耶和華上帝創造的，不過我們女人卻是上帝取下男人身上的一根肋骨造成的。」文珍像背書一樣說。

應素蘭聽著不禁笑了起來，一邊笑一邊說：

「這真笑死人——誰不知道男人也是我們女人生的？怎麼我們女人會是男人一根肋骨造成的？」

「我還沒有圓房，不太清楚女人生兒子的事兒。不過我總有點奇怪？男人的肋骨怎麼會造成女人？想來想去我總想不通，但司徒威卻講得活龍活現。」

「還有什麼稀奇的事兒沒有？」應素蘭盯著文珍問。

「稀奇的事兒還多著呢！他還說天地也是耶和華造的，第一天造什麼，第二天造什麼，第三天造什麼……」文珍攀著手指兒慢慢數。

「哎呀！我的小姐！到底造什麼嘛？」應素蘭急著在文珍肩上輕輕一拍。

「我的好姐姐，我怎麼記得那麼多？」文珍望著應素蘭發亮的光頭苦笑：「反正六天就造完了一切，耶和華再用地上的塵土造人，將生氣吹進他的鼻孔裏，他就造成了有靈的活人，這個人就是亞當。」

「阿彌陀佛！」應素蘭雙手合十，念了一聲佛，悠悠地說：「這真是今古奇觀，自盤古開天闢地以來，聞所未聞。」

「可是我聽柳敬中老師講的就大不一樣。」文珍說。

「柳老前輩怎麼講？」應素蘭攀著文珍的肩頭，望著她的臉上問。

「柳老師說，《易經》講宇宙起源是從太極開始的。」

「什麼是太極？」

「太極就是宇宙形成之前的一團氣，由無到有的階段。」

「以後呢？」

「以後『太極生兩儀，兩儀生四象，四象生八卦』，而後是八八六十四卦，以至於無窮無盡，生生不息……」

「這我還是不大懂，但是由一團氣開始，生生不息，卻比上帝六天一手造成一切要合情理。」應素蘭沈吟思索：「別的不談，單以我們女人生孩子來說，也要懷胎十月，才能生產，怎麼天地萬物，六天就能一手造成？」

「是呀！我也是這麼想。」

「妳還聽到別的說法沒有？」

「也是柳老師講《道德經》時說的。他說老子講的『無名天地之始，有名萬物之母』，這就和《易經》的太極說法一樣，不過老子把太極稱為道。」

「道是什麼？」

「道就是陰陽，一陰一陽叫做道。老子說：『道生一，一生二，二生三，三生萬物，萬物負陰以抱陽，沖氣以為和。……』老子完全是講陰陽相生的。」

「哦哦，妳這樣講我就明白了！」應素蘭恍然大悟：「我不妨又以生孩子來作比方：一男一女，如果不圓房，永遠都不會生孩子。所以我們中國人常說：『孤陰不生，獨陽不長。』」

「素蘭姐，照妳這樣說，沒有陰陽相合就沒有人類了。」

「沒有陰陽相合，不但沒有人類，也就不成世界了。」

「素蘭姐，古人說：『與君一席話，勝讀十年書。』今天晚上妳和我說的悄悄話，真使我開了大竅。」

「彼此彼此。」應素蘭笑著點頭。

「但是今天晚上的話我們兩人一定要守口如瓶。」

「這又不是什麼機密大事兒，妳怎麼這樣膽怯？」

「素蘭姐，這會犯大忌！現在洋人傳教士的勢力大，我們都承擔不起。」

「妳放心！」應素蘭拍拍文珍的背：「我不會雞蛋碰石頭，打我一棍子，我也不會吭一聲。」

「那我們早點睡吧？」

「對了，四更天我就要起床陪老夫人念經。」

第三章　楊文珍恍恍惚惚　龍天行躍躍騰騰

四更不到，香君便過來叫應素蘭、楊文珍起床，但她們兩人已經起來了。

「兩位怎麼起得這麼早？」香君笑問。

「我早起念經已經成了習慣，到時候自然會醒。」應素蘭回答。

「小姐妳怎麼不多睡一會兒？」香君打量文珍一眼，看她清醒得很，沒有一點睡眼惺忪的樣子。

「我早起念書、練字也成了習慣。」文珍說。

香君連忙替她們準備洗臉漱口水，而且站在旁邊服侍，應素蘭行動敏捷，又不打扮，漱洗完畢之後，逕自去佛堂，文珍送她到門口說：

「素蘭姐，拜托妳代我向外婆告罪一聲，恕我沒有陪她念經。」

「我知道。」應素蘭點頭含笑而去。

香君先把床單整理得平平整整，把被子疊成菊花形狀，放在靠床裏邊的中間位置，如花的錦被左右各放一隻繡花枕頭，成為一個美麗對稱的圖案。文珍讚賞了幾句，她還自己端詳一番，滿意之後，再過來服侍文珍梳頭。

文珍坐在梳粧檯前，自己把辮子解開。她的頭髮不很濃密，卻十分秀麗。她是黃花閨女，腦後沒有挽髻，前額還留了一撮流海。

香君替她把頭髮完全散開，披在背後，彷彿一條黑色的瀑布。香君先用大梳子替她一把一把地梳，然後又用篦子替她細細地篦。

「少爺起來沒有？」文珍問。

「小姐，妳問那位少爺嘛？」香君笑著反問。

「當然是兩位少爺呀。」文珍輕輕白她一眼。

「大少爺由璧人服侍，不關我的事兒，我自然不知道；二少爺嘛，他起得很早。」

「難道比妳還早？」

「真的比我還早，」香君笑著點頭：「先前我走到他的窗前，悄悄地向裏面探望一眼，發現他已經盤著腿坐在床上閉目打坐，好像老僧入定哪！」

「這是柳老師教他的日常功課。」

「奇怪，二少爺又不是和尚、道士，打什麼坐呢？」

「這妳就不知道了！打坐有很多好處。」

「什麼好處？」

「我也說不上來，妳看看柳老師就知道了。」

「老夫人總是叫他柳老前輩，我看他還很年輕嘛！」

「這就是打坐、打拳的好處──一靜一動，陰陽調和，就是長生之道。」

「小姐，他到底有多大年紀了？」

「我怎麼知道？」

「有人叫他柳神仙，他真的神嗎？」

「看起來他平平實實，一點不神，但依我看，他比王老師仁儒是高多了。」

「別提王進士了，他酸溜溜的，一天到晚板著面孔訓人，自己卻東吐一口痰，西吐一口痰，我看了都噁心。」

「香君，妳怎麼可以這樣說他呢？他是進士呀，又做過縣太爺哪？」

「小姐，不能因為他是進士，又做過縣太爺，就可以到處吐痰哪！」香君嘟起小嘴說：「妳是小姐，不知道我們下人的苦處，我替他在青石地上擦過好幾次痰呢！」

「香君，那真難為妳了。」文珍回頭向她笑道。

「我們女人最不喜歡這種男人。」香君鼻子裏嗤了一聲。

「妳現在還是姑娘，怎麼能說這種話呢？」

「小姐，說說有什麼關係嘛？」香君眨眨眼睛又附在文珍的耳邊輕聲說：「我老實告訴您，不止我一個人如此，梅影姐、蝶仙姐也是一樣討厭他，不過她們嘴裏不說罷了。」

「那就是她們懂事的地方。」

「但是心裏可不是味道。」

「這就叫做逆來順受。」

「為什麼只有我們女人逆來順受，他們男人就可以亂來？」

「歷來就是如此，女人總是要吃虧的。」

「就像應姐姐一樣嗎？」

「她不過是千萬可憐蟲的一條而已。」

「小姐，如果二少爺也像王進士那樣，妳會喜歡他嗎？」香君眨眨眼睛笑問。

「香君，妳別胡說好不好？妳怎麼扯到二少爺身上來了？」文珍輕輕白她一眼。

「小姐，我是說著玩兒的。」香君湊近文珍的耳邊說：「二少爺一表人才，能文能武，王進士怎麼能和他比呢？」

「二少爺現在正青春年少，不知道將來老了會不會和王進士一樣？」

「那時早已生米煮成了熟飯，二少爺就是和王進士一樣，妳還能反悔不成？」

「我也不過是說著玩兒罷了。」

「妳放心好了！從小看大，二少爺決不是王進士那種人。」

香君一面說一面編好了一條大辮子，而且故意往文珍的後腦殼上一盤，盤成一個長形髮髻，用簪子拴住，文珍笑著在香君手背上一拍：

「妳瘋了，怎麼給我梳成個髮髻？」

「我真希望妳早點兒過門來。」香君伏在文珍的肩上說。

「女孩兒家也不害臊？虧妳敢說這種話？」

「妳們從小就是一對兒的，遲早總要過門哪，有什好臊的？」香君又把辮子放下來，從文珍背後搭到胸前。文珍摸摸黑得發亮的大辮子，若有所思地在手上把玩著。

「小姐，您在想什麼？」

「沒有想什麼？」文珍搖搖頭。

「小姐，您有心事。」

「別胡說了。」文珍把辮子甩到背後去。

「別瞞我，我看得出來。」

「香君，妳是怎麼的？」文珍反過頭來問她。

「我沒有怎麼的，」香君也搖搖頭，向文珍一笑：「小姐，是您有些兒恍恍惚惚。」

文珍怕她看出自己的心事，昨夜和應素蘭的那些話，不能讓她知道，以免走漏了風聲，因此她提議：

「我們到前面大廳去看看少爺他們練拳吧？」

「好呀！」香君笑著點頭：「我在前面引路。」

她們兩人一前一後來到前面大廳，已經有十來個人在練劍。卜天鵬每天天剛亮便帶著天放、天行和下人們一道在第一進大廳練武，從未間斷。文珍在外婆家唸書時，也時常看他們練拳，這一年來很少看到，她很想知道天行練得怎樣了？

卜天鵬原先是教他們少林拳、劍、刀、棍的，少林練好之後又教他們太極拳、劍、刀、棍、散手。文珍香君來到時，原先只有璧人一人作壁上觀，璧人一看見她們兩人來到，馬上跑了過來，在一塊兒觀看。

「他們練了好久？」文珍輕輕問。

「天濛濛亮就開始練了，」璧人回答：「已經打完了一趟拳。」

卜天鵬中等以上的身材，不胖不瘦，一身黑色短打勁裝，與他演林沖夜奔時的服裝一模一樣，他聚精會神地帶大家練劍，沒有理會文珍她們。其他人也是短裝，天放穿著綠色短褂，紮腳燈籠褲。天行穿的天藍色短裝，式樣和天放的完全一樣。他們兩人也在專心練劍，眼隨劍轉，沒有左顧右盼。他們正練到「靈貓捕鼠」，提起右腿、屈膝、垂足，身往後略坐、兩手抱劍，往上往後收到胸前，劍尖稍稍朝上，然後右足落地，左足提起向前跳落一步，右足再向前跳出一步，成弓步式，動作美妙輕巧。卜天鵬全身更柔若無骨，矯若遊龍。他的那柄長劍是開了口的好劍，寒光閃閃，劍柄上的紅穗隨著他身形的轉動飄來飄去，更加好看。天放身體厚實、動作穩健。天行體型與卜天鵬相似，劍法火候雖然不能與卜天鵬相比，身手也十分靈活。

「妳看二少爺的功夫如何？」香君悄悄問文珍。

「比從前大有進步。」

「二少爺是文武全才。」璧人說。

「他是文舉人，不是武舉人。」文珍說。

「如果二少爺肯去考武舉人，定會金榜題名。」

「他志不在武，」文珍說：「練武只是為了強身。」

太極劍練完之後，卜天鵬立刻抱拳向文珍一揖：

「表小姐，恕我剛才失迎。」

「卜師傅，別客氣，恕我打擾了。」文珍連忙點頭還禮。

「表妹，妳看我和天行的三腳貓兒怎樣？」天放笑問文珍。

「大表哥，您已經是有頭有臉的人了，我完全外行，看不出一點兒門道。」文珍笑著回答。

「文珍，妳早。」天行收了劍，也向她打了一個招呼。

「三表哥早。」她含笑點頭。

「我像做賊一樣，每天都起得很早。」天行一面說，一面把劍塞入皮套。

文珍聽了掩嘴一笑，天行走過來問她：

「妳沒有去佛堂陪外婆念經？」

「應姐姐去了，我就偷個懶。」她輕吟淺笑地回答：「我好久沒有看你們使槍弄棒，果然『士別三日，刮目相看』。」

「妳別取笑了，」天行擦擦額上的汗說：「練武比學文難，三年五載還練不出什麼門道。」

「練成卜師傅那樣還要多久時間？」

「談何容易？」天行搖頭笑笑。

「可是卜師傅還說他遠不如柳老師呢！」文珍說。

「一方面是卜師傅自謙，一方面也的確如此。」

天行把劍交給香君，囑咐她掛在房裏牆壁上，然後對文珍說：

「走，我們去向老天牌請安，邊走邊談。」

文珍走了兩步又問天行：

「那是什麼原因？」

「武功沒有止境，高下之分全在內功。」

「內功又怎麼練法？」

「內功由打坐入門，要是將靈、性、筋骨之氣，以精神集中之力，與天地之氣合一，收歸本身竅穴，使全身三百六十五個關節，和三百八十四條神經線合，而六神竅合而守中，功夫才能達到化境。」

「啊唷！照你這樣說來那真是太難了。」

「所以嘛，現在我們練的只是一點兒皮毛，卜師傅練的也只是武功，不是道功。」

「那柳老師練的就是道功了？」文珍說。

「不錯。」天行點點頭。

「他教你沒有？」

「只是講了一個大概，守中的訣竅還不肯講。我現在連三關九竅都沒有練通，不能合一運用，所以進步有限得很。」

「柳老師有沒有給卜師傅講過？」

「恐怕不會講。」

「為什麼？」

「不得其人不傳。」

「何必那麼神祕兮兮？」

「因為這種功夫練成了，可以天、地、人三才合一，來去無蹤，不是普通的竄、蹤、蹦、跳的輕功。」

「我真是不知天高地厚，以為大表哥的武功已經不錯了？」

「那還差得遠，哥哥的功夫也許還得十年八年才能趕上卜師傅。」

「那真太難了！」

「話說回來，要是真能得到柳老師的真傳，進步也就快了。」

「柳老師會不會教呢？」

「那要看我們的造化了。」

庭院裏一棵梔子花開得正好，花上還有晶瑩的水珠，香氣撲鼻，天行看了一眼，一個箭步跳進院中，躍上花壇，伸手摘了幾把，放進口袋，又跳上走廊，把手中一把梔子花交給文珍，文珍放近鼻尖聞聞，笑容滿面地說：「好香！」

他們每一進房屋中間都有庭院，庭院中都砌了花壇，種了花木，後面還有一個更大的花園。他們兩人一道走進佛堂，向老太太請安。老太太和應素蘭已經做完早課，正在閒談，看見他們兩人進來，眉開眼笑，看天行一身短打輕裝，笑問：

「你剛練過拳？」

天行笑著點頭，同時從口袋裏掏出兩把梔子花遞給老太太，梅影連忙接過去，蝶仙取來兩隻瓷碟盛著，放在老太太身旁的茶几上。

「婆婆，我們到花園去看看，」天行提議：「昨夜一場細雨，花兒會開得更嬌、更艷。」

「也好，我有幾天沒有去花園了。」老太太高興地回答，梅影、蝶仙便一左一右地攙扶她。佛堂後面正好有一道門通到花園，天行、文珍走在前面，花園裏真的繁花似錦，長方形的大花園一頭有一座八角亭，綠色的琉璃瓦，紅色的廊柱，亭中有大理石圓桌、石凳，兩隻八角亭中間有一個不小的腰子形狀的荷花池，池中還有假山，翠綠的新荷葉剛冒出水面，成群的金魚在荷葉中間游來游去，長長的魚尾像一面面紅旗在微風中招展，綠葉紅鱗相映成趣，大家一陣驚喜，一陣贊歎。

「外婆，這兒真是別有天地。」文珍牽著老太太，指著游魚說：「您看，牠們游得多有趣？」

「這得感謝妳外公當年買下這座宅院和妳二舅的長年經營，妳們才有今天的享受。」

「更難得的是妳們龍府都是雅人，才有這種雅趣。」應素蘭說。

「這也是託天之福，菩薩保佑。」老太太說，又指指天行、文珍：「但願他們能知福惜福。」

「二少爺和表小姐都是福慧雙修的人，不用老夫人操心。」應素蘭說。

「但願如此。」老太太欣慰地笑笑。

「婆婆，我們到亭子裏邊去坐坐。」天行過來牽老太太，老太太便在孫兒、外孫女兒的牽引下，來到東邊的亭子坐下。梅影、蝶仙貼身站在背後。

太陽剛剛爬起來，花園裏漸漸灑下萬道金光，灑在文珍和梅影、蝶仙的臉上，顯得人比花還嬌艷。應素蘭的光頭照得更亮。老太太也顯得滿面紅光，與她頭上的銀絲紅白輝映，更顯出一份慈祥。

龍從雲夫婦和大兒子天放也一道來請安，後面還跟了璧人、秋月、玉蘭三個丫鬟，和棄兒這個小廝。

老太太看他們來了更加高興，便吩咐梅影、蝶仙她們把早餐開到亭子裏來。

「娘，您這倒是個好主意，」龍從雲高興地說：「今天早晨我也該叨叨光了？」

「娘吃的是粗茶淡飯，無酒無肉，你吃得慣？」老太太笑容滿面說。

文珍聽了好笑，龍從雲也打趣說：

「娘的粗茶淡飯兒子想吃一頓還真不容易。照娘這樣說來，兒子倒要勸娘開齋，免得苦壞了身子，做兒子的罪過。」

應素蘭和文珍都笑了起來，丫鬟們也嗤嗤地笑，老太太笑著對身旁的外孫女兒說：

「妳看妳二舅一輩子吃魚吃肉，偏要我吃了幾十年素，這時才想到要我開齋，妳看他有多孝順？」

文珍笑倒在老太太懷裏，揉著老太太說：

「外婆，您一清早就逗人發笑，笑痛了人的肚子您也不負責。」

「這都是您二舅惹起的。」老太太笑著拍拍她：「他早起無事，尋老娘開心，妳罰妳二舅賠點兒什麼，外婆也好沾沾光？」

文珍聽了更加好笑。龍從雲笑對母親說：

「娘，您現在不必替她出點子，等她過門時，兒子一定不會虧待她。」

文珍馬上止住笑，羞得抬不起頭來。

梅影、蝶仙帶著廚子挑著菜盒、稀飯、饅頭過來。天放、天行兩兄弟早就餓了，一人搶先拿了一個饅頭直往嘴裏塞，狼吞虎嚥起來，丫鬟們看著他們那副饞相，不禁好笑。老太太看了卻很高興地說：

「這才像個後生小子。」

「娘，像他們兩兄弟這樣吃法，兒子會被他們吃垮的。」龍從雲笑著對老太太說。

「你可別像刻薄娘一樣的刻薄他們。」老太太也笑著回答。

大家都笑了起來，天行剛喝進嘴裏的一口稀飯也噴了出來，文珍連忙把手絹遞給他擦嘴，天放卻笑著自言自語：

「幸好我沒有噴出稀飯，要是噴出來了也沒有人遞手絹兒給我擦嘴。」

大家又笑了起來，文珍卻紅著臉白了天放一眼：

「大表哥……」

「好表妹，我怎麼了？」天放故意嬉皮笑臉。

應素蘭連忙替文珍解圍，笑著對天放說：

「大少爺，你要是真噴出一口稀飯來，璧人自然會替你擦嘴的。」

「應姐姐，那可不一樣呀！」天放望了文珍一眼說。

老太太笑著把文珍摟進懷裏，用銀筷子指著天放說：

「天放，我看你今天清早一定吃醋了，怎麼這麼重的酸味兒？」

「婆婆，您知道我從小兒就不愛吃醋的。」天放笑著回答。

「那要你老子趕快給你訂一房媳婦兒好了。」老太太說。

「婆婆，我是英雄氣短，不會兒女情長，何必這麼早弄根繩子拴住自己的腳？」

「你這孩子！」龍太太立刻白天放一眼：「難道你想打光桿兒？」

「娘，您急個什麼勁兒？男子漢，大丈夫，四海為家。如果我不是光棍命，七老八十也會有女人找上門的；如果我是光棍命，您急也沒有用呀！」

天放的話倒把龍太太愣住了，一時不知怎麼說好？心想婚姻多少要靠點兒緣份，她望了應素蘭一眼，她不是圓過房了？現在卻入了空門。

老太太看看大家僵住了，又笑著打趣：

「我真想早點兒抱個曾孫，你們兩兄弟誰先達到我的願望，就算誰最孝順。」

「婆婆，這很不公平！」天放望著老太太說：「您這分明是想安我一個不孝的罪名。」

「此話怎講？」老太太笑問。

「天行是『萬事俱備，只欠東風』。」天放接著說：「我八字兒還沒有一撇，總不能揑個泥人兒代替？」

大家又笑了，老太太笑著對天放說：

「那你找個狗婆好了。」

大家哄笑起來，丫頭們笑得前擡後仰，文珍伏在老太太懷裏笑得兩肩直聳，全身顫抖。

「好，婆婆把我當作開心果兒，也算我孝順了一場。」天放又自說自話，同時啃了一大口饅頭。

樹上的花兒開得正美，鳥兒叫得也格外喜悅。

第四章　鬧市中小二送命
神仙境淑女懷憂

九江景德瓷莊派了大師傅梁忠押運了一批瓷器到北京來，還帶來龍從風、從雨兩兄弟寫給老太太的親筆信，要接她回原籍過端午節，然後上牯嶺歇伏。

龍老太太本來想帶兩個孫兒和外孫女兒一道去老家和牯嶺見識見識，但天放新近認識了幾位義和拳的朋友，交往密切，不想跟著去。

楊通本來不想讓女兒文珍和外婆一道上牯嶺去，但老太太一定要帶她去作客，文珍自己也想去那個神仙世界牯嶺玩玩，楊通拗不過，只好心不甘、情不願地勉強答應。

於是老太太決定帶著孫兒天行、外孫女兒文珍、丫鬟梅影、蝶仙、香君，和梁忠一道啟程。龍從雲本來想派卜天鵬護送，梁忠說不必興師動眾，他一個人可以照顧。

「梁師傅，千里迢迢，都是女眷，你一個人照顧得了？」龍從雲問。

「二爺，這一路來我是熟門熟道，三條大路我走中間，不會出什麼紕漏。」梁忠很有信心地回答。

「你的身手我信得過，」龍從雲打量梁忠一眼，看他比卜天鵬還魁梧，年紀也比較大。「只是女眷太多，照顧不易。」

「好在有二少爺一道，聽說他也習過武？」

「他少不更事，沒有跑過江湖，派不上什麼用場。」

「壯壯聲勢也是好的。」

龍從雲知道梁忠的功夫不在卜天鵬之下，而且是一位跑慣了江湖的老手，又有天行一道，照理不會出什麼差錯，只好答應。但他希望少帶一個丫鬟去，少點累贅。

「娘，千里迢迢，您能不能少帶一個人去？」

老太太沈吟了一下，也覺得路太遠，女眷多了會增加梁忠的累贅，但梅影、蝶仙兩人都是使喚慣了的，朝夕不離，一時倒不知道帶誰去好？因為她們兩人她都疼愛，她們平時大門不出，二門不邁，有機會讓她們出去見見世面，上牯嶺去歇伏，清涼清涼，這倒是一個很好的機會。香君現在歸天行使喚，文珍也得她照顧，自然要帶她去。

「我手掌是肉，手背也是肉，你看我帶誰去好？」老太太看看梅影、蝶仙兩人，又望著兒子說。

「梅影有點兒弱不禁風，蝶仙的身體比較健旺，我看讓梅影在家裏休息休息，讓蝶仙服侍您好了。」龍從雲說。

老太太看看梅影，梅影笑著說：

「那就偏勞蝶仙了。」

「梅影姐像個仙女，要是她去那個神仙世界服侍老夫人，老夫人就更像王母娘娘了。」蝶仙笑著打趣。

老太太聽了也很開心，望望梅影、蝶仙說：

「可惜我是個凡人，如果我能騰雲駕霧、呼風喚雨，我真想把妳們兩人一齊帶去。」

「老夫人、二爺，你們就不必顧慮那麼多了，索性讓她們兩位一起去。我看牯嶺那種神仙世界，也只有她們這種風都吹得起來的女兒家才配住，像我這種俗人，住在那種地方，就褻瀆神仙了。」梁忠忍不住插了幾句。

大家輕鬆地一笑，梅影卻對梁忠說：

「梁師傅，你太抬舉我們了，我們都是『禿子跟著月亮走』——叨老夫人的光，不然龍府都進不來，還敢奢望去那種神仙世界？」

「既然這樣，那妳們就一道去好了！」龍從雲爽快地作了決定，又特別叮囑梁忠：「梁師傅，路上你要特別的小心。」

「二爺，您放心，梁忠絕不敢大意。」梁忠抱拳弓身回答。

決定之後，梅影、蝶仙心中暗自慶幸能去牯嶺那種神仙地方，她們心裏各自揣摩神仙世界是什麼樣子？

「我們都是凡人，沒有去過神仙世界，不知道神仙世界和我們這個世界有什麼不同？」梅影說。

「聽說牯嶺那個地方原來是洋人開闢的，是洋人和中國有錢人歇伏的地方，怎樣個好法？我就不知道了。」蝶仙說。

「據說王母娘娘住在瑤池，那是凡人不能去的？」

「牯嶺有沒有瑤池？我就不得而知。但洋人和有錢的人可以去牯嶺歇伏，那就不是神仙的禁地了。」

「雖然不是神仙的禁地，但也只有洋人和富人能去，那也就很不尋常。」

「當然哪，物以稀為貴，如果像天橋這樣，也就不稀罕了。」

「聽老太太說，牯嶺涼快得很，夏天還要蓋被子。」

「我們在京裏熱得睡不著覺，就憑這一點，就可以稱得上神仙世界了。」

「聽說還有很多稀奇事兒？」

「什麼稀奇事兒？」

「據說山上有個神仙洞，是呂洞賓住過的？」

「真有這回事兒？」

「一點不假。」

「誰告訴妳的？」

「是老夫人親口說的。」

「我怎麼不知道？」

「那時妳還沒有來嘛！」

蝶仙知道自己比梅影遲來一年，但聽了梅影這麼說，心裏有點兒不大受用，因此輕輕冷笑：

「妳又在我面前賣老？」

「好妹妹，不是我賣老，」梅影陪笑：「老夫人也只講過那麼一次，我還以為是她老人家編的故事，我自己又沒有福氣去那種地方，所以也就懶得問了。」

「老夫人還講什麼沒有？」

「哦，我記起來了！」梅影兩手輕輕一拍：「她說還有一樣稀奇事兒。」

「是不是碰上了神仙？」

「老夫人沒有說，」梅影故意賣個關子：「就是碰上了，她也不會洩漏天機。」

「我看老夫人是有造化的，說不定她真能碰著？」

「我們這次上牯嶺，我只想碰個仙女。」

「妳想碰個仙女幹什麼？」

「我要問問她：『為什麼老天爺一樣生人，怎麼有的聰明有的蠢？有的俊俏有的村？有的長壽，有的短命？有的福如東海？有的命薄如花？有的金山銀山，有的一個子兒也沒有？有的夫妻如膠似漆，有的夫妻冤家對頭，有些有情人又不能成為眷屬？……』」

「好了，好了！妳怎麼突然想起這些古怪問題來？」蝶仙打斷她的話。

「不是突然想起的。還有，『為什麼有的當主子，有的做奴才？』」

「命，這都是命。」

「還有，『為什麼有的信菩薩，有的信耶穌？』」

「好了，好了！我的姑奶奶，妳的腦袋瓜子到底出了什麼毛病？」

「沒有什麼毛病，」梅影搖頭笑笑：「還有，『以前是我們中國人獨尊，現在見了洋人怎麼突然矮了一截？』這些問題，不問仙女問誰？」

「別瘋瘋癲癲了，」蝶仙拍了她一下：「還是講那件稀奇事兒吧？」

「誰叫妳中途打攪？」梅影白她一眼：「妳這一打攪，我可忘了。」

「好姐姐，別裝瘋賣傻了！」蝶仙搖搖她：「妳總共只講一個神仙洞故事，妳想想看！還有什麼稀奇事兒？」

「哦，我記起來了！」梅影突然一笑：「老夫人說，明明是大晴天，可是一出門就會碰上一陣淅淅瀝瀝的雨？」

「那是什麼緣故？難道是神仙作法不成？」

「這我也不清楚，老夫人只說出門定要帶傘。」

「那就不是什麼好地方了？」

「可是老夫人說，妙就妙在這裏！明明頭頂上艷陽高照，可是腳邊卻悄悄地起了雲霧，轉眼就迷濛一片，一陣雨過後，又是晴天，十分涼爽，一塵不染，樹木也格外翠綠，不像京城灰沙滾滾。」

「照妳這麼說來，那真是神仙世界了？」

「還有。」

「還有什麼？」

「霧會穿簾入戶，不必下帖子，它就來了，不必下逐客令，它就去了，真是來無影，去無蹤呢！」

「真是有趣得很！」

「這次要不是梁師傅的一句話，我就去不成。」梅影感慨地說。

「妳既然知道這個神仙世界，怎麼不爭著去，還讓我去呢？」

「我是那樣的人嗎？我怎麼會和妳爭？」

「這樣說來，妳真是我的好姐姐了。」蝶仙笑著摟住她親了一下。

「俗話說：『同船過渡前世修。』我們兩人能共同服侍老夫人，也是一個緣字。」

「啊唷！妳真的受到老夫人的感化了。」蝶仙笑著說。

「我不懂什麼佛法，我只覺得人與人之間確實是個『緣』字。善緣好，孽緣也好，沒有緣就不會碰在一塊。」

「可是有一次我聽見柳神仙和老夫人閒談，他說天地間萬事萬物都是一個『數』字，國家的氣運、個人的生死禍福都是一個『數』字，這我就更不懂了。」蝶仙說。

「本來嘛？我們又沒有讀多少書，怎麼明白那些大道理呢？」梅影說。

「我雖然不明白這些大道理，倒覺得頂有意思。」蝶仙笑著說，隨後又巧嘴一嘟：「我就是不歡喜王進士那麼酸溜溜的沒有一點兒人味。」

「妳別瞎說，他是進士呀，學問可大得很呢！」梅影說。

「他的學問大不大，妳怎麼知道？」蝶仙白了梅影一眼：「有一次我拎了一棵大芥菜，送到廚房，正好碰著他，他酸溜溜地說：『好大的白菜呀！』當時我差點兒笑出聲來。」

「妳別故意損他。」

「我幾時損他？」蝶仙杏眼圓睜地說：「我要是說了半句假話，我就……」

蝶仙正要起誓，梅影連忙用手掩住她的嘴兒，責怪地說：

「這點兒芝麻蒜皮的小事，也犯得著起誓？」

「只怪妳的話嘔人，我和王進士無冤無仇，我為什麼損他？」蝶仙悻悻地說。

「好了，姑奶奶，我惹不起妳，我這就向妳陪個不是。」梅影說著向她合十一揖。

蝶仙嗤的一聲笑了起來。

她們兩人一面替老太太清理應用的衣物，一面說笑，直到老太太喚她們，她們才到老太太的身邊去。

文珍的東西很簡單，她稍稍整理一下就好了，隨即過來幫香君整理天行的衣物。香君已經裝好了一口皮箱，她不放心，打開看看，發現裏面只有幾套換洗的衣服和幾本書。

「二表哥，你不多帶點東西去？」文珍問天行。

「又不是搬家，何必那麼累贅？」天行笑著回答。

文珍又指指他牆壁上掛的那柄劍說：

「你也不帶去防防身？」

「那柄劍還沒有開口。」

「卜師傅的劍鋒利得很，你可以借用一下。」香君說。

「我們是去牯嶺歇伏，又不是打仗，要它幹嘛？」天行一笑。

「萬一路上不太平，也可以嚇唬嚇唬人。」文珍笑說。

「梁師傅有隨身寶劍，我們不必擔心。」天行說。

「梁師傅一個人真能保護大家嗎？」文珍問。

「梁師傅是九江老家的老人，俗話說：『沒有三兩三，不敢上梁山。』何況現在又沒有[redacted]造反？」

「聽說有些地方洋人和義和拳在發生衝突。」

「妳聽誰說的？」天行不知內情，反問文珍。

文珍是聽她父親楊通說的，楊通是聽司徒威和教堂說的，但是文珍不敢說出實情，她一家人信教的事兒她還瞞著，使她心裏十分痛苦、矛盾。

老太太為了減輕梁忠的累贅，把所有應用的東西都集中起來，只裝了兩口皮箱。梁忠的東西更簡單，只揹了一個小包袱、一口寶劍，那兩口皮箱提在他手裏像提著兩隻小雞。龍從雲不放心，還要卜天鵬護送一程。卜天鵬和梁忠惺惺相惜，卜天鵬對北五省的情形很清楚，過去他唱戲時跑過不少碼頭，武林中人他大多認識，臨別時他對梁忠說：

「梁兄，在北五省如果遇上了什麼小麻煩，提提小弟的賤名，或者可以擺平。」

「多謝弟臺的關照。」梁忠抱拳拱手。

「我們都是在一個屋簷下生活，應該彼此關照。」卜天鵬一笑而別。

老太太看著他們兩位沒有誰不服誰，反而相互關照，十分安慰。

他們坐火車，一路都很平安。到了濟南，列車長宣佈要停車三小時，天行便獨自下車去逛街，他想看看這四面荷花三面柳的城市。想不到在大街上卻碰上了一場糾紛。

原來他看見三位教民陪著一位高高大大滿臉鬍鬚的洋神父在一家南貨店買東西，其中一位教民氣勢凌人，和店小二發生了爭執，教民態度十分惡劣，彷彿故意找岔兒似的，不由分說打了店小二一個耳光。那位店小二是個二十出頭的大小子，平白挨了一巴掌，打紅了半邊臉，氣得在櫃檯裏指著那位教民的鼻尖叫罵：

「你這個痞子，以為你二爺不認識你？去年你還像條落水狗，如今搖身一變，變成了二毛子，你就狗仗人勢，欺壓良民，我和你去衙門評評理。」

那人有恃無恐，聲聲冷笑，嘴裏還不停地罵著：

「瞎了你的狗眼，你也不打聽打聽？我王大爺過去受衙門的窩囊氣受夠了，今天可不在乎什麼衙門！我就打你這個瞎了狗眼的瘟生，看衙門敢不敢摸我王大爺的卵蛋？」說著就給夥計兜胸一拳。

於是兩人揪打起來，旁人憤憤不平大聲喊打，洋神父看看情形不妙，和另外兩個人一道溜走。這邊愈打愈兇，大家幫那店小二把姓王的扭進衙門評理，由一位頭戴頂子的老爺出堂，聽店小二和大家的訴說，一聽完便指著姓王的大罵：

「你這個痞子，狗仗人勢，欺壓良民，你以為老爺我不知道你是個出了名的潑皮光棍？」

「青天大老爺，您冤枉了好人！我是道地的良民，只是和這小子有些過節，他就誣賴我是痞子光棍。」姓王的大聲叫屈。

「如果只是你們兩人的過節還情有可原，你為什麼仗著那個洋鬼子的勢欺壓自己人？」

「我沒有仗洋人的勢，是湊巧和洋人碰在一起的。」

「你不說我也知道你是個信教的二毛子，來人哪！」大老爺把驚堂木在桌上用力一拍，姓王的叭的一聲跪在地上連忙磕頭：

「青天大老爺！我說，我說！只求您別用刑！」

「快說！」大老爺又把驚堂木一拍。

「我是信耶穌教的。」

「真信？假信？」

「說真就真，說假就假。」

「廢話！掌嘴！」

「青天大老爺，別打！別打！」姓王的又磕頭又搖手。「小的不過是看洋人的勢大，信了教就有了靠山，每月還有白麵拿，在小的來說，這是一舉兩得，因此就受了洗。」

「洗頭還是洗腳？」大老爺問。

眾人聽了不禁失笑，知道這位大老爺不懂洋規矩，而姓王的怕挨打，連忙磕頭說：

「洗頭！洗頭！」

「我也不管你洗頭還是洗腳？我最恨洋鬼子橫行霸道，你仗著洋鬼子的勢欺壓自己的同胞，尤其可恨！來人哪！」大老爺把驚堂木在桌上重重一拍：「給我按在地上先打他四十大板，再慢慢清查他的劣蹟！」

姓王的聽說要打屁股，連忙磕頭如搗蒜，大聲求饒：

「青天大老爺饒命！下次不敢了！青天大老爺饒命！下次不敢了！」

「你還有下次？」那位大老爺冷笑一聲。

眾人心裏都非常高興，那挨打的店小二更是喜形於色，口裏還大聲說：

「今天總算遇到了青天大老爺，容不得你狗仗人勢，欺壓良民。」

正在兩個衙役把姓王的按下去，扯下褲子，露出又肥又白的大屁股，另一個衙役舉起大板子要往下打時，那位洋神父和那兩位中國教民突然匆匆趕來，洋神父滿面怒容，大鬍鬚都像要一根根挺起來，嘴裏連珠砲似的嘰哩哇啦。坐在堂上的那位大老爺，先是一怔，頸子一縮，他聽不懂洋神父的話，也弄不清楚他是英國人？法國人？德國人？義大利人？還是美國人？楞頭楞腦地楞在那兒，頸子一直沒有伸出來。一左一右地站在神父身邊的兩位教民突然指著王潑皮大聲對縮著頸子的大老爺說：

「神父說他是教民，你們大清衙門不得無禮，否則要摘掉你的紗帽！」

大老爺整個身子都軟了下去，隨後又連忙陪著笑臉，想叫跪在地上的王潑皮起來，王潑皮看他那縮頭烏龜的樣子，一躍而起，衝到他面前說：

「你一個小小的地方官，以為你就是皇帝老子？竟敢魚肉百姓？現在太上皇來了，看你敢不敢摸我王大爺的卵蛋？」

「王大爺，誤會、誤會！」大老爺滿臉堆笑：「剛才完全是一場誤會！」

「誤會？」王潑皮指著他的鼻尖說：「你問了我半天，又要打你王大爺的屁股，這還是誤會？」

「王大爺，我的耳朵不靈光，剛才聽錯了，這確是一場誤會。」大老爺諂笑地作揖打躬。

「好，就算是誤會！」王潑皮冷笑，指著站在旁邊的店小二說：「那你先將這小子給我王大爺打四十大板，再關起來，看他以後還敢不敢在老虎嘴上拔鬍鬚？」

那位大老爺看看高大的洋神父怒氣未消，兩位中國教民在他旁邊搧風點火，連忙對那幾位衙役說：

「把那小子按倒，給我打他四十大板！」

於是那幾個衙役七手八腳把那個夥計按倒，霹霹啪啪打了起來，那夥計像殺豬般地嚎叫，口口聲聲窮喊：「饒命哪！青天大老爺，饒命哪！」但是大板子還是雨點般地打下去，打得他皮開肉綻，屁股開花。圍觀的大眾，敢怒而不敢言。姓王的和洋神父那幾個人這才趾高氣昂地離開。王潑皮走了幾步又突然回過身來對堂上的大老爺說：

「以後可得睜開你的狗眼，今天的王大爺可不是昨天的王大爺，你王大爺的靠山拔一根汗毛比你的腰還粗呢！」

那位大老爺臉上紅一陣白一陣，看王潑皮走出了衙門，突然一腳把桌子踢翻，連忙跑回後堂去了。

圍觀的人憤憤離去，留下那打壞了的店小二躺在地上哀號，夾在眾人當中看熱鬧的天行，看著不忍，扶起他來，把他送回南貨店。一進門他就一頭撞在櫃檯角上，血流如注，一命嗚呼了。

天行回到火車上，把剛才的遭遇一五一十地說給大家聽，丫鬟們聽了又怕又憤。蝶仙說：

「這成什麼世界，堂堂的衙門，竟被一個神父唬住了！」

「那店小二真是冤枉，受了欺侮不說，還白捱了四十大板，又送掉一條小命，真是冤枉！」

梅影歎口氣說。

「以前不是說咱們中國人是什麼炎黃子孫，天下第一嗎？怎麼現在一見了洋人突然矮了一截呢？」香君奇怪地說。

「我也不明白那位大人怎麼會那樣翻手為雲，覆手為雨，說變就變，那個臉怎麼能拉得下來？」天行說。

「二少爺，這倒沒有什麼稀奇的，他要保住紗帽呀！」梁忠說。

「看樣子他也是讀過聖賢書的，應該明白生死事小，何況一頂紗帽？」天行說。

梁忠聽了一笑，望著天行說：

「二少爺，您還年輕得很！您別見怪，依我梁忠看來，你們讀書人開口聖賢，閉口聖賢，不過是把聖賢當作布招兒，其實是為了自己的前程，用聖賢來騙騙我們這些粗人罷了。」

天行睜大眼睛望著梁忠，他一向聽王進士講的都是聖賢的大道理，什麼忠君報國啦、什麼生死事小失節事大啦，從來沒有聽過這種話，因此禁不住問他：

「梁師傅，你怎麼講出這種話來？」

梁忠連忙陪個笑臉，抱拳一揖：

「二少爺，恕我梁忠胡言亂語，得罪，得罪？」

龍老太太臉色凝重，一直沒有說話，這時才開口，她望著孫兒說：

「天行，梁師傅過的橋比你走的路還多。」

隨後又對梁忠陪笑：

「梁師傅，他少不更事，你別介意。」

「老夫人，恕我失言。」梁忠垂手恭立。

天行若有所悟地笑著對梁忠說：

「梁師傅，古人說：『讀萬卷書不如行萬里路。』現在我不過是從北京到濟南，就開了一竅了。」

梁忠聽了天行這樣說心裏一塊石頭就搬開了，他也笑著說：

「三少爺的悟性高，能多在外面走動走動，看看世面，比成天鑽進書堆裏，也許還管用一點兒。」

天行看文珍一直沈默不語，心裏有點奇怪，輕聲問她：

「妳怎麼不說話？」

「你叫我說什麼好嘛？」她無可奈何地苦笑。

龍老太太突然警覺地對天行說：

「今天總算幸運，沒有惹出紕漏，以後千萬不可以一個人亂跑。」隨後又喃喃地說：「是非之地，不可久留……」

幸好沒有多久火車又開了。他們離開濟南之後，只在南京停留了一天，便搭船回九江老家。

龍家在九江也有一座翰林第，是一連三進的大宅院，規模雖然不如北京的翰林第，但在本地也是數一數二的，大門口還有一個一畝多大的荷花池，荷花多在含苞待放，有的已經盛開，一池的粉紅，一池的翠綠，看了令人忘俗。天行、文珍一見就十分喜悅。

龍老太太的長子龍從風是本地的縉紳，經營祖產，兼營景德瓷莊老店。三子從雨，在九江創辦紗廠，是新派人物。龍家幾十口人，都住在翰林第裏，還沒有分家。

龍老太太回到老家，受到兒孫和族人熱烈歡迎，老家有些晚輩她已經不大認識，天行、文珍自然更生疏了。

因為龍老太太常住北京，老家沒有設佛堂，只給她預備了一個淨室，讓她靜坐。她的早起習慣不改，回家的第一天清晨，她在淨室靜坐時突然聽到一陣嘹喨的鐘聲，擾亂了她的心境，再也靜不下去。原來她老家附近新建了一座天主堂，修女們每天大清早一定要敲鐘，使全城的人都能聽見。她上次回老家時天主堂還沒有蓋好，全城也沒有第二座天主堂。

天行、文珍也起得很早，一起來就陪老太太到大門外欣賞荷花，經過一夜雨露，荷花顯得更美，翠綠的荷葉上滾著一大顆一大顆的水珠。這口池塘比北京家裏的大多了，荷花也更多。池塘裏有很多草魚、鰱魚、鯉魚，都有兩三斤重。九江本來是魚米之鄉，魚尤其多，凡是有水的地方都有魚，這些魚都是自生的，和藕一樣，彷彿取之不盡，用之不竭。

欣賞過了荷花，孫兒、孫女、丫鬟一大群，又陪著老太太去甘棠湖邊散步，龍家與城裏這個大湖近在咫尺，老太太又最喜歡這個湖，湖水四季清澈，中間還有一條長長的柳堤，兩邊垂柳成行，把這條長堤形成一條綠巷，堤的那一端有一座大廟天后宮，紅牆綠瓦，屋簷的風鈴玎玎璫璫，十分悅耳，湖中還有一座煙水亭，是三國時周瑜督練水師的地方。

「你們都看過《柴桑口臥龍弔孝》這齣戲，可要知道九江古稱柴桑，這就是諸葛亮弔孝的地方。」老太太指指煙水亭說。

「外婆，那是戲文，未必真是這個地方？」文珍笑著說。「臥龍弔孝雖然是戲，但柴桑就是我們這個地方，說孔明在這兒弔孝哭靈不是很合理嗎？」老太太也笑著說。

「外婆，您說是那兒就是那兒，反正您這一大把年紀，您過的橋比我走的路還多，我不能駁您。」文珍笑說。

老太太摸摸她的頭。

「婆婆，我看《弔孝》這齣戲，改作《貓兒哭老鼠》就更好了。」天行笑著說。

「不能改，不能改。」老太太笑著搖頭。「孔明和周郎雖是敵手，但孔明是性情中人，惺惺惜惺惺，周郎氣死了，他來弔孝，也是發乎情合乎禮的。」

「外婆，您總有理。」文珍不禁失笑。

「本來我過的橋比妳走的路多嘛！」老太太也笑了起來。

天行、文珍都十分喜歡這裏的湖光山色，文珍忽然指著不遠處的高山問老太太：

「外婆，那座山是什麼山，有沒有名字？」

「妳真是有眼不識泰山！那就是我們要去歇伏的廬山。你看：牯嶺就在那個缺口裏面。」老太太用手指著山頂的低窪處說。

梅影、蝶仙更喜形於色，她們已經望見那個神仙世界了。今天天氣又特別晴朗，山上沒有一片雲，看來特別清楚特別近。

「婆婆，我真沒有想到故鄉是這麼美的地方。」天行感歎地說。

「柳老前輩也常說我們這個地方山明水秀，地靈人傑。」老太太說。

「我們倒不覺得怎樣。」天行的一個堂兄說。

「你們是人在福中不知福。」老太太說。

「廬山老是那個樣子，也不變一變，我看都看厭了。」天行的另一位堂兄弟說。

「怎麼沒有變？山上的雲變化才多呢！現在清清爽爽，一會兒什麼都看不見了。」兩兄弟爭執起來。

老太太聽了好笑：

「你們兩個真不知天高地厚，要是上了山你們才知道廬山是怎麼個變法？」

「他沒有去過，所以亂開黃腔。」

「你不過是去年才去了一趟，給你四兩顏色，你就開起染坊來了！」

兩人你一句，我一句，惹得大家都笑了。老太太面對明山勝水，看看這麼多孫兒、孫女，心裏更樂開了。

兩個兒子怕老太太走累了，都親自過來接她回家吃早飯。回頭時老太太突然發現天主堂高聳的尖頂，便問兩個兒子：

「那是不是新蓋的天主堂？」

兩個兒子點點頭。老太太又說：

「那比我們家的房屋高多了！」

他們龍家的房屋是全城最高的，因為他們不是普通人家，房屋可以蓋高一些，現在天主堂竟高過他們的房屋不止一倍。

「不但比我們的房屋高了許多，比能仁寺的寶塔還高呢！」大兒子從風說。

能仁寺是一千多年的古寺，規模很大，地勢也高，十三層寶塔更蓋在高處，原來是城裏最高的建築，現在也被天主堂的尖頂比下去了。

「它再高也高不過廬山。」三兒子從雨說。

老太太欣然一笑。

早餐時兒孫們仍然陪著老太太吃素，大兒子笑著對老太太說：

「娘，九江的魚蝦最鮮，您回家鄉來不開齋實在可惜！」

「娘如果連這點兒定力都沒有，當初就不會許願吃素了。」老太太淡然一笑。「唐僧取經，經過九九八十一難，還是到達了天竺，九江的魚就是盤絲洞裏的妖精，也迷惑不了老娘。」

兒孫都不禁笑了起來。三兒子說：

「明天我們替娘補壽，總該訂幾桌酒席？」

「不如去能仁寺訂幾桌素齋，」老太太說：「我們一方面在寺裏吃飯，也藉機送點兒香油錢。出家人清苦，你們這些大施主如果不施捨幾個子兒，難道叫和尚尼僧喝西北風不成？」

兩個兒子都笑了起來，大兒子笑著說：

「娘真是胳膊往外彎，替和尚尼僧敲起我們兩兄弟的竹槓來了。」

大家都好笑，梅影、蝶仙、香君這幾個丫鬟沒想到大老爺、三老爺也很有趣。天行、文珍也有點兒意外，但心裏更高興，他們不必太拘束了。

他們兩兄弟在九江都是有頭有臉的人物，能仁寺的住持悟明對龍家也很清楚，一接到龍家訂素席的通知就特別關照廚房加工加料，小心侍候。

第二天中午龍老太太前呼後擁地來到能仁寺，住持悟明早已在臺階上恭候，他是一位高高大大、富富泰泰的中年和尚，老太太的轎子一進山門，他就匆匆步下臺階趕到放生池迎接，五頂大轎都在放生池前停下，梅影、蝶仙扶著老太太下轎，悟明合十為禮，滿臉堆笑地說：

「貧僧悟明恭候老夫人。」

老夫人也和他客套一番，龍從風、龍從雨兩夫婦隨著走出轎子，悟明又笑著對他們說：

「兩位施主大駕光臨，貧僧榮幸，小寺生輝。」

從風、從雨兩兄弟和他拱手打了幾個哈哈，就護著母親走過九曲橋，橋下放生池裏荷葉田田，荷花朵朵，放生的龜鱉魚類更多，而且都長得很大了。

老夫人首先在大雄寶殿禮佛，小和尚擊鼓上香侍候，悟明站在旁邊親自敲磬。老夫人拜完佛，梅影便向悟明奉上一個大紅包，說是香錢，悟明接過紅包拖聲拖氣地念了一聲：「阿彌陀佛。」

能仁寺的香火鼎盛，香客很多，大雄寶殿雖大，也有些水洩不通。龍家的六桌素席都擺在偏殿，這兒沒有閒雜人進出，全是龍府的親戚朋友家人，門口還有兩個和尚站著，像兩個衛兵，裏面每一桌都有一個和尚侍候，周到得很。

從風、從雨兩兄弟邀住持悟明同席，悟明十分大方，坦然入席。據說悟明是半路出家，河北人，是個秀才底子，以前還作過書吏，他為什麼出家？這就沒有人清楚了。

悟明十分健談，他在能仁寺當住持已經十多年了，對本地情形十分清楚，聽說老太太要上廬山歇伏便說：

「黃龍寺的住持悟性是我師兄，山上的素齋也很不錯，老夫人不妨去嚐嚐。」

「黃龍寺是一定要去的，悟性法師以前我也見過一面，卻不知道他還是您的師兄呢？」老夫人說。

「師兄的修行很好，廬山那個地方最宜清修。」

「冬天冰雪封山，令師兄的生活一定更加清苦了？」龍從風說。

「那是理所當然。」悟明點頭回答：「不過他在山上一待十幾年，還捨不得下山。」

「冬天冰雪遍地，空山寂寂，他如何度過？」龍從雨問。

「這我也不大清楚，」悟明笑答：「不過他還沒有餓死，只是餓得更瘦了。」

「出家人是不是也有福薄福厚之分？」從風看看悟明又白又胖，不禁笑問。

「大施主，『色即是空』，出家人不重皮相。」悟明也笑著回答。

「法師，寶剎現在一共有多少和尚？」老太太一進山門就覺得能仁寺的氣派愈來愈大，從山門到大雄寶殿很有一段路程，石板路兩邊花木扶疏，綠草如茵，修剪得整整齊齊，打掃得乾乾淨淨，而各殿堂又有這麼多執事和尚，不禁發問。

「掛單的不算，共有五十六位。」

「那比黃龍寺多多了。」老太太說。

「黃龍寺連師兄一起才三個和尚，當然不能與本寺相比。」悟明說：「不過本寺與山南的歸宗寺又不能相比。」

「歸宗寺有多少和尚？」從雨問。

「八百多位。」悟明將大拇指、食指張開，作了一個手勢。

「那比我紗廠的工人還多了！」從雨笑說。

「他們靠山吃山，寺產大，所以能供養許多出家人。」悟明說，隨後又望望從風、從雨兩兄弟和老太太：「府上南北兩處，恐怕也有上百口了吧？」

「連下人一起計算，有這麼多人口。」老太太笑著回答。

「真是人財兩旺。」悟明向各桌掃視了一眼說。

「託福，託福！這都是菩薩保佑。」老太太虔誠地說。

悟明還說了很多奉承話，說的都很得體，使老太太十分開心。

這頓素席吃得皆大歡喜，老太太更是高興。回家之後，老太太笑問大兒子從風：

「今天的素席總共花了多少銀子？」

「娘，您問這幹嘛？」從風笑著反問：「是不是怕我中飽？」

「反正銀子是你花的，我不過是隨便問問，看你盡了多少孝心？」老太太笑容滿面地說。

「娘，今天可是豆腐超過了肉價錢，您的紅包有多大？我不知道。我可是白花花的銀子花了上百兩。」從風邊說邊作手勢。

「你們兩兄弟要我千里迢迢趕回來，花這點銀子就心疼了？」老太太笑著白了大兒子一眼。

「娘，我不是心疼，我只是不大甘心作了一次冤大頭。」從風一面對母親說一面又笑問從雨：「老三，你說我們兩兄弟冤不冤？」

「大哥，恐怕冤的還不止我們兩個？」從雨笑著望望老太太。

「不止你們兩個？」老太太一愣，笑問：「難道還有別人做我的孝子賢孫？」

「娘，天下那有那樣的傻瓜？花錢買孝子做？」從風笑說：「我倒想問問娘，您的紅包有多大？」

「這是娘的私房錢，你問它幹嘛？」老太太笑著白了大兒子一眼。

從風望望梅影，老太太以目示意：

「不要告訴他。」

梅影、蝶仙都掩嘴而笑，文珍笑著對從風說：

「大舅，我看見外婆包了二十兩。」

「冤！冤！」從風笑著跺腳：「娘真是聰明一世，糊塗一時！香火錢老早加倍算進素席了，娘也不怕撐死那個胖和尚？」

大家都哄笑起來，老太太也忍不住笑，老三從雨笑著對從風說：

「大哥，這才叫做『和尚無兒孝子多』呀！今天我們也被那個胖和尚咬了一大口！」

大家笑過之後，老太太又笑著自語。

「黃龍寺的那個悟性法師瘦得可憐，我這次上山，也想把他餵胖一點。」

「娘，您老人家千萬別這樣做？」從風連忙搖手。

「為什麼？」老太太問。

「和尚吃得太胖了就成不了正果。」

「太瘦了也沒有力氣念經。」老太太說。

「太胖了只打瞌睡，連經也不能念了。」從風說。

「那要怎樣才好呢？」老太太笑問。

「要像娘這樣：不胖、不瘦，能念經、能打坐，還能享福。」從風比手劃腳地說。

大家又笑了起來，老太太笑得更開心。

端午節甘棠湖的龍舟競賽真是人山人海，湖水澄清如鏡，龍舟鮮麗奪目，十幾條龍舟一齊從煙水亭出發，划向對面的天后宮，龍從風、從雨兩兄弟早在萬壽宮看臺替老太太、家人設好了座位，因為他們兩兄弟是這次龍舟競賽的要角，出錢出力，為的是讓老太太看一次熱鬧。

初八這天是個好日子，又是好天氣，兩兄弟派梁忠護送老太太一行上山，山路很陡，尤其是好漢坡那一段，女眷更上不去，因此丫鬟梅影、蝶仙、香君也沾了老太太的光，一人一頂轎子，只有梁忠一人走路，他腰腳甚健，不在乎這七上下八的山路。

一過蓮花洞就上了山路，兩旁綠竹漪漪，林蔭夾道，涼風習習，蟬聲唧唧，令人神清氣爽。轎伕都是登山好手，在蓮花洞休息一陣之後，一直往上爬，上好漢坡也不停。文珍和梅影她們看見下臨深谷都膽顫心驚，梅影臉色本來有點蒼白，她連忙用手絹蒙住眼睛，不敢往下看，要是轎伕一腳踏空，連人帶轎都會滾進深谷。

上了小天池，路就比較平坦，梅影拍拍胸口吁了一口氣：

「哎唷，我的媽！真嚇死我了！」

一路來有不少腳伕挑擔上山，他們都是送日用品上山補給。牯嶺的店舖歇業了三季，就只等這一季的好日子，紛紛開門營業。小街上的人還少，洋人比中國人多。

轎子一直把他們抬到吼虎嶺頭園別墅，早有一位工人在院子裏清掃落葉，拔除雜草，看見他們來到，便笑臉相迎。

這是一棟二樓別墅，牆壁都是用山上一尺多厚的青石塊砌成，堅固得很。週圍有巨大的松樹掩映，院子裏綠茵遍地，花木扶疏。天行、文珍都是初到這棟別墅，十分欣喜，天行情不自禁地說：

「這真是洞天福地。」

「也是祖上餘蔭。」文珍說。

「我們應該好好珍惜。」天行望望文珍說。

文珍嫣然一笑，笑得卻有點僂迷。

工友、丫鬟已經把他們的房間分配妥當，東西放好。老太太住二樓主人正房，窗明几淨，十分寬敞，房裏有兩張大床，一張正對明窗靠牆擺放，是老太太睡的，一張側放，是梅影和蝶仙睡的，以便侍候。

天行和文珍各住一間臥房，香君陪文珍一道睡，免得她一人害怕，同時香君一人可以服侍兩人。

梁忠和工人、廚子、轎伕住在樓下。他們都是奉命陪老太太過一個夏天，他們兩兄弟事忙，不能長在山上陪伴，只能偶爾上山來探望探望。

左鄰右舍都是洋人的別墅，不遠處還有一座小教堂。他們住在這兒反而成了少數，彷彿成了外國人。文珍帶著香君過來看看天行的房間，和自己的一般大小，因為兩人都沒有帶什麼東西，顯得同樣的空曠素雅。

「三少爺，你一個人住這個房間怕不怕？」香君笑問。

「怕什麼？」天行反問她。

「山上人少，夜深人靜，松樹會呼呼叫！……」

「讓它叫好了。」

「它會叫得人發毛。」

「心裏無鬼，管它怎麼叫法？」

「我一個人才不敢住。」

「妳不是和表小姐一道住嗎？」

「我的意思是……」香君期期艾艾，笑而不語。

「妳有什麼高見？」

「我的意思是不該我和表小姐一道住，應該是你。」香君笑著用手指指天行，隨即身子一旋，碎步跑開。

文珍紅著臉笑罵一句：

「香君這丫頭瘋瘋顛顛……」

「她倒是一番好意，不過不是時候。」天行笑著解釋。

「她人倒是十分伶俐。」文珍紅著臉說：「我看她不會比梅影姐和蝶仙姐差？」

「婆婆是何等眼光？」天行說：「凡是經過她挑選的，那還錯得了？」

「外婆有時也會故意裝糊塗？」

「那是她有意耍猴子，讓大家開心。」

「可惜我娘趕上不她老人家。」

「姑媽是個老好人。」

「娘太懦弱了，沒有一點兒主見！」

「姑爹能幹，姑媽懦一點兒也沒有什麼關係。」

「你不知道，爹就是太能幹了！」

「生意人嘛！不能幹那不虧老本？」

「爹就是不做虧本的生意。」

「做生意不虧本，那才是高手。」

「可是他不虧本，總難免會有人吃虧。」

「誰會吃他的虧？」

「你不知道，我也說不上來。」文珍低頭扭著手絹。

天行看她雙眉微鎖，便安慰她說：

「不要為些無謂的事煩惱，上山來了應該享享清福，還是看看青山吧？」

文珍隨天行走到窗前，對面的青山橫看成嶺，側看像峰，天行忽然想起蘇軾的那首七絕，笑問文珍：

「妳還記不記得蘇東坡寫廬山的那首七絕？」

「記得。」文珍也笑著點頭。

「妳背背看？」

「妳在考我？」她笑著反問。

「我又不是老師，怎麼會考妳？」

「好，我背給你聽：『橫看成嶺側成峰，遠近高低各不同，不識廬山真面目，只緣身在此山中。』」

文珍聲音清脆，吟詠起來有抑揚頓挫的韻味，天行點頭讚賞。

「要不是王老師逼我們背書，恐怕妳也未必記得這一首詩？」

「王老師要我們背《四書》，沒有要我們背詩詞，我本來就喜愛詩詞，所以能背。」

文珍特別喜歡詩詞，《千家詩》、《唐詩三百首》她能整本背，李清照、朱淑真的詩詞她全背得出來。《全唐詩》、《全宋詞》她也能背出很多。王仁儒並不喜歡詩詞，也不長於詩詞，他注重的是八股文，要她背的是《古文觀止》、《四書》、《左傳》、《書經》。文珍、天行都能背，但他們最喜歡的是詩詞。文珍尤其喜歡李清照、朱淑真、李後主的詞，和李義山的詩，而這些人的作品更是王仁儒所不喜歡的。

「王老師教書是很認真，可惜他沒有蘇東坡那麼灑脫，更沒有李義山、小杜、李清照、朱淑真他們的才情。」文珍忽然感慨地說。

「王老師是科場中人，不是性情中人。」天行說。

「表哥，你這話真是一針見血！」文珍把手在欄杆上一拍。

「科場中人注重功利，一切作為全在名利二字，因此提不起也放不下；性情中人有所為有所不為，義之所在，雖千萬人吾往矣，行一不義，殺一無辜而不為也，用之則行，舍之則藏，合則留，不合則去，光明磊落，提得起，放得下。」

文珍第一次聽天行講這些話，不禁睜大眼睛望著他，隨後又向天行嫣然一笑說：

「我也是這樣想，可惜我就講不出來。」

「這是我觀察王老師、柳老師，和父親的許多朋友的心得，妳認為我的看法對不對？」天行問。

「對，對，對極了！」文珍連連點頭。「真想不到你這麼細心？」

「父親交遊廣，有三教九流形形色色的朋友，王老師、柳老師又教我們多年，是我們最熟的人，他們的一言一行，無意中都會流露真情。」

「表哥，你到底喜歡那種人？」文珍試探地問。

「這還用問？」天行淡然一笑。

「表哥，我再問你：你看柳老師是那種人？」

「妳看呢？」

「我看柳老師是性情中人。」

「他不但是性情中人，還是一位高人。」

「不是性情中人，也就高不起來。」

「妳這話對極了！」天行輕拍欄杆：「功名中人就難脫一個俗字。」

對面山腰忽然湧起一陣雲霧，遮天蓋地而來，帶來一陣淅淅瀝瀝的山雨，不一會兒又雲散雨收，青山看來更加嫵媚。

不遠處的一座小教堂也現了出來，紅瓦尖頂，十分顯眼，天行詫異地說：

「奇怪，這個深山也有教堂？」

文珍看見那座教堂內心十分矛盾，彷彿做了什麼虧心事兒似的，又不敢對天行講，只說：

「表哥，這又有什麼好奇怪的？有洋人的地方就有教堂。」

「唷！你們真是一對雅人，在這兒欣賞風景？」梅影、蝶仙、香君三人結伴而來，人未到聲音先到。

「上山來不看風景還看熱鬧不成？」天行回過頭來笑著對她們說。

文珍看她們都穿上夾襖夾褲，才覺得有些寒意，香君連忙過去替她拿來一件鵝黃夾襖，幫她穿上。又替天行在箱子裏取出一件天藍色夾襖，天行接過來自己穿上，香君乖巧地替他扣好鈕釦。

「我在九江直冒汗，一上山來身上卻涼颼颼。」蝶仙穿著綠夾襖、夾褲，像一隻綠色的彩蝶，和在山下一身白色單衣不同。

「一上山來就換了季，從大熱天一下跳到初秋。」梅影說。她換了一身絳色的夾衣、夾褲，人顯得更端莊清瘦。

「我真沒有想到有這麼好的地方，」香君接嘴：「要不是老夫人把我撥給二少爺，這次就沒有我的份了。」

「是呀！大少爺不來，壁人就不能來了。」蝶仙說。

「奇怪，大少爺為什麼不來？」梅影說。

「哥哥閒不住，不能享清福。」天行說。

「這真是神仙世界，我們要在這兒做一季的神仙了。」蝶仙高興地說。

「妳本來就是蝶仙嘛！」文珍看她走來走去像翩翩的蝴蝶，笑著打趣。

「嗨！我這個俗人，不把廬山住俗了就好。」蝶仙灑脫地一笑。

「佳人只合廬山住，不住廬山住廣寒。」天行隨口吟哦了兩句。

梅影、蝶仙、香君她們還不大瞭解這兩句詩的意思，文珍卻十分欣賞，笑著對天行說：

「表哥，你口占這兩句詩真是再切合沒有，不過我可不在內？」

「只有我一人在外。」天行笑著指指自己。

「二少爺，這種地方怎麼少得了你？」蝶仙笑說。

「我是來替婆婆和妳們作伴的，真是陪姥姥享福。」

「我們更是託老夫人的福。」梅影、蝶仙、香君三人異口同聲。

「紅花也要綠葉扶持，沒有妳們，婆婆也享不了這個清福。」

「我們別只顧在這兒嘮叨，快看看老夫人去。」梅影輕輕拉了蝶仙一下，領先出去。

「婆婆真好福氣，有她們兩位服侍。」天行望著梅影、蝶仙的背影說。

「您也不錯，有香君服侍。」

「不是服侍二少爺一人，是服侍您們兩位……」香君俏皮地把食指、中指往文珍面前一伸。

「香君……」文珍雙頰微紅，笑著白了香君一眼。

龍老太太一行來到黃龍寺。

黃龍寺是兩層建築，規模比能仁寺小多了。沒有山門，沒有影壁，門口左右兩邊種了兩棵寶樹，青翠欲滴，這兩棵樹自然沒有下面那兩棵大，那兩棵寶樹是晉朝時慧遠大師種的，現在已經成了參天古木，仍然枝葉繁茂。

這時上山歇伏的人還不多，龍老太太是第一批來黃龍寺的香客，寺外寺內都顯得十分清靜。悟性法師看見龍老太太一行六、七個人來到寺前，親自下樓迎接。他一看見梁忠便合十為禮！

「梁施主，今年上山怎麼比往年早？」

「這次是陪老夫人上山歇伏，早了十來天。」梁忠一面說，一面扶著老太太下轎。

老太太一見悟性法師，便笑著問他：

「法師還認不認識我？」

「哦，認識，認識！」悟性法師笑著雙手合十：「老夫人幾年不見，還是當年的神采。」

「法師您也是當年的法相！」老太太笑著說，又端詳了一下：「不過好像清瘦了一點？」

「山上風清水清，貧僧自然也清了起來。」悟性笑著把老太太引進正殿，老太太也介紹天行文珍和悟性認識。

天行看悟性瘦而不弱，聲音清亮，精神很好，了無俗氣，便有幾分好感，悟性也打量天行、文珍一眼，笑對老太太說：

「令孫年少英俊，神定氣閒，定有慧根。」

「法師過獎。」老太太謙沖地說。

「令外孫女兒也是蕙質蘭心，貧僧尚未多見。」

老太太聽見悟性誇獎天行、文珍，心裏十分高興，笑著對他們說：

「你們還不快謝謝悟性法師的慧眼金言。」

天行、文珍雙雙向悟性法師行禮，悟性雙手把他們一攔：

「貧僧實不敢當。」

老太太說要禮佛，悟性便親自上香，黃龍寺的和尚少，很多事他都自己動手。

老太太拜完，梅影又向悟性奉上一個大紅包，悟性雙手接過去，放在香案上，又向老太太雙手合十說：

「老夫人慈悲，功德無量。」

另一位和尚早已準備好雲霧茶，這是黃龍寺的特產，茶味十分清醇，悟性又吩咐和尚拿出一包茶葉送給老太太帶回去喝，十分客氣地說：

「雲霧茶清心醒目，敝寺貧寒，不成敬意。」

「法師盛意，我就領謝了。」老夫人說：「每年我老大都要帶點雲霧茶到北京去，我也特別嘗歡貴寺的特產。」

「老夫人不棄，下山時我再送些過去。」

老夫人連說不敢當。悟性法師引老夫人入座，老夫人笑著對他說：

「法師，我倒有個不情之請，不知道應不應該？」

「老夫人請吩咐。」

「今天沒有什麼香客，我們一同到下面寶樹底下品茗如何？」

「妙，妙！」悟性法師拊掌一笑：「老夫人到底是雅人，才有此雅興，貧僧奉陪。」

悟性隨即吩咐那個和尚把茶具移到寶樹底下去。

寶樹底下有石桌石凳，石桌上還刻好了棋盤，以供香客品茗、下棋。

悟性法師在前面引路，梅影、蝶仙扶著老太太慢慢走下去，文珍、天行他們跟在後面。那兩棵寶樹距離正殿不過一兩百公尺，他們邊走邊看風景，不知不覺已經來到樹下。

寶樹如傘，濃陰覆地，涼風習習，十分清涼。

茶已經擺好，還有淹漬的香椿、筍乾下茶，天行、文珍初嚐香椿、筍乾，覺得別有風味，這也是在別的地方吃不到的。

「這次我在山下能仁寺吃了一頓素齋，真是色香味俱佳，令師弟悟明法師還要我代為問候您。」老太太坐下之後，笑著對悟性說。

「悟明主持能仁寺，香火鼎盛，不像黃龍寺這樣清淡。」悟性說。

「地點不同，香客多寡也不一樣，不過現在倒是寶剎的旺季。」老太太說。

「這三個月我也要變成一個俗和尚了。」悟性向老太太笑說。

「惠能大師說：『佛法在世間，不離世間覺。離世覓菩提，恰如求兔角。』」老太太說：「法師與令師弟處境雖然不同，修行的成就還是一樣，這三個月期間，大師也可以多看看人間色相。」

「老夫人真是明道之人，多謝指教。」悟性頷首合十。

「悟性法師是有道高僧，我這是班門弄斧。」

「老夫人慧根深，所以能明心見性。」

「我還是一個俗人。」老夫人謙沖地笑笑。

「老夫人是福慧雙修，所以有此善果，這很難得。」

「這完全是佛祖的庇護。」

「多種善因，少結惡果。」

老太太和悟性一邊品茗一邊講經說佛。天行、文珍卻被四週的風景吸引，文珍笑對天行說：

「這麼好的地方，應該有詩為證。」

「怎麼沒有？」

「你在那兒看過？」

「曹樹龍寫廬山的詩很多，其中有一首就是寫黃龍寺的。」

「你記不記得？」

「我也是剛才想起的。我唸給你聽：『萬木亂參天，孤峰對鐵船；客因看畫至，寺以伏龍傳。寶笈悲前代，蒲團坐小年；松花吹不定，半落講堂邊。』」

「這首五律寫得倒很貼切，對面那座像船一樣的山峰大概就是鐵船峰吧？」文珍指著不遠處的一座山峰說。

這時有四位洋人走了過來，兩男兩女，一位是穿著黑袍的神父，一位是穿著白袍戴著大白帽的修女，另一對好像是夫妻或是愛侶，男的上身穿著灰毛衣，下身著藍色西裝褲；女的穿著花格衣裙，梳著高高的道士髻，漂亮得很，是一位西方美人。不知道是英國人？法國人？德國人？義大利人？或是美國人？悟性站起來向他們合十為禮，他們也打量悟性法師一眼，唧哩咕嚕了兩句，又抬起頭來望望大樹，然後逕自向黃龍潭方向走去。

「這幾年一到夏天，上山的洋人愈來愈多了。」悟性法師說：「貧僧聽不懂他們的話，也分不出他們是那一國人？」

「他們拜不拜菩薩？」蝶仙問。

「不拜。」

「給不給香油錢？」

「也不給。」

「拜不拜菩薩隨他們的便，只要他們不仗勢欺侮中國人，再多來一些也無所謂，反正我們的地方大得很。」老太太說。

「他們會喧賓奪主，欺侮中國人？」悟性問。

老太太把濟南的那件事告訴他，悟性先念了一聲「阿彌陀佛」，然後才說：

「這不應該。」

「他們仗著洋槍大砲厲害。」梁忠說。

「貧僧住在深山是什麼都不知道。」

「不知道也好，眼不見，心不煩。」梁忠說。

「我佛慈悲普度眾生，人與人之間，不該分什麼彼此，更不該以大欺小，以強凌弱。」悟性說。

「只怕洋人心裏想的和法師想的不一樣。」梁忠說。

「一樣的五穀養成百樣的人，人心隔肚皮，難測得很，何況洋人？」老太太說。

又來了六個遊客，四男兩女，都是中國人，而且是江浙口音，兩位女的一派少奶奶的打扮，高領短上衣、長裙，珠光寶氣，手拿檀香扇兒，說話嬌聲滴滴。

悟性站起來雙手合十，向他們問訊，問他們要不要喝杯茶，休息一下？他們點點頭，圍著另一棵寶樹底下的石桌坐下。悟性起身去替他們準備茶水。

他們和龍老太太搭訕起來，原來他們都是上海的大商人，從漢口下來，順便上山玩幾天。

悟性和那個提著茶水的和尚一道過來，像招待老太太一樣款待他們。他們很滿意，還買了一包雲霧茶，走時留下二兩銀子。

悟性留老太太他們吃了一頓午齋，蔬菜全是就地取材，雖然沒有能仁寺那麼豐富，但十分清爽可口。

飯後梁忠又帶老太太他們遊仙人洞，這裏遊客也不多。梅影、蝶仙扶著老太太進入洞來。涼透心脾，洞內相當寬敞，可容上百人活動，洞壁正中供奉呂純陽，仙風道骨，手拿拂塵，清秀出奇，望之可親，和佛像莊嚴肅穆完全不一樣。梅影身歷其境，不禁附著蝶仙的耳邊悄悄地說：

「這真是神仙府，和我們想像的差不多。」

神仙洞裏只有一位道人，身穿道袍，梳髮髻，打扮和柳敬中一般。四、五十歲的樣子，十分清瘦，彷彿未食人間煙火。

老太太也向呂純陽像跪拜，也給了香錢。呂洞賓的故事她很熟悉，她知道他是唐朝京兆人，名巖字洞賓，號純陽子，會昌中，兩次考進士都沒有考取，那時他已六十四歲，於是浪遊江湖，遇到漢朝仙人鍾離權，帶他到終南山修道，後來又帶他到鶴嶺。洞賓盡得真傳，得道後更通天遁劍法，遂遊歷江、淮、湘、潭、岳、鄂、兩浙間，無人能識，自稱回道人，為八仙之一，亦稱呂祖。元朝封為純陽演政警化尊佑帝君。天行很喜歡呂洞賓的詩，《全唐詩》中有他很多作品。天行認為《全唐詩》所輯錄的詩人以他的詩和寒山子的詩意境最高，他的詩還洩露了一些修持得道的天機。天行聽過柳敬中講道家修持的方法，所以他懂。

道人招待老太太他們飲茶休息，老太太和他聊天，十分相契，談起柳敬中，道人肅然起敬，他說幾年前柳敬中在這兒住過，他稱柳敬中逍遙子，是前輩高人，說他修成了天眼通、天耳通、他心通。

「道長想必也是高人？」老太太笑問。

「豈敢，豈敢！」道人誠惶誠恐地回答：「我是凡夫俗子，難登仙籍。像一般和尚一樣，不是人人能成為菩薩的。」

「您長年住在這兒，不是神仙也是神仙了。」老太太笑著說。

「冬天您也不下山？」梁忠問。

「我一年四季都住在洞裏。」

「您一個人，不是比黃龍寺的和尚更寂寞了？」蝶仙問。

「修道的人是不怕寂寞的，」道人淡然一笑：「老君說：『寂無所寂，欲豈能生？欲既不生，是謂真靜……。』」

「那今天恕我打擾了？」老太太笑著起身告辭。

「老夫人別客氣，一飲一啄，莫非前定。」道人親切地把老太太送到洞口。

天行看見洞口刻有「縱覽雲飛」四個大字和石縫裏長出一棵古松的巨石，便跳了上去，文珍也想上去，他拉了她一把，文珍也登上巨石。巨石下臨錦繡谷，山風吹著他們的衣服，衣袂飄飄，使他們有飄飄然欲仙的感覺。

老夫人看見他們站在石上，連忙叫他們下來，他們還沒有來得及下來，谷底突然湧上一團雲霧把他們吞沒，只聽見他們說話的聲音，看不見他們的人影，老太太站在洞口著急，生怕他們羽化登仙，道人笑著安慰她說：

「老夫人放心，霧一會兒就會散的。」

果然，一會兒功夫，霧飄上了洞頂，眼前又是朗朗乾坤，他們站在石上笑著對大家說：

「我們做了神仙了。」

「這麼大的人了，還淘氣？」老夫人也笑著責怪他們。

「婆婆，這真是千載一時的機會，竟給我們遇上了。」天行笑著跳了下來：「住在北京是做夢也想不到的。」

文珍想下來又有點害怕，天行牽著她的手，扶著她下來。

「外婆，今天我們真是不虛此行。」文珍笑著對老太太說。

「只要你們高興，我也開心。」老太太慈祥地拂拂她被山風吹亂了的頭髮。

梅影、蝶仙扶著老太太上轎，梁忠在前面帶路，他們披著清風，穿過雲霧，又回到頤園。

「我們兩人在北京瞎猜神仙世界，今天是真的到了神仙世界了。」梅影笑對蝶仙說。

「我看神仙也和我們凡人一樣，不過他們是長生不老，又有些神通罷了。」蝶仙說。

「神仙本來也是人修的嘛。」

「我覺得菩薩離我們太遠、太玄，神仙反而近些，真些。」蝶仙說。

「我們別瞎胡猜，不談成仙成佛，我們能跟老夫人來一趟廬山，也就算沒有白活。」梅影說。

香君服侍文珍洗過澡後，又到天行房間，發現天行自己泡了一壺雲霧茶，坐在欄杆邊獨自欣賞山中暮色，香君悄悄走近他的身邊，輕吟淺笑地說：

「少爺，你真會享受？可惜美中不足。」

「怎麼美中不足？」天行回過頭來問她。

「這還用問？虧您還是個新科舉人？」香君笑著白他一眼，逕自離開。

一會兒香君便帶著文珍過來，替她端好椅子，放在天行身邊，服侍她坐下，又替她泡上一杯雲霧茶，然後端詳他們一眼，又嫣然笑道：

「這才像天造地設的一對兒，這才不辜負大好廬山。」

「香君，妳愈大愈像個三姑六婆，妳那兒來的許多婆婆經？」文珍輕輕白她一眼。

「小姐，誰不知道您們是一對兒嘛？這有什麼好忌諱的？」

「香君，她不是忌諱什麼，她是不願意妳說出來。」天行笑著對香君說。

「天知地知，您知我知，這兒又沒有外人，說說有什麼關係？」香君說。

「香君，有些事兒放在心裏比掛在嘴邊好些，妳明不明白這個道理？」

「我又不是小姐肚裏的蛔蟲，我怎麼明白她肚裏的機關？」

文珍看他們兩人一搭一唱，不禁嗤的一笑。

暮色像一面溫柔的大網，漸漸地從峰頂四面籠罩下來。山谷裏有疏落的燈火，和天上的星星一樣眨著眼睛，窺探人間的祕密。深山寂寂，十分沈靜，沈靜得使天行和文珍幾乎聽得見彼此的心跳聲。

「表哥，我真想長住山上，不想再下山去。」沈默了很久，文珍突然冒出這樣輕柔而又哀怨的聲音。

「是想學悟性法師還是想學神仙洞裏那位道人？」天行笑問。

「他們一位是有道高僧，一位是三清弟子，我怎麼敢學他們？」文珍黯然回答。

「那是想在山上享清福了！」

「只怕我也沒有這個福氣。」

「那到底是為什麼呢？」

「人在北京我就心煩。」

「一不愁吃，二不愁穿，大樹底下好遮陰，有什麼好心煩的？」天行坦然一笑。

「人生在世，除了吃，除了穿之外，難道就沒有別的東西？」文珍望著天行目不轉睛。

「花花世界，玩藝兒自然多得很，光是天橋的把戲就看不完。」天行信口直說：「不過老子說，不見可欲，其心不亂。」

「您扯到那兒去了？您以為我是看了天橋的把戲就心亂的人嗎？」文珍輕輕地白他一眼，在夜色蒼茫中天行並未發覺。

「我當然知道妳不是那種人。」天行坦然笑道：「不過我真猜不透在北京妳有什麼好心煩的？是不是為賦新詩強說愁？」

「誰有那些閒情？」

「家事國事，干卿底事？」

「算了，算了，不和您胡扯。」文珍輕輕一歎：「『鴨兒背上澆水』——算我白說。」

天行啞然失笑。香君也嗤的一笑。文珍逕自起身走了。

她背後留下一片蒼茫。

教堂的燈卻睜著大眼睛在幽幽的山谷裏閃亮。

第五章　小癟三狗仗人勢
刁公差狐假虎威

頤園的左鄰是一家英國人，兩夫婦帶著一位十來歲的男孩和一位中國廚子。兩夫婦經常在院子裏的大楓樹下喝咖啡、讀《聖經》、看報、聊天，有時男主人也用鵝羽管蘸墨水寫信或其他文件。男主人身體高大強壯，滿臉大鬍子，看來只有四十多歲，但頭髮鬍鬚已呈灰白。女主人卻嬌小玲瓏，身材和一般中國女人差不多，金黃的頭髮，綠眼珠兒，瓜子臉。看來有幾分東方美，比男的年輕十來歲。男孩子像母親，活潑可愛。

右鄰是一家法國人，一對五十多歲的夫妻，男的矮矮胖胖，像隻啤酒桶，卻有拿破崙那種睥睨一切的傲氣。女的瘦瘦高高，鷹鉤鼻子，看起來像個巫婆。

對面是一家德國老夫婦，大約有六十多歲，兩人都高大強壯，滿頭灰髮，卻看不出一點兒老態。兩人白天總是一身運動裝，不是清除庭院雜草，便是結伴作戶外活動，自帶雨傘野餐，十分簡單。

平時這三家洋人也很少來往，只有禮拜天上教堂時才聚在一塊。

由於語言不通，龍老太太他們更少和這三家洋人來往，有時那英國男孩的皮球踢了過來，梁忠便撿來丟回去，他唧哩哇啦一陣，好像很高興的樣子。女主人也善意地笑笑，梁忠反而不知如何是好？

起初龍老太太他們還分不出這三家洋人是那一國人？經梁忠打聽，才弄清楚他們的國籍，老太太聽了自嘲地笑道：

「我們這幾個中國人，在自己的土地上被英國人、法國人、德國人包圍起來了，真是稀罕事兒。」

「老夫人，這是租界。」梁忠說。

「租界？」老太太將信將疑：「這地方也租給洋人了？」

「可不是？」梁忠兩手一攤，面露苦笑。「聽說牯嶺這些地方當初是由一個英國人李頭兒開發的，後來沒有花幾個大洋就租了過去，所以我們反而變成客了。」

「上次我來時怎麼沒有聽說過，沒有這麼多洋人。」

「這幾家房屋都是新蓋的，這兩年才有人住進來，所以老夫人不大清楚。」

「慚愧，慚愧！」老太太一臉苦笑。隨後又問：「黃龍寺和仙人洞該沒有租出去吧？」

「那倒沒有。」梁忠搖搖頭。

「阿彌陀佛。」老太太念了一聲佛。

「婆婆，您念阿彌陀佛有什麼用？」天行聽了好笑。

「我又不是西太后，我不念阿彌陀佛又有什麼辦法？」老太太說。

「聽說老佛爺很恨洋人？」天行說。

「我也聽柳老前輩說過。」老太太說。

「外婆，那到底是為了什麼呢？」文珍問。

「聽說是因為政變的關係。」老太太說。

「其實變一變也沒有什麼大不了的？」天行說。

「你說的倒輕鬆，」老太太輕輕一笑：「她可是為了她的寶座著想啊！」

「婆婆，一個女人怎麼會有這麼大的慾望？」

「你以為女人都像婆婆一樣，成天阿彌陀佛？」老太太笑著反問。

「婆婆，我以為女人都應該像她們幾位一樣，那才有意思。」天行一面回答老太太，一面打量梅影、蝶仙、香君、文珍一眼。

「二少爺，那不更是你們男人的世界了？」蝶仙笑著接腔。

「蝶仙姐，我也討厭男人狗爭骨頭，橫行霸道。」天行說。

「二少爺，如果男人都像你，那就天下太平了。」梅影笑說。

「我們男人已經把這個世界搞得亂七八糟，如果再加女人張牙舞爪，那更是天下大亂了。」

天行一面說，一面望望文珍：「文珍，妳說是不是？」

「你以為男人都全像你？」文珍笑著反問。

天行答不上來，不禁失笑。他覺得王仁儒和柳敬中就不相同，父親和姑爹不同，楊仁和天放不同，自己和楊仁、天放、梁忠也不相同，誰會像他呢？梅影看他笑而未答，又接著問他：

「二少爺，你以為我們女人都像表小姐嗎？」

天行望望梅影、蝶仙、香君，又把眼光停在文珍身上，從頭到腳打量一番，笑著搖搖頭說：

「不像，不像。」

「二少爺，問題就出在這兒。」梅影說：「所以天下不會太平。」

「梅影姐，想不到妳倒是一位有心人？」天行笑著對梅影說。

「二少爺，我沒有吃過豬肉，我不過是看過豬走路罷了，我那有什麼心？」梅影淡然笑答。

「二少爺，她就是心細，所以老夫人特別喜歡她。」蝶仙在背後指指梅影說。

「蝶仙，我手掌是肉，手背也是肉，怎麼妳又吃味兒了？」老太太笑著望望蝶仙。

「老夫人，蝶仙豈敢？」蝶仙頭一低，身子一屈：「不過肉也有肥瘦，老夫人比較歡喜瘦肉罷了。」

老太太嗤的一笑，大家被蝶仙惹笑了，因為她和梅影站在一塊，梅影顯然比她瘦了許多。

「妳這丫頭真會說冤枉話，」老太太指指蝶仙說：「我吃了二、三十年齋，妳幾時看我吃過瘦肉？」

蝶仙抿著嘴兒笑，梅影笑著罵她：

「她亂嚼舌根，也不怕罪過？」

蝶仙笑著搖搖她：

「我的好姐姐，我沒有妳賢慧，看樣子我是不能跟老夫人上西天的。」

「上不了西天，能上廬山也就算妳有造化了。」梅影笑著白她一眼。

「婆婆，看樣子我們祖孫兩人要甘拜下風了！」天行望望梅影、蝶仙二人，笑對老太太說。

「我老糊塗了，自然不如她們伶牙俐齒；你年紀輕輕，又喝了不少墨水兒，不該滅自己的志氣？」老太太笑著回答。

「老夫人，您別折死我們了！」蝶仙笑著屈身告罪。「天曉得，我原本是笨嘴笨舌的，來到老夫人身邊之後，才沾了那麼一點兒靈氣，您老人家不嫌我笨手笨腳就好了，二少爺這麼一抬舉，蝶仙真想打個地洞鑽下去。」

「你看這丫頭說得怪可憐的？」老太太望著孫兒笑說。

「老夫人，那兒有個老鼠洞，您就讓她鑽吧？」梅影笑指牆角一個老鼠洞故意對老太太說。

「嗨！」蝶仙笑著腳一跺，望著梅影說：「我原指望我們兩人一條線，妳怎麼反而落井下石？」

「你們看蝶仙這丫頭多作怪？以後我得防她一手兒。」老太太笑指蝶仙說。

大家都好笑，蝶仙伏在梅影肩上吃吃地笑。

這時那個英國孩子正在庭院的草地上和中國廚子踢皮球，不知怎麼的踢來踢去竟把皮球踢到頤園這邊來了，正巧落在頤園客廳的玻璃門上，哐啷一聲，把那塊玻璃打得粉碎，大家一驚，梁忠一個箭步縱了過去，抓住那隻皮球，望著隔壁庭園，發現那個男孩和那個廚子也望著梁忠，兩家只隔著一道三尺高的七里香樹籬，梁忠正想發問，那男孩也唧哩哇啦，梁忠聽不懂，愣了一愣，那廚子卻用上海話不大客氣地對梁忠說：

「儂把皮球丟過來！」

梁忠也不太懂上海話，反問一句：

「你說什麼？」

「阿拉叫儂把皮球丟過來！」廚子像個癟三，流裏流氣，說話彷彿在下命令。

「你打破了人家的玻璃，連一句道歉的話兒也不說，反而兇巴巴的，是不是仗著洋人的勢，向自己人耍威風？」梁忠冷峻地問。

「是又怎樣？」那廚子雙手叉腰，有恃無恐：「你還敢咬我的鳥？」

梁忠聽了很氣，但一想到老太太他還是忍了下來，只是指指手上的皮球說：

「那你就別想要這隻皮球了。」

天行、文珍都趕了出來，問梁忠是怎麼一回事兒？梁忠說明原委，天行看看那個廚子態度雖然惡劣，而那英國小孩倒天真可愛，便對梁忠說：

「算了，還給他們，別和他們計較。」

「二少爺，本來我也想還他，只是那個上海佬狗仗人勢，如果就這樣還給他了，他還以為我們懦弱可欺哪！」梁忠說。

天行正要勸他，那廚子卻不耐煩，罵了起來，罵得很難聽，梁忠聽他嘴裏娘的、鳥的，不乾不淨，不禁冒火，便走上幾步，問他：

「你怎麼罵人？」

「阿拉不但罵儂，阿拉還要打儂！」廚子一面說話一面捲袖子，準備打架。

「你再罵一句，我就不客氣了。」梁忠警告他。

那廚子又罵了一句下流話，梁忠把皮球朝他腦袋摔過去，打得他眼冒金星，一屁股跌坐在地上，那廚子是個潑皮，也好像有兩下子，一個鯉魚挺身，跳了起來，翻過矮籬，朝梁忠鼻子一拳打來，梁忠右手一抄，左腳橫跨半步，順勢一扭，把廚子的右手扭在背後，廚子反轉身來想用左手叉住梁忠的咽喉，梁忠又把他的左手扣住，把他的兩手交叉鎖在背後，然後用力向上一舉，像投球一樣拋過那邊庭園，庭園雖是綠草如茵，廚子跌在地上還是悶哼一聲，半天爬不起來。

英國夫婦剛好趕了出來，看到這一幕，男的起先一怔，隨後又硬著頸子挺著胸脯跑到籬邊大聲質問梁忠，他比梁忠高一個頭，梁忠又聽不懂他的話，愣在那裏，這時那廚子爬了起來，站在英國主子身邊，一面用洋涇濱向主子搧風點火，一面用上海話罵梁忠。這時天行、文珍也趕了過來，他們兩人雖然不會說英語，但態度斯文，那個英國男人知道他們不是來幫腔助勢的，態度便緩和了一些。天行便對那廚子說：

「我們都是中國人，禍是你惹起的，你不可以再在洋人面前搬弄是非。」

「你以為老子是好惹的？」廚子指著自己的鼻尖，又指指梁忠說：「他個赤老打狗欺主，老子受不了這口氣，主人也不會饒過他的。」

「錯不在他，」天行指指梁忠說：「難道你還要他陪禮？」

「當然要他赤老陪禮！」廚子望望主子的臉色，又氣勢凌人起來。

「怎麼個陪法？」天行笑問。

「磕頭！向老子磕三個響頭！」

「要是他不磕呢？」天行向廚子笑問。

「他個赤老敢不磕？」廚子指著梁忠說。

「這我可不敢擔保，」天行滿臉微笑：「除非你能把他的頭按下去？」

廚子一愣，又望望主子，然後胸脯一挺說：

「縱然老子辦不到，我主人一定能把他的狗頭按下去！」

「你已經丟人了，你可不能再讓洋人丟人哪！」天行笑著警告他。

廚子又打量梁忠一眼，梁忠神定氣閒地站在那裏，好像一點事兒也沒有發生過似的。

文珍這時趁機插嘴，一語雙關地說：

「這位大哥，我看你也是跑過碼頭見過世面的人。俗話說：『胳膊斷了往袖子裏藏。』我們自己人的事兒有什麼不好商量？何必抬出洋人來使自己人臉上無光，醜了媒人也醜了小姐，你說是不是？」

那廚子不作聲，文珍又說：

「再說梁師傅可不是打漁殺家裏的教師爺，他要是認真出手，一拳可以打死一條水牛，你看看你主人是不是他的對手？」

廚子打量主子和梁忠一眼，主子雖然高大強壯，但梁忠也很魁梧，剛才他把自己拋過來，差點兒摔死，他在上海看過外國大力士和中國武術家賀鼎甲打擂臺，個兒大小不成比例，那個外國大力士過不了三招就被賀鼎甲擺平，倒在臺上爬不起來。他想主子並不是英國大力士，梁忠可是行家，主子大概不是梁忠的對手？因此答不上話來。文珍看他不作聲，便給他四兩顏色好讓他開染坊，因此又說：

「如果您大哥不介意，我在這兒替梁師傅陪個不是好了。」

文珍說完，雙手合十向他拱拱手，廚子乘機自下臺階：

「今天我就看妳小姐的大人大面上，饒了那個赤老，要是下次他再敢無禮，老子一定把他送到捕房裏去。」

隨後又用洋涇濱向主子唧哩哇啦了幾句，那女的也不想鬧事，那男孩子更在旁邊笑著作鬼臉，一場糾紛這才結束。

梅影、蝶仙、香君三人原先站在門口觀看，梁忠把那廚子拋過籬笆她們都看在眼裏，當時差點驚叫出來，隨後看見那個高高大大的英國人氣勢洶洶過來，她們又替梁忠暗捏一把冷汗，那洋人比梁忠高一個頭，身體也粗壯得多，萬一和那廚子聯手打過來，說不定梁忠會吃虧，沒想到天行、文珍兩人卻化解了這場糾紛？所以他們三人一回來她們都拍手歡迎，又連忙把經過情形報告老太太。

老太太看他們三人進來自然十分高興，但也特別囑咐梁忠：

「梁師傅，這次總算萬幸沒有鬧出事兒來，以後可得多多忍耐。」

「老太太，您不知道那個上海佬是個癟三，他狗仗人勢，欺侮自己人，不給他一點顏色，以後的日子就不好過了。」梁忠說。

「我們只是在山上歇歇伕，又不是住一輩子，忍耐忍耐不就過去了！」老太太說。

梁忠連連說「是」，天行卻對老太太說：

「婆婆，您不知道那上海佬真是個潑皮，這種人專撿軟的吃，梁師傅做得很對。」

「老夫人，這種人比洋人更壞，」蝶仙說：「狗仗人勢最要不得！」

「婆婆，我看亂子會出在這種人手裏。」天行先在濟南遇見那種事，現在又在山上遭到這件事，他覺得都不是好兆頭。

「一粒老鼠屎，攪壞一鍋羹。」老夫人也有些感慨。

「平常一說起來就吹我們是黃帝的子孫，我們是禮儀之邦，其實不知道有多少劣根性，也不知道反省反省。」天行說。

「十根指頭伸出來有長短，人多自然難免良莠不齊。」老太太說。

「今天要不是二少爺和表小姐軟硬兼施，這件事兒還真難擺平。」梁忠說。

「真沒有想到二少爺和裘小姐還真有兩手兒？」蝶仙笑說。

「要不是梁師傅露了那一招兒，那我們就只能磕頭作揖了。」天行說。

「就是磕頭作揖，對方也未必甘休？」蝶仙說。

「還是文珍最後那幾句話有斤兩。」天行望了文珍一眼：「我真想不到她的嘴裏怎麼會冒出那種話來？」

老太太聽了有點驚喜，笑問天行：

「文珍是怎麼說的？」

「她說梁師傅一拳可以打死一條水牛，這才把那個上海佬和洋人唬住了。」天行笑著回答。

「其實我也是急出來的，」文珍自己也好笑：「我一急也就信口開河了。」

「表小姐太抬舉我，」梁忠向文珍拱拱手：「我那有那麼大的力氣？」

「人當然沒有那麼大的死力，」文珍說：「我想你有一身好功夫，應當有那股勁兒。」

「我沒有使過，連我自己也不知道？」梁忠笑著搖頭。

「梁師傅，我看你把那個上海佬拋過籬笆，好像沒有費多大力氣，對付那個洋人應該沒有問題？」蝶仙笑著說。

「如果那洋人沒有練過功夫，自然沒有問題。」梁忠回答：「要是他也練過功夫，那就難說了。」

「人沒有功夫不行，看樣子我也得練練功夫了。」老太太笑著打趣。

梅影、蝶仙望著老太太好笑，蝶仙笑著說：

「老夫人，您老人家千萬不能練功夫？」

「為什麼？」老太太笑問。

「您老人家要是練了功夫，一出手就會把我打成肉醬。」蝶仙笑著作了一個手勢。

「這丫頭真會說橫話，我幾時打過妳？」

「那是因為您老人家打不動，也打不痛。」蝶仙笑說。

老太太不禁失笑，再看看她們彷彿個個都是捏麵人捏出來似的，因此才說：

「看樣子妳們幾個真該練練武、防防身？」

「老夫人，八十歲學吹鼓手，那怎麼成？」蝶仙說：「何況我們都不是那塊料，也吃不了那種苦。」

「蝶仙姑娘說得不錯。」梁忠接嘴：「練武很苦，她們個個金枝玉葉兒似的，受不了那種折磨。」

「我看她們個個紙糊燈籠兒似的，風一吹就倒，很不濟事，練練武身子自然就結實些。」

「老夫人，您是要我們服侍您老人家的，又不是請我們當保鏢，何必個個虎背熊腰？那不把您老人家嚇倒才怪！」

蝶仙還未說完，老太太就指著她笑罵：

「妳看妳這張嘴？是誰教得妳這樣伶牙俐齒？」

「老夫人，您看這屋裏誰是王母娘娘？誰是通天教主？誰能教出我這個徒弟？」蝶仙指指所有的人，笑問老太太。

老太太笑著白了蝶仙一眼。

蝶仙的機伶，天行十分佩服。先前文珍應付上海佬那麼從容、鎮定、得體，卻出乎他的意料之外，心裏暗自高興。梁忠的身手他也是第一次看見，他覺得大伯、三叔派梁忠從北京護送他們南來，又派在山上陪他們歇伏，考慮的確周到，今後可以高枕無憂了。

沒想到第二天牯嶺那邊突然來了一位公差，大約三十多歲，細皮白肉，十分精明的樣子，他是來調查昨天發生的事，這位公差是九江人，認識梁忠。

他先向老夫人請安，然後自我介紹說他姓李，單名一個中字，老太太問他：

「李先生你是怎麼知道這件事兒的？」

「是隔壁的廚子報案的。」李中說。

「這真是『惡人先告狀，做賊的喊捉賊』。」老太太說。

「他說梁忠先打他，打狗欺主，對英國主人的面子很不好看，使英國人下不了臺，要是他主人告到領事那兒，你們就吃不了兜著走！他是站在自己人的立場才向我們報案的。」

「謝謝他的好意，他還想怎樣？」梁忠說。

「他要你向他主人道歉，還要你賠償他的醫藥費。」

「這小癟三真不是個東西！」梁忠罵了一句。

「梁師傅，幸虧我們是熟人，今天我是來息事寧人，勸您破財消災。」李中說。

「怎麼？那小癟三還想敲我一竹槓？」梁忠冷笑說。

「梁師傅，那小癟三倒沒有什麼大不了，不過他是教民，他主子又是英國人，我們都惹不起。」

「李先生，您是吃公事飯的，不能聽那小癟三片面之辭，您問過那英國人沒有？」

「我們是自己人，我是先到府上，隨後我再過去問問。」

「那我就把昨天的事兒原原本本告訴李先生好了。」天行說，隨即將昨天的經過情形一五一十告訴李中。

李中摸摸下巴，沈吟了一下，天行又帶他看看那塊打破了的玻璃，然後對李中說：

「這本來是我們的無妄之災，我表妹既向他陪了禮，他怎麼又要梁忠賠償醫藥費？」

李中拍拍天行的肩膀說：

「少爺，你還年輕，又是一盌飯長大的，有些事兒不能照常理來看，總之，這是一件非常燙手的事兒。」

「這有什麼燙手，走遍天下無非一個理字？」天行說。

李中世故地笑笑，又拍拍天行的肩說：

「你們龍府是我們九江的望族，既富且貴，誰人不知？誰人不曉？我也知道你是龍尚書的嫡孫，在京裏你們龍府也有頭有臉，可是一遇上了洋人，連皇親國戚也得低頭。少爺，你懂不懂我的意思？」

「你的意思是要我們向那英國人陪禮，還賠償那小癟三的醫藥費？」

「少爺，兄弟的意思不是要您去向那英國人陪禮，也不是要您賠償那小癟三的醫藥費。我的意思是只要梁師傅意思意思一下就成。」

「要是我們輸了理，我自然要去陪禮，現在事實剛好相反，我不向他要棉花，他反而向我們要布，天下那有這樣的道理？」

「少爺，這只是權宜之計，權宜之計。」李中滿臉堆笑。

「李先生，恕我不客氣地說，我們和洋人打交道，如果有理的事兒也變成無理，反而向洋人低三下四，那洋人更瞧我們不起。你這個權宜之計，不但我不會從，我也不會讓梁師傅去丟這個人。」天行正色地說。

「少爺，你這不是故意使我為難？」李中突然把臉一沈。

「我沒有使你為難，是你自己為難自己。」

「那你是不看我這個薄面了？」李中指指自己的鼻尖說：

「李先生，我孫兒絕對沒有這個意思，這是有關我們大家體面的事，我們不能太委屈自己。」老太太插嘴。

「老夫人，那我只好到隔壁去向英國人照實回報了？」李中望望老太太做出轉身想走的樣子。

「李先生，如果你不公平處理，那我們也沒有什麼好辦法了。」老太太說。

李中進退兩難，又望望天行，天行坦然對他說：

「如果那癟三仗著他是教民，那英國人也不講理，那就麻煩你轉告他們：假使事情鬧大了，朝廷雖然會對他們低頭，在這兒他們可要吃眼前虧呀！」

「你們敢造反？」李中威嚇地說。

「李先生，我們不會造反，不過你去問問那小癟三好了，昨天我還沒有動手哪！」天行笑著把手向隔壁一指說。

李中上下打量天行一眼，看他玉樹臨風似的，可又不像一般文弱書生；他又打量梁忠，梁忠笑著對他說：

「李先生，你知道我的三腳貓兒算不了什麼，我家少爺可是文武全才，他在京裏拜過名師，受過高人指點。看那小癟三有幾個腦袋？」

李中臉上紅一陣、白一陣，身子一旋，頭上的辮子一甩，氣嘟嘟地走了。

李中一走，蝶仙和香君都格格地笑了起來，文珍、梅影她們也好笑。蝶仙笑著對天行說：

「二少爺，你初次出馬，就旗開得勝，你將這一軍，真使那位公差大人吃不了兜著走。」

「我覺得我們這些吃衙門飯的公差，只會欺侮自己人，見了洋人全身就沒有一根骨頭。」天行搖搖頭說。

「剛才梁師傅那兩句話說得很有學問。」文珍誇獎梁忠。

「表小姐，我梁忠本來沒有這麼大的學問，是昨天才向妳學來的。」梁忠向文珍拱拱手說。

大家都笑了起來，老太太卻對大家說：

「你們不要笑得太早，是禍是福？還不知道？」

「不知道那姓李的怎樣向洋人開口？」蝶仙想想又笑了起來。

「他要是講好話，我們大家就平安無事；他要是加油加醋、挑撥是非，那麻煩就大了！」老太太說。

「吃通事飯的人都精得很，李中更不是個蠢人，他會掂掂斤兩，處理這件事情，鬧大了對他也沒有什麼好處。」梁忠說。

「梁師傅，你說的有理。」天行向梁忠點點頭說：「我看也不會有什麼大問題，就是不知道他怎樣自圓其說？」

李中去了半天沒有什麼動靜，突然從隔壁飄過兩句英語：

「Yes, Sir！ Yes, Sir！」

「想不到他的洋屁放得呱呱叫？」梁忠說。

大家不禁失笑。

過了一會，李中又滿面春風走了過來，一進門就笑著對老太太說：

「老夫人，託您的洪福，我總算把這件燙手的事兒擺平了。」

「不知道李先生是怎樣擺平的？」老太太問。

說。

「不瞞老夫人說，在洋人面前，我少不得陪陪小心，替你們方圓幾句。」李中小丑表功似的

「洋人怎麼說？」老太太問。

「洋人說，看在在下的面子上，他不再追究了。」

「那小癟三呢？」天行問。

「他說他傷得很重，一定要賠償醫藥費。」

「誰驗過他的傷？」天行又問。

「我看過，」李中連忙回答：「是青了一大塊。」

「青在那兒？」梁忠問。

「這個，這個……」李中支支吾吾：「哦，哦，青在肋條骨上，肋條骨上。」

「那李大人是來向我們要醫藥費了？」老太太說。

「不好意思，我已經先墊了。」李中尷尬地笑笑。

「墊了多少？」老太太又問。

「少了拿不出手，我身上只有十塊大洋，全給他了。」李中說。

「李大人倒很慷慨。」天行望著他笑笑。

「少爺，我這全是為你們好。」李中諂笑：「花小錢，消大災，這也值得。」

老太太吩咐梅影，拿出二十塊大洋，交給李中，李中還有點兒忸怩作態，老太太笑著對他

說：

「李大人，十塊大洋是還你的，另外十塊錢送給你做茶水費。大熱天，勞你的駕，從牯嶺趕來，真過意不去。」

李中連聲多謝，把二十塊大洋塞進腰板帶，隨即告辭：

「老夫人，我走了，以後要是有什麼事兒，隨時吩咐一聲就是了。」

「李先生，」天行叫住李中說：「那十塊大洋事小，不過，我可不承認它是賠償醫藥費的。」

「那算什麼呢？」

「那就算是打發叫花子的賞錢好了。」

「少爺，隨便您怎麼說。」李中裝個笑臉：「我保證他以後不再要賴。不過我也奉勸您一句：還是早點兒下山好。」

說著，說著，李中便一溜煙地走了。

李中走後，蝶仙卻笑著對老太太說：

「老夫人，您聰明一世，糊塗一時，白白的被那個姓李的騙了十塊大洋！」

「不止十塊，我還送了他十塊。」老夫人笑著說。

「您老人家怎麼又作這個冤大頭？」蝶仙笑著把腳一跺。

「妳以為我真老糊塗了？」老太太笑問蝶仙。

「難道您早識破了？」蝶仙望著老太太說。

「我雖然聽不懂他放什麼洋屁，但這些衙門裏的兔崽子，尾巴一翹，我就知道他要拉屎了！」

蝶仙紅著臉笑了起來，又笑又說：

「害得我站在旁邊看了又生氣又心痛，原來老夫人是故意要猴兒的？」

「山上無事，不要猴兒幹嘛？」老太太笑道。

「剛才二少爺對姓李的說的那幾句話也虧他受得了？」

「這種人臉厚心黑，比小癟三也高不了多少。」天行說。

「他最後對你說的那句話，我們還得提防提防。」文珍說。

「我看他是做賊心虛，怕我們住久了，他會露出馬腳。」天行回答。

「蒼蠅不叮沒有縫的蛋，說來說去，都是那個小癟三引起的。」梁忠恨恨地說。

「以後你可不要理他。」老太太說。

「是，」梁忠恭敬地回答：「昨天如果不是怕驚嚇了老夫人，我一定教訓了他一頓。」

「算了，得饒人處且饒人。」老太太說。

「老夫人，您不知道，癟三、痞子，縱容不得，他們會壞了大事，那個姓李的也不是什麼好東西，他是本鄉本土的，以後逮著了機會，我會要他乖乖地吐出那二十塊大洋。」

「算了，破財消災。」老太太淡然一笑。

「老夫人，您做好事，我梁忠十分讚成；但是養老鼠咬布袋，老鼠會愈養愈多，愈養愈大。這次遇上了洋人，算我梁忠丟人，下山以後，我會向大老爺、三老爺請罪。」

「梁師傅，這不怪你，你千萬別介意。」老太太說。「那二十塊大洋算不了什麼。」

「老夫人，不光是錢的事，一看見這塊破玻璃，我就覺得不對勁，心裏老不是味兒。」梁忠指指客廳前面那塊破玻璃說。

老太太勸他事情過去了就算了，不必放在心上。可是大家心裏也有一個疙瘩，既是鄰居，自然要天天見面，一見面就難免尷尬。

吃過晚飯之後，天行、文珍都在老太太房裏聊天，一聊又聊到這件事上來，老太太怕再發生類似的事，梁忠忍耐不住，會出手傷人，那就麻煩了。因此決定提前下山，文珍本來不想下山，但那小癟三也是教民的事，給她不少刺激，又悶在心裏不敢講，因此她也不想久住了。

「廬山雖好，卻非久住之地。梁忠是個血性漢子，萬一出了什麼岔兒，恐怕不好收拾？」老太太說。

天行本來想和文珍在山上多住些日子，在這種情形之下，他也不敢反對。他望望文珍，文珍默默無語。

第二天龍從風上山來探望老太太，明白了這些情形之後說了兩句話：

「別說那小癟三是教民，就是洋人的哈巴狗兒我們也不敢惹。」

他當機立斷，當天就關閉頤園，陪老太太下山去了。

第六章　紅仙姑神出鬼沒
嬌娃女膽顫心驚

老太太下山後，老大從風、老三從雨，都想留她多住些時日，但九江天氣太熱，尤其是從清涼的廬山下來之後，一住進九江城裏，彷彿住進火爐，實在受不了，因此她不想久留，決定提前回北京。

「娘，兒子本來想讓您老人家在山上住到中秋再接您下來，讓您好好地享受山上的清風明月、飛瀑流泉，沒想到遇到那件不愉快的事兒，剛進伏天就要下來，兒子心裏實在過意不去。」老大從風說。

「這不能怪你，只怪我沒有那個福氣。」老太太開朗地說。

「是我沒有那個福氣，害得老夫人掃興下山。」梅影內疚地說。她想要不是梁忠好意，她就不能來，她不來也許就不會遇上那種事兒。

「也不能怪妳。」老太太拍拍梅影說。

「是怪我不好，上次老夫人上山，我沒有來，就平安無事，這次我來了，就這麼掃興。」蝶仙接著說。

「上次妳們還小，所以都沒有來；這次雖然妳們來了，卻不能把這筆帳記在妳們頭上。」老太太望著蝶仙慈祥地笑笑。

「外婆，說真格的，那要怪我了！」文珍心裏一直很矛盾，下山以後，內心更加痛苦，如果那個上海小癟三不是教民，她就沒有這麼難過，偏偏他是教民，又狗仗人勢，找自己人的碴兒。本來她最想久住山上，最好永遠不回北京，偏偏在山上遇上這種惱人的事兒。如果她沒有受洗，她就不會有這種難言之隱了。

「這是什麼話？」老太太笑著把她拉到身邊，輕輕地拍拍她：「別說是妳，我是任何人都不會怪的。」

「老夫人，怪來怪去，只怪我太毛毛躁躁，梁忠該死！」梁忠雙手抱拳，低頭弓身彎腰而立。

「梁師傅，快別這樣說了！」老太太立刻止住他：「你辛辛苦苦地把我們從北京接來，又在山上小心侍候我們，我還沒有謝你哪！」

「老夫人，您老人家這樣說，我梁忠就更難過了。」梁忠慢慢抬起頭來：「不過話說回來，如果不是那小癟三那麼張狂，我也不會那麼冒失。」

「上海華洋雜處，洋人又把我們中國人當狗一般看待，他小船靠在大船邊，不起火也生煙，我們只好原諒他的無知了。」老太太寬容地說：「誰也不要再說，我們只當沒有發生那件事兒好了。」

老太太決定提前回北京，從風、從雨兩兄弟又忙著替她買土產，親戚朋友又要替老太太餞行，大熱天老太太雖然不願意應酬，還是勉強吃了兩頓。一頓是縣太爺請的，他自稱是龍翰林龍尚書的門生；一頓是商會請的，那是從風、從雨弟兄的關係。然後又由梁忠護送老太太一行回家，臨行時龍從風又一再叮囑梁忠一路小心，不要再出什麼差錯。

梁忠這次護送老太太回北京，比迎接老太太南下時更小心翼翼，路線仍然和來時一樣，九江至南京是坐輪船，南京至北京是坐津浦路火車。

這時正是長江水位最高時期，流速很大，下水輪船如脫弦之箭、脫韁之馬，風馳電掣一般，和上次由南京逆流而上的情形大不相同。船離九江碼頭後，梅影在頭等艙裏服侍老太太，天行、梁忠、文珍、香君、蝶仙都站在船舷觀看兩岸風景，南岸是青山翠谷，綠樹人家，真是江山如畫，遠望廬山，牯嶺已被白雲掩蓋，像一位絕代佳人埋在白紗帳內，他們住的頤園、黃龍寺，和仙人洞這些地方，都已經隱入神仙世界了。

「要不是那個上海小癟三找碴兒，我們還在山上做神仙呢。」蝶仙指指白雲深處說。

「要是在船上單獨碰上那個小癟三，我會把他拋到江裏餵魚。」梁忠右手在鐵欄杆上一捶。

「梁師傅，那天我看見你把他舉起來拋過去時，跌他個狗吃屎，我心裏真好高興。」香君笑著兩手一拍。

「希望以後還是不要遇見這種麻煩事兒。」蝶仙說。

「是福不是禍，是禍躲不過。」天行說。

「二少爺，看樣子局勢不大對勁？以後不論到了那個碼頭，你最好不要單槍匹馬亂闖。」梁忠望著天行說。

「你是指上次我在濟南的那件事兒？」天行笑著問他。

「不錯，」梁忠點點頭：「那次你差點兒出了紕漏。」

「那次是因為我初離北京，乍到『四面荷花三面柳，一城山色半城湖』的濟南，火車又要停半天，我一方面內急，一方面信步一蹓，就蹓上了大街，湊巧才碰上那件事兒的。」天行彷彿說故事一樣慢慢說出原委。

「二少爺，怪事年年有，怎麼今年特別多？」蝶仙笑問。

「古人說：『國之將興，必有禎祥；國之將亡，必有妖孽。』我們平時不出門，一出門就遇著這兩件事兒，我看也不是什麼好兆頭。」天行說。

文珍一面聽他們談話，一面看著長江北岸一片平原沃土，堤內一望無際的黃豆、芝麻、高粱，禾苗正欣欣向榮，一片濃綠，到處是垂柳綠楊，知了在樹上叫得十分熱鬧，這是她在北京所沒有看過的景象，那些淳樸寧靜的鄉村，一排排都是低矮的房屋，見不到一座高聳的教堂，老百姓還是過著那日出而作、日入而息的與世無爭、與人無忤的太初生活，她想要是自己生活在這些鄉村，做一個淳樸的村姑，就沒有心中的煩惱。一日與表哥洞房花燭，生兒育女，日夜相守，永不分離，那該多好？

蝶仙看文珍在看長江北岸的平疇綠野，一言不發，禁不住問她：

「表小姐，妳怎麼一言不發？」

「蝶仙姐，我能說什麼呢？」文珍悽然一笑。

「妳不是很喜歡廬山嗎？剛才我說到要不是那個小癟三找碴兒，我們還在山上做神仙，妳怎麼也不搭腔呢？」蝶仙提醒她。

「我沒有那個福氣嘛！」文珍悵然回答：「下都下來了，廬山也望不見了，還提它則甚？」

「表小姐，說真格的，只有妳和二少爺才配在廬山過神仙生活，因為你們都是雅人，又喝夠了墨水兒，正好吟風弄月一番，不像我這個俗人，肚子裏又沒有幾滴墨水兒，住在廬山豈不是蹧踏了好山好水？」

「蝶仙姐，紅花也要綠葉扶持，廬山正需要妳這種人來陪襯。」天行笑著插嘴：「只有那小癟三才蹧踏了好山好水。」

「可是他正在山上享清福呢！」蝶仙說。

「那還不是禿子跟著月亮走？沾了那個英國人的光？」香君說。「一想起那個小癟三，我心裏都不服氣。」

「不服也得服，」蝶仙說：「除非妳也跟他一樣信耶穌教，才會水漲船高？」

「我才不呢！」香君撇撇嘴，又拉拉文珍的手說：「表小姐，您說對不對？」

文珍十分尷尬，不知怎樣回答才好，遲疑了一會才說：

「香君，我們不談這些無益的事兒好嗎？妳看，那棵大楊樹長得多高？」

香君順著文珍手指的方向一眼就看到堤邊一戶人家旁邊的一棵大楊樹，比那瓦屋高了好多倍，香君脫口而出：

「那棵楊樹真大，比九江那座教堂的尖頂還高。」

文珍更加尷尬，幸好蝶仙嘴快，她接著說：

「差不多有黃龍寺那兩棵大寶樹高。」

蝶仙把話岔開，文珍如釋重負，就在黃龍寺的那兩棵寶樹上大做文章，又扯到眼面前的滾滾江水，和蘇東坡的那首「大江東去，浪淘盡，千古風流人物……」的〈念奴嬌〉來。一談到詩詞，蝶仙和香君只好苦笑，香君扯扯文珍的衣袖說：

「妳知道我沒有喝幾滴墨水兒，何必對牛彈琴嘛？」

「是呀！要談學問，妳只好和二少爺談了。」蝶仙笑著對文珍說：「以後的機會還多得很呢，只怕談一輩子也談不完啦？」

「蝶仙姐，妳扯到那兒去了嘛？」文珍笑著白她一眼。

「遠在天邊，近在眼前。」蝶仙呶呶嘴，笑指正和梁忠聊天的天行說。

「人家心裏正煩，妳偏拿人家解悶兒！」

「好了，在家千日好，出外一時難，回到京裏自然就不煩了。」蝶仙摟著文珍像個大姐姐一樣安慰她。

其實蝶仙完全不瞭解文珍的心事，她正為回家而煩惱呢！

正好梅影過來，叫大家去老太太的艙房裏吃西瓜，這是上船時龍從風特別派人送到艙房的上好撫州西瓜。

大家都湧進老太太的艙房，只有梁忠沒有進去，天行送了一塊到他的二等艙裏。

撫州西瓜是江西特產，又大又甜，黃砂瓤的更妙，他們吃的正是這一種，梅影把每一塊西瓜都切得一般厚薄大小。

「西瓜好，梅影姐的手更巧。」天行邊吃邊說。

「所以老夫人一刻也不能離開她。」蝶仙說。

「妳在船頭風涼去了，害得我一個人手忙腳亂，這會兒吃現成的西瓜還說風涼話，妳也太寵過頭了。」梅影笑罵。

「好姐姐，俗話說能者多勞，誰叫妳這麼能幹呢？」蝶仙笑著耍賴。

「妳別往我頭上戴炭簍兒，我可承當不起。」梅影笑答：「待會兒妳乖乖地給我清理西瓜皮吧。」

大熱天，西瓜正好解渴，大家吃個痛快，剩下一堆西瓜皮，蝶仙起先不知如何處理？一抬頭，望見窗外滾滾的江水，自言自語地笑道：

「正好做件好事兒，積點兒陰功，撂到江裏餵餵魚兒，一舉兩便。」

她一面說，一面把西瓜皮一塊塊地從窗口摺到江裏，又把茶几擦得乾乾淨淨。

「懶人偏有這些妙法兒。」梅影看了也不禁失笑。

「這次到南邊來，嚐到了這麼好的西瓜，也算不虛此行了。」蝶仙用手絹擦擦手又自言自語。

「我的小姐，妳說得倒輕鬆，妳可知道這個西瓜吃成了什麼價錢。」梅影頂著她說。

蝶仙一愣，答不上話來，梅影卻說：

「只怕我們兩人的身價銀子都還不夠呢！」

「梅影姐，妳何必說得那麼難為情？」天行笑著說：「妳們兩位真是我們家的無價之寶呢！」

「二少爺，您太抬舉我們了！」梅影惶恐地說。

「我說的是真心話，沒有羼一點兒假。」天行說。

「二少爺，您這教我們做下人的如何說好？」梅影眼圈兒一紅，眼淚都快要掉下來。

「梅影姐，妳何必見外嘛？妳知道我們兩兄弟上無姐姐，下無妹妹，打從妳們一來，我就把妳們當姐姐看待，難道妳們感覺不出來？」

「二少爺，我是有這種感覺，」蝶仙爽朗地一笑：「只怕梅影姐是個木頭人？」

「妳少貧嘴，」梅影白她一眼：「雖然二少爺抬舉我們，我們可也得有個分寸。」

「好姐姐，妳教訓得是！我又幾時敢和尚打傘，無『髮』無天？」蝶仙望著梅影笑盈盈地說。

「妳就是狗掀門簾兒，全靠一張嘴！」梅影指著蝶仙笑罵。

大家都被她們惹笑起來。

大家一起說笑，時間比江水流得還快，船到南京，他們隨即轉到浦口搭車。

由於梁忠小心翼翼照顧行李，辦理各項手續，天行專心照顧老太太她們，這一路來一切都很順利，經過濟南時也沒有發生什麼事故。可是一到天津就遇到大麻煩，而且又是夜晚。

原來有很多臂纏「扶清滅洋」黃布條子的壯漢在挖鐵軌、鋸電線桿兒，火車不能開往北京，城裏家家戶戶都懸掛著紅燈，他們真弄糊塗了，不知是怎麼一回事？火車既不能開，又是夜晚，車上便像打翻了的馬蜂窩，謠言特別多，大家瞎起哄，為了安全，梁忠要天行照顧老太太，他自己下車去找旅館，找了半天，才找到一家「悅來客棧」，也只有三個小房間，車上的行李又找不到人搬，梁忠又提又扛，天行還幫著提了一口皮箱，大家拖拖拉拉，擠擠攘攘，直奔「悅來客棧」。

街上有不少身穿紅衣紅褲、頭挽雙丫髻的十幾歲少女，其中有一位年紀稍大的，頭盤高髻，左手持紅燈，右手持紅巾和朱色摺扇，在招搖過市。不知道她們是何方神聖？幹什麼的？他們好不容易擠到「悅來客棧」，先將老太太安頓下來，老太太一坐下就拂拂胸口，噓了一口氣說：

「唉！這簡直像逃難嘛！」

梅影連忙替她捶背，蝶仙收拾東西，幸好沒有少掉什麼，她們三人就擠在一間小房間裏。

文珍和香君住一間，天行和梁忠住一間。梁忠向老太太一再告罪：

「老夫人，恕我梁忠無能，實在委屈您老人家了！」

「梁師傅，這件事兒實在出乎意料，不能怪你。」老太太說。

「不知道這是怎麼一回事兒？真把我搞糊塗了！」梁忠摸摸後腦殼說。

「今天這件事兒不太尋常。麻煩你打聽打聽，我們不能蒙在鼓裏。」老太太說。

正好一位五十來歲蓄著八字鬍鬚的茶房送茶水進來，臨走時，梁忠悄悄塞了他一塊大洋，向他拱拱手說：

「借問老哥，天津到底發生了什麼事兒？」

「你老哥問的是那一件事兒？」茶房滿臉堆笑，摸摸八字鬚說。

「我實在不知道發生了多少事兒？」梁忠又摸摸後頭腦殼問：「我們是進京的，敢問那些手臂纏著『扶清滅洋』的黃布條兒，挖鐵軌、鋸電線桿兒的究竟是什麼人？到底是怎麼回事兒？」

「哦，你老哥問的是這個呀！」茶房以老天津萬事通的口氣回答：「那些挖鐵軌、鋸電線桿兒的人是『義和團』，大老爺們說他們是扶清滅洋的『義民』。」

「好好的鐵軌為什麼要挖掉？電線桿兒又為什麼要鋸斷？」

「這你就不知道了！」茶房賣個關子，沒有接著說下去。

「小弟是不知道，所以請教你老哥？」梁忠又奉承他一句。

「他們說這些都是洋人的把戲，是害咱們中國人的。」

「這就奇了？我真猜不透這裏面的玄機？」梁忠拍打自己的腦袋。

「耶穌教你總該知道吧？」

「這我知道。」

「他們說那些大毛子，收了不少二毛子，那些二毛子，又沒有幾個好東西，他們狗仗人勢，又欺壓善良，衙門裏的大老爺都怕大毛子，因為怕大毛子，連二毛子也不敢碰，因此，善良百姓就有冤無處申，有苦無處訴，一股怨氣都憋在肚子裏。」

「那又怎麼冒出一個義和團來？」

「說來話長，」茶房清清嗓子，停了一會兒才接下去：「義和團原先叫義和拳，義和拳又叫神拳。」

「什麼叫做神拳？」梁忠是習武的，他只知道有少林、太極、八卦、猴拳、白鶴拳、螳螂拳……沒有聽過神拳。

「因為他們以化符、唸咒、降神作號召，所以叫做神拳。」

「降的什麼神？」

「唐僧啦、豬八戒啦、孫悟空啦、沙僧啦，……還有趙子龍啦、馬超啦、黃忠啦、關公啦……」

「這都是《西遊記》、《三國演義》裏面的人物嘛！」天行插嘴。

「他們有沒有練什麼功夫？」梁忠又問。

「自然有哇！」

「他們練什麼功夫？」

「一種是清功，一種是渾功。」

「我只知道輕功，但很不容易練好，沒有聽說什麼清功，更沒有聽說什麼渾功，老哥，你該沒有弄錯吧？」

「天津衛子人人皆知，我怎麼會弄錯呢？」茶房有點生氣。

「得罪，得罪！您老哥知道要練多久？」梁忠怕茶房半途而廢，連忙陪個笑臉。

「渾功要練一百天，清功要練四百天。」

「練好了有什麼用呢？」

「渾功能避槍砲，清功可更了不得？」

「怎樣了不得？」

「清功更能飛升。」

「你是說升天？」

「不錯，人能升到半天雲裏。」

「那有這麼容易練的功夫？」梁忠搖搖頭：「我練了幾十年的武功都辦不到啦！」

「大概你沒有遇到明師？」茶房打量他說。

「老哥，剛才你說的可都是你親眼見過的？」

「雖然我沒有親眼見過，可是人人都這麼說，那是錯不了的。」

「他們練清功、渾功幹嘛？」

「還不是對付大毛子、二毛子！」

「他們恨洋人？」

「當然恨！他們受了欺侮還有冤無處申，怎麼不恨？」

「茶房師傅，街上那些穿紅衣紅褲，手持紅燈、紅巾的小姑娘，又是怎麼一回事兒？」蝶仙問。

「哦，那就更神了！她們叫紅燈照。」

「紅燈照？」

「不錯，她們手持紅燈，所以叫紅燈照。那些閨女都叫仙姑。」

「那是什麼意思呢？」梁忠問。

「意思可大啦！」

「茶房師傅，怎麼大法？」天行問。

「她們的大師姐，手持白扇自扇，自然兩腳離地漸漸升起，愈升愈高，升到半天雲裏，直立空中，化成明星，忽上忽下，或近或遠，能在空中擲火燒大毛子的房屋，同時呼風助火，燒得片瓦不存。」

「這種神功要練多久？」梁忠又問。

「七七四十九天。」

「這麼快？」梁忠驚問。

「老哥，不快那不急死人？」茶房故作幽默地一笑。

「茶房師傅，我們能不能學？」蝶仙笑問。

「凡是閨女都能學。」茶房歪著頭，打量蝶仙一眼：「不知妳大姐兒？……」

蝶仙被他望得發窘，滿臉羞紅，梅影搶著問：

「茶房師傅，您見她們練過？」

「男女有別，妳們婦道人家的事兒，怎麼能讓我們看見？」茶房好笑。

「那你是怎麼知道的呢？」蝶仙又問。

「大姐兒，我們客棧裏，一天進進出出兩三百人，三教九流，什麼人沒有？我在天津衛當茶房幾十年，什麼稀奇的事兒沒有聽過？剛才要不是這位老弟攔住問我，我還不說呢？信不信就由妳了？」

茶房得人錢財，與人消災，一說完轉身就走。梁忠一把拉住他說：

「老哥，還要拜託你一件事兒。」

「什麼事兒？」茶房上下打量梁忠。

「我們急著進京，只要一通車，麻煩你立刻通報一聲，房租小帳我加倍給。」

「你老弟倒是個通達人！」茶房望望梁忠點頭一笑：「一有動靜，我會立刻奉告。」

茶房走後，梁忠更加著急，不知道什麼時候能夠通車？要是老隔在天津，再有風吹草動，自己的責任更大，老太太年紀大了，三位丫頭、一位小姐，個個都是金枝玉葉兒的，少爺也是千金之體，不能有半點差池，當初自己誇下海口，萬萬沒有想到今天會發生這種事兒？

「老夫人，您老人家年到力到，見多識廣，現在發生了這種事兒，您看如何是好？」梁忠終於忍不住請教老太太。

「事兒既然發生了，現在著急也無益，暫且在天津住一夜再說，明天再看情況決定。」老太太從容地回答：「不過有一點我想不透：以前朝廷說義和拳是匪，曾經派兵剿過；現在他們愈鬧愈大，成了義和團，怎麼反而說他們是義民了？」

「大概因為他們打著『扶清滅洋』的旗號，朝廷想利用他們吧？」天行說。

「你說的也有理，」老太太點點頭。「只是我活了這一大把年紀，不希望再像年輕時遇著英法聯軍入京，火燒圓明園那種大壞事兒。」

「那老百姓就更遭殃了。」梁忠說。

「當然，亂世人不如太平狗，老百姓總是最倒楣的，尤其是我們女人。」梅影、蝶仙、香君、文珍四人，妳看著我，我看著妳，臉色青一陣、白一陣，蝶仙忍不住問老太太：

「老夫人，萬一出了那樣的大亂子，那我們怎麼辦？」

老太太不答話，反而笑著問她：

「妳說呢？」

蝶仙窘得滿臉羞紅，嘟著嘴說：

「老夫人，人家就是沒有見識，沒有主張嘛！」

「看妳平日伶牙俐嘴，要是真到了那個節骨眼兒，我還要靠妳出個主意，來個金蟬脫殼之計呢！」老太太仍然笑瞇瞇地望著她。

梅影、文珍、香君三人看蝶仙發窘的樣子，都不禁好笑。蝶仙瞋著她們說：

「哼！現在妳們黃鶴樓上看翻船，真到了那個節骨眼兒，我們的命運不都是一樣！男的殺頭，女的跳井，誰也好不到那兒去？」

「蝶仙姐，妳別說得那麼怕人好不好？」香君年紀最小，心裏害怕，哭喪著臉說。

「所以妳們不能看著我現在出洋相，」蝶仙掃了她們一眼：「大家不妨想個主意，讓老夫人先參詳參詳，免得臨時慌張。」

「妳說得也是，」梅影點點頭說：「像我們這些人，肩不能挑，手不能提，跑也跑人家不過，別說不能保護老夫人，簡直是泥巴菩薩過江，自身難保呢！」

「剛才擠擠攘攘到客棧來，我心裏就發慌，在大街上兩腿直發軟，差點兒癱了！」香君紅著臉說。

「好沒出息！」蝶仙用食指在臉上羞她：「虧妳還有臉笑我？」

「蝶仙姐，她年紀小不能怪她。」天行替香君解圍。

「二少爺，有志不在年高上，看人就要從小看起。」蝶仙說。

「蝶仙姐，我是實話實說，」香君不大服氣：「難道妳的兩條腿兒不彈琵琶？」

文珍、梅影嗤的一笑。蝶仙反而鎮靜地說：

「不是我說大話，我才不會像妳膽小如鼠呢！」

「好哇！那我就有了靠山了。」香君俏皮地一笑。

「妳去靠二少爺、表小姐吧，我可要侍候老夫人呢！」蝶仙指指天行、文珍說。

老太太看她們鬥嘴，心裏好笑，梁忠卻突然插嘴：

「我聽我娘說，長毛造反時，女人、孩子最遭殃。」

「怎麼個遭殃法？」蝶仙連忙問。

「女人跳井、投河、懸樑的不計其數，不然就保不住貞潔；孩子插在矛子上頭當猴兒戲，南方幾省都遭了大劫，九江鄉下殺得雞犬不留。」

「我也聽說過，有一兩個鄉村真的殺得雞犬不留。」老太太接嘴。

「天下事往往是一粒老鼠屎，攪壞一鍋羹，我真希望壞人不要再瞎胡鬧，讓我好護送諸位平安進京。我梁忠個人是上刀山下油鍋也不在乎的。」

梁忠這麼一說，梅影她們又緊張起來，老太太對她們說：

「現在還沒有到那個節骨眼兒，妳們不必自己嚇唬自己。不論是男人女人，都是時窮節乃見，板蕩識忠良。男子漢大丈夫，固然要泰山崩於前，而色不變，就是婦人女子，也要臨危不亂。」

「老夫人，您老人家說得容易，做起來可難啦！」蝶仙說。

「妳們平日在我身邊，風不吹雨不打的，名份兒雖是丫鬟，事實上比人家的小家璧玉還要享受得多。今天遇上這種事兒，正好給妳們考驗考驗。所以我不給妳們出主意，妳們應該自己揣摩揣摩。正是八仙過海，看妳們各顯神通了。」

「老夫人，我們真是泥巴菩薩過江，那有神通好顯的？」梅影望著老太太苦笑。

「妳是她們當中的大姐，我信得過妳。」老太太笑著拍拍她。

「這就好了！」蝶仙拍掌一笑，又對香君說：「香君，我們都有了靠山，我這個笨人，就不用著瞎操心了。」

「你這個壞東西！」梅影指著蝶仙笑罵：「見了風就是雨，抓根草兒就上岸了，我只管侍候老夫人，才不管妳是跳井還是投河呢！」

「哦！原來我還以為妳是個大好人，現在才知道妳是秤鉤兒心哪！」蝶仙也指著梅影笑罵。

老太太看看時間不早，要大家各自安歇。

「現在你們都去睡覺，不要胡思亂想，一切等明天再看，我想一夜之間天還不會塌下來。」

香君、文珍、天行、梁忠都回到事先分配好了的房間，一回到房間，香君就悄悄地問文珍：

「剛才妳怎麼不講話？」

「香君，我真不知道怎麼說好？」文珍尷尬地回答。

「要是一旦出了亂子，真像老夫人和梁師傅說的那麼可怕，妳打算怎樣？」

「那有什麼好打算呢？『除死無大病』，人一死不就一了百了？」

「我們花兒未開，果兒未結，說真格的，我還捨不得死呢！」香君天真地說。

「傻丫頭，螻蟻尚且貪生，何況是人？誰又捨得死呢？」文珍笑著白她一眼。

「小姐，我真想不透，人與人和平相處，大家平安無事，不是很好，為什麼活得不安分？一定要製造糾紛，弄得雞犬不寧？」

「人人都以為自己聰明，可以吃掉別人，其實人最自私、愚蠢，自古到今，人與人不知道打過多少戰爭，但又有那一次戰爭真正解決了糾紛？」

「我沒有唸過多少書，這我就不清楚了。」

「如果人人都能做到老子說的『生而不有，為而不恃，長而不宰』，那不就天下太平了？」

「小姐，妳別在我面前賣學問好不好？妳這番話真是對牛彈琴，我實在不懂。」

文珍深深歎了一口氣，無可奈何地，往床上一躺說：

「那就睡吧，一睡解千愁。」

「小姐，我真不懂，妳不愁吃，不愁穿，有學問，又有心上人，妳有什麼好愁的？」

「我心有千千結，妳怎麼知道？」

「唉！人還是蠢一點兒好，愈聰明就愈多煩惱。」香君自言自語。

文珍聽了又不禁噗的一笑。

「香君，我看你才是個聰明人，妳怎麼沒有煩惱？」

「我是丫頭命，又不想當皇后，有什麼好煩惱的？」

「要是妳將來嫁給一個牛頭馬面的人，妳也不煩惱？」

「小姐，妳真會說笑話兒，天下那有那種人？」

「天下什麼人都有，妳看那些綠眼珠兒的洋人，一身是毛，好像野人，看了都怕。」

「所以我們叫他們大毛子。小姐，你提那些大毛子幹嘛？」

「現在洋人愈來愈多，我們在廬山就和他們作鄰居，妳看得順不順眼？」

「當然不順眼，不過我想看久了總會見怪不怪？我奇怪的是，一樣吃五穀雜糧，怎麼會生出不一樣的人來？」

文珍又想起上帝造人的故事，不過她愈想愈糊塗，上帝怎麼造出這麼多不同的人來？而又彼此打架、戰爭，為什麼不和睦相處呢！愈想心裏愈煩，愈想愈睡不著覺。

但是香君不同，她一面和文珍談話，談著談著，就十分自然安詳地睡著了。文珍看她睡得那麼甜、那麼美，水蜜桃般紅潤的臉蛋兒還有兩個小酒渦，嘴角上也掛著一份微笑。

「唉？還是她幸福。」文珍輕輕歎了一口氣，輕得只有她自己才能聽見。

天行和梁忠也久久不能入睡。

梁忠始終不肯上床，一方面他很守分寸，一方面他要保持警覺，怕有什麼風吹草動。他坐在椅子上不睡，天行心裏過意不去，自然也睡不著。

「梁師傅，以前我沒有出京，不知道外面的事兒，這次同你回南方老家一趟，遇著的那兩件事兒，表面上看來似乎是個人糾紛，實際上是個大禍根。」

「我們雖然只遇到兩件，別人還不知道遇著了多少呢？」梁忠說。

「『冰凍三尺，非一日之寒』，我看今天天津發生這種事兒，是像滾雪球一樣滾起來的。萬一朝廷再處理不當，一定會出大亂子。」

「二少爺，你說的不錯，我要是在北方，我也會參加義和團。」

「你沒有像濟南的那個店小二受過那麼大的委屈，就想參加義和團？」

「我要是那個店小二，才不會自己撞死？我會當場把那個大毛子、二毛子和那個出爾反爾的狗官，三拳兩腳送上西天。」

「那就會出大紕漏。」

「二少爺，俗話說當局者迷，人一氣極了，是會發瘋的。」

「我看我們現在正在火山邊上。」天行推開窗子，望望窗外家家戶戶懸掛著的那一片紅燈說。

梁忠也湊過來看，邊看邊說：

「我只希望這座火山等我把你們送進京後再爆發。」

「我現在想的正和你一樣。」

紅燈正在黑暗的午夜閃閃爍爍。

第七章　王仁儒官迷心竅　柳敬中洞燭機先

他們終於回到了京城。

龍從雲和全家人又驚又喜。

原來老太太他們動身時，龍從風打了一通電報告訴龍從雲，龍從雲估計老太太一行前天應該到家，他跑到車站去接過幾次，都撲了空，一打聽才知道天津那邊出了亂子，因此心裏更急。第三天在車站一接到老太太他就奔過去扶著她說：

「娘，您老人家真是鴻福齊天，終於平安回來了！」

「菩薩保佑，祖上有德。」老太太欣慰地說。

龍從雲把老太太接回家，囑咐梅影、蝶仙好好地服侍老太太梳洗休息，同時要廚房晚上準備一桌素席，替老太太壓壓驚。

梁忠和天行向龍從雲報告老太太回南方老家以及上廬山避暑，一路來回的種種情形，龍從雲聽了是一則以喜，一則以憂。他對梁忠也說了不少嘉獎的話，梁忠卻說：

「這次幸虧有二少爺同行，不然會出紕漏。」梁忠一面自責，一面誇獎天行。

龍從雲聽了心裏自然高興，但他怕兒子忘形，只是淡然地說：

「讀聖賢書本來就應該識大體、明大義。我向來不贊成讀死書，食古不化，更怕他變成了一個迂夫子。這次他能跟你出去見見世面，閱歷閱歷，對他會有好處，他和你同心協力應變，那是應該的。」

「二少爺通情達理，不是那種只知道功名利祿不知其他的讀書人。」梁忠說。「連表小姐也非一般女流可比。」

「他們都還年輕，要學的地方還多得很，你不要太捧他們。」龍從雲說：

「二老爺，我梁忠講的都是實話。」

「我知道。」龍從雲點頭微笑：「你和卜天鵬是我龍家的兩條胳膊，我信得過。」

梁忠受寵若驚，龍從雲要他好好地休息兩天，再回南邊去。

天行一回家，天放就向他打聽外面的情形，天行據實相告，天放聽後很生氣地說：

「幸好我沒有去！」

「您去了又怎樣？」天行問。

「我不會袖手旁觀，我一定要教訓那兩個無賴。」

「打狗看主面，洋人現在正兜著豆兒找鍋炒，我們不能給他們一個題兒。」

「照你這樣說，我們要憋住這口氣了？」

「小不忍則亂大謀，星星之火可以燎原，一個人出紕漏，大家一鍋兒爛，那就太不合算了。」

「你說的也有理，只怕別人憋不住這口氣！」

「別人我們自然管不著，這次您沒有陪婆婆去廬山歇伏，在京裏和義和拳的朋友玩得怎樣？」

「起先我是為了好奇，以為他們的拳腳功夫一定很高，想乘機學學。」

「學到什麼沒有？」

「馬尾串豆腐——別提。」

「為什麼？」

「根本不是那回事兒。」

「那又是怎麼一回事兒呢？」

「說來話長。義和拳源於八卦教，舊名義和會，由山東昌邑縣傳出來，傳到京裏的有坎字拳和乾字拳兩派。」

「兩派有什麼不同？」

「練坎字拳要先燒香拜神。」

「這麼隆重？」

「不錯，大師兄還要附耳唸咒呢！」

「練拳還唸什麼咒？」

「唸咒降神，所以又稱神拳。」

「他們唸的是什麼咒？」

「我也不知道是什麼咒？」

「你記不記得。」

「記得幾條。」

「您唸唸看？」

「有一次我聽見他們的大師兄唸：『請、請、志心歸命禮，奉請龍王三太子、馬朝師、馬繼朝師、天光老師、地光老師、日光老師、月光老師、長棍老師、短棍老師。』然後隨意叫個古人的名字。」

「那些古人？」

「孫悟空啦、豬八戒啦、黃天霸啦，……隨便叫一個就行。」

「那都是小說人物呀，叫他們有什麼用？」

「用處大得很。」

「怎麼個大法？」

「那學拳的人拜神之後，就直立仆倒，一聽到某人的名字，就立刻跳起來舞刀弄棒。」

「看不看得出來是什麼門道？」

「既非少林，也不是太極，只是像中邪一樣亂蹦亂跳，看不出是什麼門道？」

「那算什麼玩藝兒？」天行有些好笑。

「坎字拳還有一條咒語。」

「那又是什麼咒語？」

「快馬一鞭，西山老君，一指天門動，一指地門開，要學武藝請仙師來。」

「學武藝那有這樣的學法？」天行搖搖頭：「乾字拳是不是也一樣？」

「學乾字拳是令學的人閉口伏地，大師兄也附耳唸咒語。」

「那些咒語是不是一樣？」

「不一樣。」

「您記不記得？」

「我唸給您聽。」天放一面說一面唸了起來：

天靈靈，地靈靈，奉請祖師來顯靈。

一請唐僧豬八戒

二請沙僧孫悟空

三請二郎來顯靈

四請馬超黃漢升
五請濟癲我佛祖
六請江湖柳樹精
七請飛鏢黃三太
八請前朝冷于冰
九請華佗來治病
十請托塔天王、金吒、木吒、哪吒三太子
率領天上十萬神兵

天放唸到這兒，天行啼笑皆非，望著天放說：

「唸了這些咒語，學拳的人便怎樣？」

「學拳的人便口吐白沫，大叫一聲：『吾神來也！』便跳起來舞刀弄棒，像瘋子一樣。」

「笑話，笑話！」天行搖頭苦笑，隨後又問：「他們供奉的是什麼神？」

「姜太公、諸葛亮、趙子龍、梨山老母、楚霸王、梅山七兄弟、九天玄女、王母娘娘，甚至還有紀獻唐、年羹堯……」

天行歎了一口氣，又問天放：

「哥哥，你學了沒有？」

「本來我是想去學拳的。」天放說：「一看他們這個樣子，我就打退堂鼓了。」

「愛國本來是一件好事，但義和團這樣瞎搞，一定會闖大禍。」天行說。

「我也這樣想，但我一直不敢作聲。」天放說：「你可也要守口如瓶？」

天行只好點頭，兩兄弟心照不宣，一道過佛堂來看老太太。

梅影、蝶仙服侍老太太梳洗過後，老太太便到佛堂來上香，拜觀音菩薩。

梅影她們幾人重新打扮之後，又面目一新，個個都是如花似玉的美人，毫無疲勞驚恐之態。

老太太拜完觀音菩薩便坐在太師椅上休息，梅影早為她沏好了從廬山帶回來的雲霧茶，老太太喝了一口，香醇清爽，精神為之一振，感慨萬端地說：

「真是在家千日好，出外一時難。要是我們現在還隔在天津，那真會急壞人。」

「在天津時您老人家好像一點兒也不著急似的？」蝶仙說。

「在那種情形之下，我怎麼能急？」老太太望著她笑：「我一急妳不是更要上吊了？」

「老夫人，我們就是沒有您老人家那份老僧入定的功夫。」蝶仙笑著說。

「妳看過空城計沒有？」老太太笑問。

「老夫人年初才帶我們去看過那齣戲的，我記得很清楚。」蝶仙流水般地回答。

「你看諸葛亮那種定力：人家司馬懿兵臨城下，他只有一些老弱殘兵，反而城門大開，那些老軍急出一身冷汗，他卻高坐在城門樓上彈琴。他那種定力，就夠妳們瞧的。」

「老夫人，當時我也替他揑了一把冷汗。」梅影說。

「要是妳們豈止出一身冷汗，恐怕早就急哭了。」

「老夫人，打掃街道的老軍急得像熱鍋上的螞蟻，諸葛亮卻不慌不忙地對老軍說：『國家事用不著汝等勞心。』您老人家在天津讓我們乾著急，大概也是學諸葛亮的吧？」蝶仙笑問。

「諸葛亮不但上通天文、下通地理，學問大得很，而且一生謹慎，用兵如神，那是學不來的。」老太太說：「何況我是女流之輩？」

「那您老人家葫蘆裏到底賣的什麼藥嘛？」蝶仙又問。

「其實我並沒有什麼錦囊妙計，我是怕梁忠急壞了身體，亂了方寸；怕妳們嚇破了膽，所以我故作鎮定，我心裏何嘗不急？」

「好在鐵路修通了，不然我們只好坐雞公車回來。」梅影說。

「船到橋頭自然直，鐵路總是會通的。我是怕在天津發生暴亂，雞飛狗跳，那就麻煩了。」

「真不知道這裏面藏了什麼玄機？一方面義和團挖了鐵路，一方面又有人搶修。」文珍說。

「我看是朝廷亂了方寸，舉棋不定。」老太太說。

「回到京裏，消息就靈通些，老爺一定會打聽出來。」蝶仙說。

天放、天行兩兄弟這時走了進來，老太太看見他們很高興，佛堂也更熱鬧了。

龍從雲為老太太壓驚的晚宴，請來柳敬中，而王仁儒是不請自來，他閒人一個，經常三天兩頭跑到龍府來。

「老夫人這次到南邊去，想必身心十分愉快？」柳敬中看見老太太就問。

「在廬山是過了幾天神仙生活，」老太太笑著回答：「柳老前輩，神仙洞裏的那位道長還託我問候你呢。」

「謝謝老夫人，離塵子他還好吧？」柳敬中先謝後問。

「老前輩不說，我還不知道他叫離塵子呢！」老夫人不禁失笑。「看樣子他倒沒有什麼不好，不過我覺得他太清苦，也太寂寞。」

「老夫人，我倒很羨慕他，神仙洞遠離紅塵，那是最好清修的地方。」

「他這個道號倒名副其實，他一個人住在神仙洞裏，好像不食人間煙火？」

「偶爾也吃一點，只是不像老夫人一日三餐。」

「難怪他比黃龍寺的住持悟性法師還瘦！」老太太若有所悟，隨後又問柳敬中：「他說老前輩以前也住過神仙洞？是真的嗎？」

柳敬中點點頭，老太太笑著打量他：

「那老前輩在神仙洞也不食人間煙火了？」

「我在洞裏終日打坐，不知道飢渴。」

「那怎麼支持得住？」

「熊和蛇一眠就是一個冬天，不吃不喝，牠們不是照樣活過來了？」柳敬中說。

「人不同呀！」

「人也一樣。老夫人，山上的空氣很好，菁華之氣無窮，只要懂得吸收，便取之不盡，用之不竭，我又不動，自然不餓了。」

「老前輩真了不起，難怪離塵子對您肅然起敬。」

「那是他故意抬舉我，我和諸位還不是一樣？」柳敬中淡然一笑。

「要不是在山上碰上不愉快的事兒，我也不會這麼早下來。」

「山自青青鳥自鳴，山中歲月，與人無爭，有什麼不愉快的事兒呢？」

「說來話長！」老太太便將出京後的種種情形敘述一遍，最後慨歎地說了一句：「我看我們又要遭劫了？」

柳敬中沒有作聲，王仁儒卻憤憤不平：

「這些大毛子真可惡，他們居然喧賓奪主！」

「『物必自腐，然後蟲生』，我們自己人也不好。」老太太說。

「那些二毛子引狼入室，又狗仗人勢，我更痛恨。」王仁儒說。

「柳老前輩，我覺得天津市面上的那些紅燈、仙姑，有點兒陰陽怪氣，究竟是什麼兆頭？」

老太太把在天津看見的情形重述一遍。

「老夫人，您有沒有聽說過，甲午那年天津北鄉挖出一塊殘碑的故事？」

「我聽說過。」龍從雲說。

「世兄，你還記不記得碑上的文字？」

「我只記得四句碑碣。」

「那四句？」

「這苦不算苦，二四加一五，紅燈照滿街，那時纔算苦。」

「世兄真好記性。」柳敬中點頭微笑。

「甲午那年我們被日本人打敗了，天津官民逃難，吃足了苦頭，可是誰也不懂碑碣的意思。後來袁大人在曹州剿匪，殺了匪首朱紅燈，大家以為應驗了碑上的偈語，現在天津又出現了紅燈照仙姑，莫非指的是這件事？」龍從雲說。

「古人說：『國之將亡，必有妖孽。』天津出現紅燈照仙姑的事兒，不會是什麼好兆頭。」柳敬中說。

「聽說仙姑能在空中擲火，燒掉大毛子的洋樓，正合吾意，那有什麼不好？」王仁儒不以柳敬中的話為然。

「別說他們是妖言惑眾，即使真有那種本領，那樣胡作非為，也會出大紕漏。」柳敬中說。

「難道我們就眼睜睜地看著大毛子橫行不成？」王仁儒說。

「國家大事要深謀遠慮，不能亂來。紅燈照仙姑如同兒戲，能成得了什麼事兒？」

「就算成不了大事，也能替我們出口氣。」

「王進士，這不是小孩兒辦家家酒，出口氣就了事的。」老太太說。

「老夫人，紅燈照仙姑是婦人女子，就算她們成不了什麼氣候，也表示我們不分男女，上下一條心；義和團可是堂堂男子漢大丈夫，他們一定能夠消滅大毛子、二毛子，替我們炎黃子孫爭口氣。」王仁儒說。

「義和團大多是血性漢子，這固然不錯。可是裏面難免蛇鼠一窩，而且都是胸無點墨之人，連半個宋江也找不到，那能成得了什麼大事兒？」龍從雲說。

「要是他們能請我王仁儒做軍師，我會像曾文正公打長毛一樣，把那些大毛子、二毛子打個落花流水。」王仁儒說。

大家都睜大眼睛望著王仁儒，以為自己的耳朵聽錯了。

「王進士，您幾時學過兵法？」老太太笑問。

「老夫人，曾文正公又何嘗學過兵法？」王仁儒不服氣。

「他雖然沒有學過兵法，但他知人善任，禮賢下士，又能用兵，而且還用孔孟思想破解洪秀全的旁門左道，你不要小看了他。」老太太說。

「我是二甲進士出身，他不過是賜同進士出身，我只是命運不濟，虎落平陽被犬欺，有朝一日，義和團抓在我的手裏，我一定能扭轉乾坤，揚眉吐氣。」

「王兄，義和團不過是烏合之眾，你不要把四兩當半斤。」龍從雲說。

「可是他們的本領大得很，人人能刀槍不入。」王仁儒說：「比曾國藩的湘軍強多了。」

「是真是假？我們並沒有親眼見過。」龍從雲說。

「聽說老佛爺和宮裏的王爺、大學士都很敬重他們，甚至設壇供奉，這還假得了？」王仁儒理直氣壯地說。

「柳老前輩，是不是真有這回事兒？」老太太問柳敬中。

柳敬中臉色凝重地點點頭。王仁儒看了很高興，大聲地說：

「這不就得了！朝廷總不會糊塗？我們還有什麼好懷疑的？」

「王進士，您先別高興，」柳敬中向他笑道：「我看大禍根就在這兒，將來不知道會有多少人頭落地呢？」

「你怎麼危言聳聽？」王仁儒兩眼瞪著柳敬中：「你是不是吃裏扒外？」

「王進士，你先別給我戴帽子，我姑妄言之，您姑妄聽之好了。」柳敬中望著王仁儒笑笑。

「現在正是民心可用之時，我們有四萬萬人，一人吐一口唾沫，就可以把大毛子淹死！」王仁儒唾沫橫飛，剛好飛到柳敬中的臉上。

柳敬中沒有生氣，用大袖子輕輕擦掉，反而向王仁儒笑道：

「我看您一個人的唾沫就夠了。」

蝶仙她們都嗤嗤地笑，香君笑得更響，王仁儒橫了香君一眼，香君連忙收起笑容，嘟著小嘴，她想起他那一口口濃痰，快要作嘔。

王仁儒看大家笑他，連小丫頭香君也笑他，心裏很氣，但他這股氣不敢出在老太太頭上，也不敢出在龍從雲身上，他們上下兩代都對他不錯。剛才大家的訕笑是柳敬中引起的，因此他指著柳敬中說：

「逍遙子，你別門縫裏瞧人，我王仁儒雖然走了一輩子楣運，落魄京華，但天橋的王鐵嘴，說我六十歲就時來運轉，現在正是時候，說不定義和團一起，就是我的大好時機，你等著瞧好了！」

「但願王兄能登壇拜將，貧道正好湊個熱鬧。」柳敬中滿臉笑容。

「這也不足為奇，姜太公八十遇文王，我王仁儒才六十歲，時勢造英雄，自古以來，那一位英雄豪傑，不靠七分運氣？」

「你這話倒也不錯。」老太太向他一笑：「但願你真能走部老運，我們也好沾點兒光彩。」

「老夫人，承您們看得起，讓我王仁儒還有個走動的地方，一旦我發達起來，自然不會忘記府上。俗話說：『人奈命不何？』連曾文正公也說：『一命二運三風水，四積陰功五讀書。』我王仁儒過去時運不濟，空有進士功名，說不定義和團一旦風雲際會，我王仁儒就直上九重呢！」

柳敬中看他說得那麼高興，不忍打斷他，等他說完了才笑著發問：

「王兄，江湖術士一知半解，往往差之毫釐，失之千里。您自己有沒有研究過《麻衣》、《柳莊》、《人倫大統賦》和李虛中、徐子平之學？」

王仁儒一愣，他根本不懂這門學問，但他不肯示弱，反而高侃地說：

「子不語怪、力、亂、神，那都是旁門左道，三教九流混飯吃的玩藝兒，豈是我們讀聖賢書的人學的？」

「那王兄為什麼相信王鐵嘴的話呢？」

王仁儒紅著臉答不上話來。柳敬中卻說：

「王兄，你不但曲解了聖賢的意思，也不瞭解陰陽五行是源自《易經》的陰陽變化生生不息的這門大學問。」

「我怎麼曲解了聖賢的意思？」王仁儒不服氣地反問。

「紅燈照仙姑、義和團才是怪、力、亂、神，陰陽五行卻是大學問。孔子說：『不知命無以為君子。』又說：『我諱窮久矣，而不免，命也；我求通久矣，而不得，時也。』可見孔子是瞭解這個道理，而您剛好本末倒置，顛倒是非。」

「逍遙子，你在胡說八道。」王仁儒惱羞成怒。

「我沒有胡說八道，連孔聖人也安分守常，知所進退。」柳敬中笑著說：「而您剛好與孔聖人相反。您雖然扛著聖人的招牌，卻滿腦子功名利祿，又不知進退，天下事就壞在你老兄這種人手裏。」

王仁儒氣得臉色發青，指著柳敬中說：

「逍遙子！你太放肆了！你怎麼含血噴人？」

「王兄，你別動氣，我講的是真話，聽不聽由你？但願義和團一起，你就直上青雲。」

王仁儒望著柳敬中飄然而去的背影，用力朝地上唾了一口：

「妖道！妖道！豈有此理！」

「王進士，柳老前輩是個通情達理的人，不是什麼妖道，你怎麼這樣罵他？」老太太笑著說：「您這豈不是司馬懿罵孔明？」

「他門縫裏瞧人，看扁了我！」王仁儒悻悻地說：「一旦我發達起來，我會要他好看。」

「說真心話，我們也希望王兄發達起來，」龍從雲說：「不過紅燈照、義和團都不是正路。」

「世兄，義和團扶清滅洋，有什麼不對？」王仁儒反問。

「旗號打得固然不錯，不過分子太雜，見識太差，完全是怪、力、亂、神，被人家一利用，那就成事不足，敗事有餘了。」龍從雲說。

「當年陳勝、吳廣揭竿起義，不也是烏合之眾？」王仁儒引經據典。

「所以他們最後還是失敗了。直到項羽、劉邦起義，滅秦才算成功。」龍從雲說：「何況今天的情形大不相同，洋人堅甲利兵，只可智取，不可力敵，血肉之軀，怎麼能和洋槍大砲對陣？」

「他們練好了槍砲不入的功夫，還怕什麼洋人？」

「王兄，我看這是放屁安狗心的事兒，怎麼能信？」龍從雲向王仁儒笑笑。

蝶仙她們看主人說出這種話來，不禁嗤的一聲笑了出來。

王仁儒自覺沒趣，只好告辭。

但王仁儒聽了很多有關義和團的神奇故事，不但他們能槍砲不入，有一位叫李大成的，還能在地上畫個圈圈，就沒有人能走進去，如果他在你週圍畫個圈圈，你也別想走出來，他又能元神出遊，或是赴敵，能把洋人的槍砲機關拿走，神不知鬼不覺，那洋人的槍就不能放，砲不會響，總督聽說，拍案驚奇：「真神人也！」立刻派人請他到總督府去，他推辭了；第二次又派人去請，他還是不肯去，反而怒責來人：

「我非官吏，未吃朝廷俸祿，總督怎麼可以這樣呼來喚去？」

後來總督親來謝罪，而且以八人大轎迎進督署，大擺筵席，恭請上座。飯後他靠著太師椅恍惚若睡，總督叫他也不答應，過了一會，打個呵欠，伸個懶腰，從從容容地從大袖子裏摸出砲閂和槍的板機，總督看了目瞪口呆，他卻十分平淡地說：

「剛才我元神出竅，到洋人營中走了一遭，拆下他們所有的槍砲機關，順手帶回兩樣，作個見證。」

總督一看，果然不假，一臉諂笑地問：

「大師，這樣大白天，你不怕洋人看見？」

李大成一聲冷笑，望著總督說：

「要是洋人能夠看見，我還能帶這兩樣東西回來？」

「是，是，是，我就沒有看見大師怎麼拿回來的？」

「請問大師使的是不是障眼法？」有人發問。

「我還用得著那種小玩藝兒？」他冷眼看了那人一眼。

沒有人敢再作聲。總督給了他二十萬大洋，又奏請賞賜頭品頂戴、花翎、黃馬褂，他這才答應幫助總督扶清滅洋。

王仁儒想到義和團升官發財這麼容易，龍從雲又說他們胸無點墨，自己是二甲進士出身，聖賢書讀了不少，如果被他們請去當軍師，那不是富貴逼人來？最少也弄個二品頂戴。那就可以出出這幾十年的窩囊氣了。

他想著，走著；走著，想著，湊巧在路邊一塊空場上看見一位教師爺在教十幾個童子練拳，有不少人在圍觀，他也湊過去看看熱鬧，其中一位四十多歲，頭纏紅巾、眼戴墨鏡，口啣洋菸捲兒，身穿長袍，腰繫紅絲帶，手中揑著一根秫稭兒的人，忽然發出一聲冷笑。

「請問兄臺為何發笑？」那位看來也不過三十多歲，生得虎背熊腰的教師爺，走近一步，謹慎地問。

「我看他們練的是三腳貓兒，不是什麼神拳。」

教師爺臉色立刻發青，憋著氣說：

「在下習藝不精，徒兒練的也走了樣，兄臺如果肯露兩手兒給在下見識見識，那就感激不盡。」

「要想見識倒也不難，不過我有一個條件？」那漢子大模大樣地說。

「什麼條件？」

「我把這根秫稭著兒抛在地上，」那漢子將手上不到一尺長的秫稭兒在教師爺面前搖晃：

「你要是拿得起來，我就承認你教的是神拳。」

圍觀的人看那輕飄飄的秫稭兒，不禁好笑，那教師爺冷哼一聲：

「兒臺真是門縫裏瞧人，俗語說：『沒有三兩三，不敢上梁上。』在下敢在這兒教拳，就不在乎江湖好漢來找碴兒。別說一根輕如鵝毛的秫稭兒，就是一個大石臼，在下一隻手也能舉得起來。」

「你先別誇下海口，你要是真能把秫稭兒拿起來，我就收你做徒弟，教你神拳，你就不必在這兒獻醜了！」

教師爺氣得眼睛都紅了，他瞪著那漢子說：

「我要是拿起來了，你馬上夾起尾巴給我滾！否則給我磕三個響頭，我才饒你。」

「你要是拿不起來呢？」那漢子笑著反問。

「我要是拿不起來，只怪我學藝不精，馬上拜你為師。」

「你說話算話？」那漢子盯著他問。

「君子一言，快馬一鞭！」教師爺說得斬釘斷鐵。

「好，你看清楚了！」那漢子把手上的秫稭兒拋在地上，又從大袖子裏掏出一張黃裱紙，輕輕覆在秫稭兒上面，對著它唸了幾句咒語，便對教師爺說：「你拿吧？」

教師爺俯身下去，伸出兩根手指去挾，挾不動，教師爺滿臉羞紅，又用五指用力去抓，也抓不動，教師爺十分尷尬，那漢子卻說：

「多來幾位大力士幫幫忙。」

幾位年輕力壯的觀眾，一擁而上，幫忙那位教師爺用力往上拉，那秫稭兒還是紋風不動，那位教師爺忽然五體投地，連連向那漢子磕頭說：

「弟子有眼不識泰山，師父在上，請受弟子一拜！」

那幾位年輕力壯的觀眾也跟著跪下去，要求那漢子也收他們做徒弟，那漢子笑著對那幾位青年說：

「我收這位教師爺做徒弟是有言在先，如果你們也想拜我為師，得先起個誓。」

「起什麼誓？」

「我先問你們，你們恨不恨大毛子？」

「恨！」有人說：「不但恨大毛子，也恨二毛子！」

「如果我要你們殺大毛子、二毛子，你們敢不敢？」

「敢！」一位青年人舉起拳頭說。

有的人卻不敢作聲，那漢子掃了跪在地上的那幾人一眼：

「好了，起來，起來！凡是在場的、有種的，都可以跟我回壇去，孬種就不必來。」

除了一位膽小的悄悄溜走之外，大家都一窩蜂地跟著他走。

王仁儒本來看得張口結舌，突然看見那麼多人跟著他走，自己也連忙跟上去。走不多久，就到了一個香壇。

香壇的大廳相當寬敞，當中供著關公、周倉、趙子龍、二郎神……等神像，主持這個壇的就是那漢子，他叫趙福星，原是京、津、保三角地帶的混混，有些拳腳功夫，後來不知道從那兒學來了一些符咒、魔術，便打著「扶清滅洋」的旗號，嘯聚了不少人，成立坎字團，設壇收徒，此地是總壇。壇中人都恭恭敬敬地稱他「大師兄」。

趙福星命令上香，要跟著他來的人立誓拜他為師，王仁儒立刻湊近趙福星說：

「我年紀大了，不能學拳，但我是二甲進士出身，如果需要我動動筆墨，出出主意，我願效犬馬之勞。」

趙福星打量他半天，看他年紀大了，又有點彎腰駝背，過了一會兒才搖搖頭說：

「本壇需要的是扶清滅洋的壯士，不收老弱殘兵。」

王仁儒大失所望，差點兒急哭了。一想起李大成富貴逼人的故事，認為這是自己唯一翻身直上青雲的機會，他便向趙福星苦苦陳情：

「壇主，竊聞歷來成大功立大業者，無不兼收並蓄，故大海不擇細流，方能成其大。方今國家多事之秋，扶清滅洋為當務之急，仁儒雖手無縛雞之力，但有報效朝廷之心，昔年諸葛亮亦一介書生，肩不能挑，手不能提，先主屈駕，三顧茅廬，而成天下三分之大業。近者，曾文正亦一儒生，起自民間，東征西討，掃平長毛，再造中興，史實斑斑，歷歷可考。」

他接著又道：「今仁儒毛遂自薦，實乃請纓無門，而國家又危如纍卵，洋人更氣勢凌人，大臣束手無策，小民氣憤填膺，頃見壇主奇能，誠屬三生有幸，故爾決心投效，以助一臂之力。仁儒運籌帷幄，壇主決勝千里，相輔相成，相得益彰，何患洋人之不滅耶？懇請壇主三思！」

趙福星彷彿鴨兒聽打雷，歪頭側耳，似懂非懂，過了一會，沈聲對王仁儒說：

「你別發酸跟咱咬文嚼字，咱只問你一句話：你是不是想學諸葛亮一樣，跟咱當軍師？」

「仁儒是二甲進士出身，飽覽群書，只以時運不濟，落拓京華，如蒙壇主不棄，使仁儒得展平生抱負，豈僅個人之幸，亦社稷之福也。」

「好了，好了！別再酸溜溜的！」趙福星揮揮手說：「咱答應你可以在本壇走動走動就是。」

「請問什麼名份？」王仁儒急著問。

「名份先不能定。」

「那我怎麼可以進壇走動？」

「咱可以給你一塊腰牌，但你得把你的住址留在這兒，具個切結，打個手印。」

王仁儒只好照辦。趙福星又對他說：

「還得起個誓才行！」

王仁儒面有難色，趙福星馬上臉一沈：

「不起誓就別想當軍師，也休想進壇一步。」

王仁儒一聽說不讓他進壇，更別想當軍師，心裏就發慌，連忙答應，便向關公、趙子龍、二郎神等神像跪下，趙福星教他起誓：

「弟子王仁儒，自願加入義和團，同心協力，扶清滅洋，有福同享，有禍同當，如有欺師滅祖，天誅地滅！」

他照著趙福星教給他的誓詞，起完誓，趙福星便對他說：

「你可以走了！以後要是有什麼疑難，到了那個節骨眼兒，咱自然會找你談談，要是你出的主意兒對，咱就正式請你當軍師；如果你出了餿主意，壞了咱的大事，咱可要你的腦袋瓜子！」

王仁儒聽了一則以喜，一則以懼，楞頭楞腦地站著不動，趙福星給了他一塊木頭腰牌，向他揮揮手說：

「去，去，去！咱還有正事要辦。」

王仁儒退了出來，心中有些茫然，不知往那兒去好？他摸摸腰牌，心裏又一陣高興，覺得今天這場奇遇，和王鐵嘴說他六十歲以後會時來運轉的話兒真有些暗合！說不定真會因此一帆風順，弄個一品、二品頂戴？要是真有那一天，他會給柳敬中和蝶仙、香君那些丫頭們一點兒顏色。

「柳敬中門縫裏瞧人，有朝一日春雷動，我頂戴起來，我一定要當著龍家老老少少的面，要他從我褲襠底下鑽過去。」

他想到柳敬中從他褲襠底下鑽過去的情形，不禁手舞足蹈起來。

「至於那幾個臭丫頭，她們想給我作小我還不要呢！」想到這兒他的腳步突然輕了起來，身子也彷彿在向上升，上升，直升到半天雲裏。他在半天雲裏鳥瞰京城，看到東交民巷，西什庫教堂，他想要是自己有紅燈照仙姑那種本領，從空中擲一把火，把它們燒光，把大毛子全部燒死，那一定可以弄個一品頂戴、花翎和黃馬褂加身了。

他離開龍府之後龍老太太他們並不知道他有這段奇遇，還一直在談論他和柳敬中兩人。

「王進士一生都沒有走過好運，真是冠蓋滿京華，斯人獨憔悴，說起來也怪可憐的。」老太太想想王仁儒一生，也不禁感慨地說。

「當年爹也曾趕著鴨兒上架，可是怎麼趕也趕不上去，硬扶上去又骨碌碌地滾下來，好像是扶不起來的阿斗？」龍從雲說。

「說也奇怪，好不容易給他弄到個三等縣的知縣，幹不到半年，就被參革了。」

「他要是有柳老前輩那樣通情達理，早就幹到一品、二品了。」

「人就是這麼奇怪，柳老前輩偏偏視富貴如浮雲，連欽天監正這份閒差事都不想幹。」

「『人逢喜事精神爽，學問深時意氣平』。柳老前輩總是那麼心平氣和，毫無得失之心，真是灑脫得很。」

「今天他講王進士的那幾句話，算是最重的了。」

「朝廷想利用義和團對付洋人，王進士也想靠義和團起家，柳老前輩好像看得很清楚？果真如此，我看這就是在玩火了。」

「我看王進士這個人聰明是有的，就是三心二意，拿不定主意，他不是個當軍師的材料。」老太太揣摩地說。

「娘，要是當軍師，柳老前輩倒是個上上人選。」龍從雲說。

「他不會蹚這塘混水。」老太太用力搖頭。

「娘，我真希望國泰民安，但願大家都能清醒一點兒，不要昏了頭。」龍從雲說。

「老百姓都和你一樣想，我活了這一把年紀，更怕再遇上一場大劫。」老太太說。

第八章　楊通投機一面倒　文珍執著兩為難

梁忠在京中兩天，卜天鵬陪他遊玩了不少地方，還陪他看了一場好戲，使他對京裏的情形瞭解更多，卜天鵬從天行口裏知道梁忠這一路護著老太太來去盡心盡力，也知道他身手不凡；梁忠也從天行口裏知道卜天鵬不但武功好，人也義氣，這兩天兩人相處又很密切，彼此瞭解更多，也更親近。

他走的這天，龍從雲自然準備了一筆相當厚的盤川送他。老太太另外送了他二十塊大洋作零用，還一再叮嚀他路上要特別小心。梅影、蝶仙、香君三人各自趕做了一雙緞面鞋子送他。天行、文珍、卜天鵬三人親自送他到車站，這次他不走老路，改坐京漢路的車子，避免經過天津、濟南那兩個是非之地。

文珍對他說。

「梁師傅，這次你回南邊去，雖然沒有我們女眷的累贅，可是這是新路，沿途也得小心。」

「多謝表小姐！」梁忠恭敬地回答：「我梁忠一個人，輕舟淺載，天塌下來我也敢頂。」

「現在時局不好，要是再遇著上次那種事兒，還是忍一忍。」天行說。

「二少爺，我倒覺得京裏的情形不大對勁，你和表小姐最好當心。」梁忠望望他們說：「大毛子、二毛子固然不能惹，義和團也沾不得，老百姓都是夾心餅乾，大難來時會一鍋兒爛。」

文珍臉一紅，天行卻坦然地說：

「三條大路我走中間，兩邊我都不惹。」

「大毛子欺人太甚，二毛子大半是刁民；義和團有乾、坎、紅、黃之分，又有點兒邪門，我們夾在中間，實在是豬八戒照鏡子——兩面都不是人。」卜天鵬說。

「卜老弟，您看義和團的神拳真敵得過洋槍大砲嗎？」梁忠問。

「論理，我們的血肉之軀，本領再大，也敵不過洋槍大砲。」卜天鵬說：「不過據說義和拳是靠符咒，這我就不大清楚了。」

「您和我都是習武的，我們練功夫是一步一個腳印兒，不知道捱過多少鞭子，那有靠符咒的？」

「不錯，我從七歲坐科起，真像九重天滾釘板，不知道流過多少眼淚？出科後還拜過師父，一直到現在，我一天也沒有荒廢過。雖然對付三、五個普通人沒有什麼問題，要說去敵洋槍大砲，那就是把自己的性命當兒戲了。」卜天鵬說。

天行聽天放說過義和團靠符咒練神拳的事，但他不便說出來，他知道那是受《西遊記》、

《封神榜》、《三國演義》、《水滸傳》、《施公案》……這類神話、武俠小說的影響，有些荒唐，至於符咒的事，可能是白蓮教的遺毒？

「話說回來，我們中國人已經夠可憐的了！」天行感慨地說。

「二少爺，你這話從何而起？」梁忠問。

「本來指南針、火藥、渾天儀、印刷術都是我們中國人老早發明的，那時洋人還在茹毛飲血呢！後來有位皇帝老子想子子孫孫穩坐龍廷，因此貶斥道家科學思想，說那些學問都是旁門左道、奇技淫巧、禍亂之源，統統打進阿鼻地獄，因此沒有人再敢公開研究，以後的讀書人也只要會八股文章，考個舉人、進士，就可以升官發財了，兩千年因循下來，才弄到今天這種地步，如今洋人有了洋槍大砲，欺到我們頭上來了，朝廷卻束手無策，百姓就拿神話符咒來對付洋槍大砲，您們兩位想想看，我們可不可憐？」

「二少爺，你不說我真不明白這個道理！」梁忠如夢初醒，文珍和卜天鵬都睜大眼睛望著他。

「梁大哥，我又何曾明白？」卜天鵬黯然地說。

「你們兩位可千萬別把我剛才的話傳出去！」天行輕輕囑咐他們。

「表哥，那又為什麼呢？」文珍奇怪地望著他。

「一傳出去，我就變成大逆不道了！說不定腦袋瓜兒還會搬家呢！」天行湊近她耳邊輕輕地說。

文珍臉色突然發青，立即對卜天鵬、梁忠說：

「拜託兩位，剛才我表哥的話，兩位當作耳邊風好了。」

「表小姐，妳放一百二十個心，我卜天鵬不是那種人。」卜天鵬斬釘截鐵地說。

「表小姐，我梁忠要是走漏了一點兒口風，舌頭長疔，不得……」

梁忠還沒有說完，天行連忙堵住：

「剛才我說的話憋在肚子裏很久、很久，連文珍和我哥哥都沒有聽我說過，兩位都是自己人，所以我才第一次說出來。」

「我梁忠少讀詩書，承二少爺看得起，讓我開了一點兒竅。上次在廬山要不是二少爺和表小姐出面，我梁忠說不定已經闖了大禍呢！」

「二少爺年紀輕輕，可是書讀得多，人又懂事，我也獲益不少。」卜天鵬說。

「都是自己人，兩位何必如此客氣？」天行淡然一笑。

他們把梁忠送上火車，梁忠依依不捨，文珍抱歉地說：

「梁師傅，我不會做鞋，沒有東西送你，實在過意不去。」

「表小姐，承你們三位送行，我梁忠真是三生有幸，妳再客氣，我梁忠就承受不起了。」

「梁大哥，保定也是一個多事的地方，你要特別小心。」卜天鵬在窗口叮囑梁忠。

梁忠憑窗頻頻揮手，火車呼嘯而去。

把梁忠送走之後，天行和卜天鵬又一道送文珍回家，以免途中發生意外。

在路上，果然遇到幾個頭纏紅巾的人，追殺幾個手無寸鐵的老百姓，那幾個老百姓向附近一座教堂跑，有幾個已經跑進去了，連忙將鐵柵門關上，有兩人慢了一步，卻被後面追趕的人一刀砍倒一個，另一個人進不去又跑不掉，只好卜通一聲雙膝跪地叩頭求饒，另一個頭纏紅巾的壯漢，正舉刀要砍下去，卜天鵬大喝一聲：「刀下留人！」從馬車上一躍而下，躍到那壯漢面前，隨手一抄，把刀奪在手中，那大漢一怔，先前那個頭纏紅巾的人向他一刀砍來，他飛起一腳，踢中那人手腕，鋼刀騰空飛出，那兩人一怔，有些膽怯，但看看又有一個同伴持刀追來，於是一擁而上，向卜天鵬圍攻，卜天鵬只是拳打腳踢，用刀格開，不敢砍殺，怕出人命，那三個人也有一些拳腳功夫，其中一人又用刀猛砍，卜天鵬只還手而不進攻，天行怕卜天鵬有失，正要躍下馬車助他一臂之力，文珍已嚇得渾身發抖，躲在天行懷裏，頭都不敢抬，眼睛也不敢睜開，發覺天行要躍下馬車，便死命抱住他不放。這時卜天鵬找著一個空隙，騰身一躍上了圍牆，用刀指著那三個頭纏紅巾的壯漢說：

「你們光天化日，無故殺人，還不趕快給我滾！」

「我們殺二毛子，與你何干？」三人一齊回答。

「就算他們是教民，你們也不能殺！」卜天鵬用刀指著他們說。

三人相互望了一眼，大聲質問：

「想必你也是二毛子？」

「我不是什麼二毛子，我是路見不平，奪刀相助！你們要是再不識相，苦苦相逼，休怪我要開殺戒了！」

那三人自知不是對手，拾起刀來，轉身就跑。卜天鵬大聲對他們說：

「這兒還有一把，接住！」說著就像打飛鏢一樣地把刀向他們擲去，他們不敢接，鋼刀噹的一聲落在他們面前，他們拾起來，回頭望望卜天鵬，卜天鵬大聲對他們說：「以後多積點兒德，可不能再亂殺人！」

三人悻悻離去，卜天鵬翻身躍下牆頭，那個跪在地上的人連連向他磕頭，口口聲聲：「救命恩人！救命恩人！」他把那人扶起來，又去扶那個受傷倒地的人，受傷的人傷勢很重，他向教堂裏面喊叫，沒有人敢出來，那個沒有受傷的人大喊幾聲，才有一位神父和幾個教民出來，打開鐵柵門，把那人抬了進去。

卜天鵬回到馬車上，文珍才敢抬起頭來，睜開眼睛。忽然滿臉羞紅，低頭不語。

「表小姐受驚了！」

「卜師傅，幸好你在車上，不然會白白送掉兩條人命！」文珍說話時聲音還有些顫抖。

「唉！這樣胡鬧下去，真不得了！」卜天鵬歎了一口氣。

「百姓盲目自尊，朝廷又利用他們的愛國心，封他們為義民，使他們有恃無恐，公然殺人，仇恨愈結愈深，火山最後一定會爆發的。」天行說。

文珍愈聽愈怕，愁眉苦臉望著天行說：

「表哥，那怎麼得了？」

「表小姐，我們既非義和團，也不是教民，總要好些。」卜天鵬說。

文珍有苦說不出，天行卻接著說：

「城門失火，殃及池魚，我看我們也是五十步與百步。」

文珍急得差點兒掉下眼淚。回到家裏，一進大門，她就倒在母親懷裏哭了出來。楊通、楊仁都不在家，龍從容不知道是怎麼回事兒？睜大眼睛望著天行和卜天鵬，他們兩人說明原委，龍從容也臉色發白，卜天鵬安慰她說：

「姑奶奶不必擔心，表小姐大概是受了驚嚇，過一陣子就會好的。」

天行從來沒有看見文珍這麼感情激動，當著別人的面這麼哭過，也不知如何是好？只囑咐她們：

「姑，外面不大平靜，義和團猖狂得很，妳們不要隨便出門就是。」

「平時我就大門不出，二門不邁，今天你們遇著這種凶事，以後我還敢再出門？」龍從容膽怯地說。

天行和卜天鵬又安慰她們一番，便一道告辭。文珍含著眼淚望著天行，欲言又止，她本來不希望他走，她心裏有個疙瘩，一直沒有消除，又不敢冒冒失失揭穿，只好含情脈脈地囑咐他：

「在路上可要千萬小心。」

「妳放心，有卜師傅一道，我們可以自保。」天行說。

「如果再遇著先前那種事兒，能不出頭最好不要出頭。」

「我會小心，但也不能見死不救。」

「天行，自己的安全最要緊。」龍從容關切地說。

「姑奶奶，妳們放心！」卜天鵬說：「天塌下來我會去頂，我不會讓二少爺冒險的。」

「卜師傅，多謝你費心。」龍從容向卜天鵬笑道，又指指天行：「他還年輕，又是讀書人。」

「姑，您放心，」天行向她笑道：「我不是一陣風就能吹倒的那種讀書人。」

「姑知道你會兩手兒，姑是怕你年輕氣盛，沈不住氣，去做出頭的柱子。」

「姑，我既不是縮頭的烏龜，也不會做出頭的柱子，您放心好了。」天行笑著離開。

龍從容連忙吩咐文珍關上大門，文珍在門縫裏露出一對淚光閃閃的眼睛，輕輕地對天行說：

「表哥，您千萬小心。」

「妳放心，我會照顧自己，如果妳在家害怕，捎個信兒給我，我會和卜師傅一道來接。」

文珍臉上露出一絲微笑，輕輕把門闔上。

天行、卜天鵬一道離開，他們沒有坐車，想在街上走走，看看市面情形。卜天鵬藝高膽大，天行自信也可以自保。

街上仍然熙來攘往，只是不時遇見頭纏黃巾或是頭纏紅巾，腰掛單刀的青年，他們臉上都有一股殺氣，以前街上時常出現的洋神父、修女、牧師和碧眼黃髮的各國洋人，突然不見了。大概洋人看看鋒頭不對，也做了縮頭的烏龜。

可是他們沒有想到會在街上碰見王仁儒，王仁儒本來有點兒彎腰駝背，現在腰桿兒好像也挺直了，走起路也神氣許多，他們兩人先看見他，向他問好，他看見他們也十分高興，卻帶著幾分神祕的口氣說：

「這兒不是說話的地方，先到舍下坐坐。」

他是剛剛走出胡同，又帶他們兩人回自己家裏，他家房屋自然不能和龍府比，但也佔了一個大四合院的一邊，相當寬敞，因為他人口簡單，只有兩個太太，一兒一女早已婚嫁，另立門戶。大太太劉氏是糟糠之妻，舊式女人；姨太太李桂花兒只有三十來歲，很有幾分姿色，眉目之間更多風情。

他們兩人不是第一次來他家裏，王仁儒的正室雖然見過幾次面，但一有客人她照例躲在房裏，客廳裏完全由姨太太李桂花兒周旋應對。

李桂花兒看見這兩位客人進門，十分歡迎，她像穿花蝴蝶兒樣地在客廳轉來轉去，親自向他們奉茶，卜天鵬起身恭立，既不敢從她手上接過蓋盌，讓她放上茶几心裏又過意不去，因此相當尷尬。

「請坐，請坐，何必見外？」她反而大方地招呼卜天鵬坐下，轉身之間又風情萬種地一笑。

天行雙手接過她的蓋盌時，也客氣一番：

「師母，這怎麼敢當？」

「二少爺，虧你是新科舉人，怎麼也變成了酸秀才？」她笑著白了天行一眼。

王仁儒抽著兩、三尺長的旱菸桿兒，在客廳裏踱著方步，搖頭晃腦，十分得意的樣子。天行還以為他要作詩，雖然他的詩意境不高，但他要自己作詩或教他們兩兄弟和文珍作詩、作八股文時，總要搖頭晃腦一番。卜天鵬不知道他這一招是什麼意思？不過他看得出來是很得意的樣子，因此他湊趣地說：

「人逢喜事精神爽，進士老爺好像有什麼大喜事兒吧？」

「嗯，嗯！」王仁儒笑著點點頭，從嘴裏拔出那根長菸桿兒說：「看來王鐵嘴的話是要應驗了。」

卜天鵬丈二金剛摸不著頭腦？天行聽過王仁儒講王鐵嘴說他六十歲要時來運轉的話，因此他對卜天鵬說：

「卜師傅，王老師要走運了！」

「恭喜進士老爺。」卜天鵬向王仁儒拱拱手。

「天意，天意！」王仁儒摸摸八字鬍鬚說：「我王仁儒要走運，就全靠天意。」

「老師，您說的天意是什麼意思？」天行問。

「如今各地義民揭竿而起，扶清滅洋，京城義民一旦舉事，必然馬到成功，看來也不會少我一個二品頂戴。」

「老師，您是不是指義和團？」

「不錯，」王仁儒用力點頭：「朝廷已經正式稱他們為義民，而且大力扶持，再也沒有誰敢說他們是拳匪了。」

「可是剛才我和卜師傅還碰見他們當街殺人。」

「你知道他們殺的是什麼人嗎？」

「他們說是二毛子。」

「這就對了！」王仁儒把長菸桿兒在青石地上一磕：「他們是替天行道，要他們殺盡大毛子、二毛子，天下才會太平。」

「進士老爺，這樣亂殺無辜，恐怕也違反了上天好生之德？」

「卜師傅，大概你不知道孔夫子殺少正卯的故事吧？」王仁儒盯著卜天鵬說：「少正卯德之賊也，聖人尚且要開殺戒，大毛子、二毛子比少正卯更可惡，怎麼是無辜？怎麼不可殺？」

「二毛子也是我們的同胞，我看他們手無寸鐵，實在於心不忍。」卜天鵬說。

「卜師傅堂堂男子漢，怎麼也學婦人之仁？」王仁儒逼近一步發問。

天行連忙替卜天鵬解圍：

「老師，您是沒有看見當時的情形，您要是看了，也會於心不忍。」

「天行，你是功名中人，將來是要治國平天下的。如果這也不忍，那也不忍，那還成得了大功，立得了大業？」王仁儒轉向天行，以老師的口氣對他說。

「老師，承您的教誨，我雖然浪得科名，不過我倒不想在品級臺上步步高升。」

「沒有出息！」王仁儒搖搖頭：「我看你比你祖父差遠了。」

「老師，即使我一旦誤入仕途，不管品級高低，我處事一定要是非分明，決不草菅人命。」

「天行，水太清，則無魚。那你就休想做官了！」王仁儒拉長臉孔說。

「老師，我本來就沒有做官的打算。」天行淡然一笑。

「那你真辜負我的期望了！」王仁儒搖頭歎氣。

「老師，王鐵嘴說你六十歲時時來運轉，這和義和團又有什麼關係？」

「我拿一樣東西給你看看。」王仁儒神秘地從褲腰帶上解下那塊腰牌，在天行眼前一晃，天行看到正面有一個朱紅色的坎卦，王仁儒又翻轉過來，把背面在天行眼前一晃，背面有一個朱紅色的趙字。

「老師，我不懂這塊木牌是什麼意思？」

「這是金牌！」王仁儒得意地又把它繫在褲腰帶兒上：「憑著這塊金牌，我就可以自由進出坎字總壇，如果大師兄有什麼疑難，他會隨時向我請教。」

「恭喜進士老爺。」卜天鵬又雙手抱拳，向王仁儒拱拱手。

「希望老師能顧全大局，勸勸他們少開殺戒。」天行說。

「黃巢殺人八百萬，在數的難逃。」王仁儒說。

「老師，『天作孽猶可違，自作孽不可活』。有些孽是人自己造成的，孽造多了才會變成劫數。」

「天行，我過的橋比你走的路還多，難道你還想教訓老師不成？」王仁儒拉長臉孔說。

李桂花兒連忙風情萬種地笑著替天行解圍：

「二少爺也是一番好意，俗話說：『公門好修行。』你要是真的當了軍師，掌了生殺大權，只要口角留情，筆下超生，說不定壽添一紀，老年得子呢？」

王仁儒聽了姨太太的話馬上眉開眼笑。他看看她還是花樣年華，要是晚年再生一個兒子那不但是一段佳話，也是雙喜臨門呢！因此他又笑著對天行說：

「你嘴上無毛，我就原諒你這一次。」

「謝謝老師，謝謝師母。」天行起立告辭。

「二少爺，你們兩位不多坐一會兒？」如夫人一面笑著對天行說，一面瞟了卜天鵬一眼。

「恐怕耽誤了老師的正事，不敢再多打擾。」天行鞠躬而退。

他們兩人離開王府，一走出胡同，卜天鵬就說：

「我看王進士真有點兒官迷心竅了？」

「卜師傅，人不做官會不會死？」天行反問一句。

「當然不會死。」卜天鵬立刻回答：「我是一個草民，二老爺也沒有作官，我們還不是活得好好的？」

「我真沒有想到，王老師為了做官，居然走上了這條路。」

「是福是禍？現在還難料得很。」

「他個人的禍福事小，百姓的禍福事大。」

「今天表小姐就受驚不小。」

「她平日連殺雞都不敢看，今天竟碰到當街殺人的事兒，恐怕她睡覺都會做惡夢？」

文珍在他們離去之後，就向母親描述親眼看見義和團追殺教民的情形，以及跟外婆離京上廬山一路來回的經過。她埋怨母親沒有堅決反對父親信教，因此遭到現在這種危險尷尬局面。

「妳爹自有他的打算，我怎麼反對得了？」龍從容無可奈何地說。

「他信他的教倒也罷了，為什麼一定要把我也拖下水去？」

「妳爹不做蝕本的生意，他葫蘆裏賣什麼藥，我怎麼知道？」

楊通、楊仁父子剛巧回來，楊通看見女兒自然十分高興，但她們母女兩人的談話他都聽到了，他笑問文珍：

「女兒，妳怎麼一回來就埋怨爹？」

龍從容便原原本本說給他聽，楊通聽完之後，毫不在乎地說：

「讓他們鬧好了，義和團是成不了什麼氣候的。」

「爹，您說得倒輕鬆，」文珍嘟著嘴說：「他們不但要殺洋人，我們現在也變成了二毛子，他們更要趕盡殺絕。」

「『上帝要毀滅一個人，先讓他發瘋』，現在義和團在發瘋，朝廷也在發瘋。」

「那我們不是更危險了？」

「哼！義和團想靠符咒勝過洋槍大砲？簡直是幼稚無知！」楊通冷哼一聲：「他們真要鬧得

無可收拾，洋人自然會出面收拾他們！」

「恐怕那時我們也早就變成冤魂了！」

「妳放心，司徒威已經跟我講過，真到了那個節骨眼兒，他會把我們一家人藏到最安全的地方去。」

「教堂也未必可靠？」

「自然有更安全的地方。」

「你這麼相信司徒威？」龍從容突然插嘴。

「他最少比我們的王爺們頭腦清楚、說話算話，不像老佛爺、王爺們那麼喜怒無常，反反覆覆。何況他背後還有個大英帝國？」

「爹，再怎麼說我們也不能靠外國人。」

「妳還年輕得很，不知道外面的世界是什麼樣子？王爺們和老佛爺都靠不住，自然只好靠外國人了！」

「黃鼠狼向雞拜年，我看洋人不會安什麼好心。」

「妳不要像王仁儒那個書呆子老朽一樣的死腦筋！」

「爹，我不會像王老師那樣，但您也不必拖著我信教呀？」

「信教的好處很多，爹要你信教是放長線釣大魚。」

「信教就是信教，有什麼魚兒好釣？」

「妳太年輕，說了妳也不懂。」

「您說說看好了，要是真能使我心服，我就信，不然我就不當這個二毛子！」

「信不信倒沒有什麼關係，受了洗就行。」

「你這話是什麼意思？不信又何必受洗？」龍從容插嘴。

「妳也是死腦筋，不知道轉彎！」楊通白了她一眼。「受了洗就等於是註了冊的商標，用處可大得很。」

「也被義和團認定了我們是二毛子。」文珍生氣地說。「說不定那天會被他們殺雞一樣殺掉。」

「我們頭上又沒有刺字，誰知道我們是二毛子？」

「若要人不知，除非己莫為。」

「這次妳是不是告訴了天行？」

「我還有臉告訴他？您也不知道有些教民是怎樣一副德性？」

「沒有告訴他就好，別人怎樣我可不管，反正我和那些傻瓜不同。」

「爹，同樣的信教，你有什麼不同？」

「一是現在知道我們信教的人還很少，連妳外婆都不知道；二是人心隔肚皮，真信假信誰也猜不透。」

「爹，您到底是真信還是假信？」

楊通看了文珍一眼，似笑非笑地問：

「女兒，妳看呢？」

「在司徒威面前，我看您比誰都虔誠；可是一離開司徒威，您就信你的金錢教了。」

「女兒，這就叫做『運用之妙，存乎一心』。」楊通望著文珍世故地笑笑：「爹告訴妳，做人不要一根腸子直通到底。」

「你不教女兒走正路，反而教她旁門左道，你這那像個父親？」龍從容責怪丈夫。

「人生如戰場，兵不厭詐，妳知不知道？」楊通反過來教訓太太。

「可是你也不能把信教當籌碼！」

「耶穌教本來就是洋人的籌碼，他們本來政教不分，妳知不知道？」楊通瞪著太太說。

龍從容和文珍都一愣，她們從來沒有聽說過這種話，她們只知道信耶和華的人會上天堂，不信耶和華的人會下地獄，信者得救，不信者就要接受末日審判。

楊通看太太女兒都不作聲，更理直氣壯，又接著說：

「再說，不論什麼教，都是聰明人興的，只有傻瓜才去迷信。」

「你說這話也不怕下地獄？也不怕閻王割你的舌頭？」龍從容瞪著丈夫問。

「我不想上天堂，也不怕下地獄。」楊通冷笑一聲：「我是生意人，賺錢最要緊。」

「生不帶來，死不帶去，等你兩腳一伸，錢再多又有什麼用？」

「錢能通神，有錢能使鬼推磨，即使到了陰間，閻王老爺也會見錢眼開。」

「要是義和團和洋人鬧翻了船，看你上那兒去賺錢？」

「反正吃虧的總是那些土包子，狡兔三窟，我才不在乎。」

「爹，你不在乎，我可在乎。」

「女兒，妳在乎什麼？」楊通笑問。

「別人一說二毛子，我心裏就好像捱了一刀。」

「妹子，聽習慣了不也就好了！」楊仁一直沒有作聲，忽然開口：「何必跟那些無知的亂民斤斤計較？」

「哥哥，我可沒有你那麼厚的臉皮！」

「妹子，人要是臉皮太薄，是會處處吃虧的。」

「你和你老子真是一個窯裏的貨！」龍從容指著兒子白了一眼。

「娘，我要是像您和文珍一樣，那只好喝露水了。」

楊通望著兒子得意地一笑。

文珍心裏很惱，又不知如何是好？不禁抱著母親哭了起來。

第九章　楊通見機施巧計　仁儒老朽墮連環

楊通不知道從什麼地方打聽到王仁儒參加了義和團，他便和兒子楊仁在店中祕密商議，要楊仁利用和王仁儒的師生關係，請王仁儒介紹他入義和團。楊仁先是一愣，隨後便說：

「爹，那你是不是要我送肉上砧？」

「你放心，王仁儒那個書呆子老朽，絕對不會知道我們信了教。」楊通自信地說。

「我要是入了義和團，萬一被司徒威知道了，那會更糟。」

「這你也不必擔心，義和團和洋入勢不兩立，王仁儒絕對不會和司徒威碰頭。在這個夾縫當中，你最安全。」

「爹，你要我腳踏兩邊船？」

「不錯，」楊通點點頭：「不過你要記住：我要你入義和團只是權宜之計，而且不要你露面。」

「那怎麼辦得到？」

「只要通過王仁儒這一關就行。」

「王老師能辦得到？」

「有錢能使鬼推磨，王仁儒是個書呆子，而且又很窮酸，爹只要略施小技，保險他會上鉤。」

「爹，你有什麼開門計？」

「我已經準備好了一張長白山的老虎皮，一斤老蔘，和五百塊大洋，你親自送給王仁儒就行。」

「爹，你怎麼準備這麼重的厚禮？」楊仁覺得送王仁儒有兩筒西湖龍井，一斤上好的菸絲，外加十塊大洋就足夠了，那用得著這麼重的厚禮？」

「這筆厚禮正是用在刀口上。」

「什麼刀口上？」

「明天是他姨太太李桂花兒的三十整壽，只要你送過去，自然馬到成功。」

「爹，送她這麼重的禮，所為何來？」

「很簡單，」楊通胸有成竹地說：「只要換一塊坎字總壇的小木頭腰牌。」

「一塊小木頭腰牌，不值十個子兒，那有什麼用？」

「你別小看了它，萬一用得著的時候，那就千金難買了。」

「爹，我怕這筆厚禮，是肉包子打狗，有去無回。」

「這倒不用你操心，你只要照我的話說就行。」

於是楊通咬著楊仁的耳朵嘀咕了一陣，楊仁頻頻點頭。說完之後，楊通又輕輕一笑：

「我相信王仁儒那個書呆子老朽，拚了老命也會替你弄到一塊腰牌，而且還不敢走漏半點風聲。」

「爹想的倒很周到。」

「但是這件事兒只有你知我知，連你娘和你妹妹都不能讓她們知道，不然說不定我們全家都會完蛋！」

「爹，我看這件事兒真有些像船頭上跑馬！」

「『不入虎穴，焉得虎子』？做人做事只要膽大心細，一定成功；人就怕畏首畏尾，又想吃羊肉，又怕惹一身騷。這種人就像隔壁的王老五，天天想發財，天天早起磨豆腐，頭髮鬍鬚都磨白了，還是個王老五。」

楊仁聽父親這麼一譬喻，不禁好笑，王老五就是這麼一個人。

吃過晚飯以後，楊仁就悄悄地來到王仁儒家。

王仁儒最近的心情特別好，吃飯時李桂花兒又陪他喝了幾盅酒，更加興奮。楊仁好久沒有來王家看他，今天晚上突然到來，又說是特別來向師母祝壽，使王仁儒和李桂花兒兩人都十分高興。一接過這份厚禮，更使王仁儒喜出望外，李桂花兒連眉毛眼睛都笑歪了。

「我爹的生意一直很順手，他老早就要我送點禮物來孝敬老師，因為我幫著他做生意，忙得不可開交，所以拖延了下來。明天是師母大壽，今天再不來就該打屁股了！」楊仁自說自話起來。

他這一番話說得王仁儒和李桂花兒兩人騰雲駕霧，李桂花兒還特別泡了一盤冰糖桂圓水招待他。王仁儒也誇獎他：

「你讀書雖然不及你妹妹和天行兩人，可是在人情世故上頭，他們又遠不如你了。」

「老師過獎，因為我不是讀書的料，過去常惹老師生氣，實在對老師不起。」

「現在我才明白，『天生我才，必有用』，你的才是另一種，是四書上學不到的，你像子貢一樣，長於貨殖，過去我真錯責了你。」

「老師教訓得極是，過去只怪我讀書太不用功，今天我在商場上站得住腳，混得過去，就是因為我比別人多讀了幾句書。在八股文章和詩詞方面我雖然比不上天行、文珍，可是比起那些只唸過人之初、百家姓、四言雜字的生意人，我就是矮子當中的長子了。」

「這樣很好。俗語說：『行行出狀元。』你將來會是生意場中的狀元。」

「多謝老師的金口，要是真有那一天，我會好好地報答老師。」楊仁講到這裏，覺得已經恰到好處，立刻起身準備告辭。

王仁儒正在興頭上，覺得意猶未盡，也有點兒過意不去，李桂花兒更笑盈盈地說：

「楊仁，你屁股還沒有坐熱，桂圓水還沒有喝呢？」

「多謝師母，」楊仁向她欠身鞠躬，又重新坐下，喝了一口冰糖桂圓水，覺得很甜，他的嘴巴也就變得更甜了。

「楊仁，最近時局不好，你有沒有什麼困難，不妨跟老師講講，老師也好給你參詳參詳。」李桂花兒說。

「如果師母不提起，我倒不便講。」

「你但講無妨。」王仁儒鼓勵他。

「老師，我目前倒沒有什麼大困難。不過時局確實不好，我們生意又不限於關內和大江南北，主要的還是賺洋人的錢，尤其是皮貨，銷路特別大，現在義和團一鬧，洋人都不敢上門了。」

「你講的倒是實情，洋人現在都成了縮頭的烏龜。」李桂花兒說。

「洋人一縮頭，我們就斷了財路。三天兩天倒沒有多大關係，只怕日子一久，生意就會一落千丈。」

「以後不要再和洋人做生意。」王仁儒說：「大毛子都不是好東西，你要是再和他們做生意，義和團會把你當成二毛子。」

「那還得了？我的腦袋不是要搬家了？」楊仁惶恐地摸摸後頸窩。

「只要你答應不再和大毛子做生意，我倒可以幫你一點兒小忙。」王仁儒摸摸八字鬍鬚說。

「我一定聽老師的吩咐，和洋人斷絕來往。但不知老師有何妙計？」

「你附耳過來。」王仁儒向他招招手，其實他們坐得很近，楊仁乖乖地把頭伸過去。

王仁儒在他耳邊唧噥了幾句，然後臉色凝重對他說：

「但是這件事性命交關，千萬不能傳出去！」

「老師，我又沒有吃熊心豹子膽，怎麼敢亂講？」

「你知道輕重就好。」王仁儒誇獎地笑笑。

「老師，那我應該向大師兄孝敬多少？」楊仁又湊過頭去輕輕地問。

「憑我這張老臉皮，或許大師兄能賞個面子也說不定？」王仁儒揣摩地摸摸鬍子下巴。

「老師，您放心，就是大師兄買老師的面子，我也會樂捐一點兒香火錢。」

「好，我們就這樣一言為定。」王仁儒的手在茶几上敲敲。

楊仁起身告辭，王仁儒端著老師的架子沒有相送，李桂花兒卻笑盈盈地把他送到門口，楊仁忽然止步回頭問王仁儒：

「老師，那我那天來聽信？」

王仁儒考量了一下才說：

「明天是你師母生日，我比較忙，後天晚上好了。」

楊仁連忙點頭，王仁儒又囑咐一句：

「只能你一個人來，不能讓別人知道。」

楊仁連連稱是，向王仁儒一鞠躬，這才邁出大門。

一走出胡同，他差點笑了出來。

回到店裏，他把經過情形報告楊通，楊通拍拍兒子的肩說：

「果然不出我所料，你也應對得很好。」

楊仁走後，王仁儒和李桂花兒拉開那張長白山的老虎皮，看看毛色條紋十分美麗，而且沒有一點兒缺陷，用手在毛上摸摸，又十分柔軟暖和。

「我看要是數九寒天墊在床上，背心都會出汗。」李桂花兒說。同時用臉貼在上面。

她再打開盒子裏的人蔘看看，十枝人蔘一樣大小長短，整整齊齊，王仁儒笑瞇瞇地說：

「這才是真正的長白山老蔘。」

「你正用得著，」李桂花兒滿面含春地盯著王仁儒說：「你也該補補身子才是。」

王仁儒擰擰她白嫩的臉蛋說：

「妳就像一隻愛叫春的小母貓！」

李桂花兒笑著把他那隻手打了下來，瞟了他一眼：

「你也不想想你自己？……」

王仁儒臉一紅，又搭訕地托起牛皮紙裏著的十筒大洋，打開一筒看看，白花花的五十塊，又拿出兩塊敲敲，放在耳邊聽聽，發出餘音嬝嬝的悅耳聲音，放在嘴上一吹，也能聽出一絲絲聲音，他高興地說：

「真是十足的紋銀，夠我們一年的開銷。」

「楊仁送了這麼重的禮，你又向他誇下海口，你怎麼向他交差？」李桂花兒問。

「一塊小腰牌，沒有什麼大不了。」王仁儒說，他自己那塊腰牌，連一個子兒也沒有花。

「你也不能空手去討，總應該送大師兄一些人情。」

「這些東西都很珍貴，我送那一樣好？」王仁儒對人蔘、虎皮都很喜愛，那五百大洋更是急需之物，他一樣也捨不得送，但又怕趙福星不給腰牌，對楊仁無法交代，實在有些難以抉擇。

「依我看，楊仁的腰牌只算是順水人情，你自己的前程才最要緊，正好藉這個機會借花獻佛，送個大禮，你的軍師才會篤定；如果再把眼光看遠一點兒，一旦扶清滅洋大功告成，將來論功行賞，你才會水漲船高。這是我的婦人之見，你看是也不是？」

王仁儒沒有想到李桂花兒還能說出這番道理，心中一高興，便連連點頭，又指指三樣禮物問她：

「妳看送那一樣好？」

「這張虎皮是很貴重的，但我們並不急需，不如送給大師兄助助虎威，討個吉利？」

「好吧，那我只好割愛了！」王仁儒下定決心說。

「『捨不得孩子套不住狼』，只要大師兄他一開心，以後的好處就說不盡。」

「但願如此。」王仁儒笑著點點頭：「看樣子王鐵嘴是真靈！今天就是『人在家中坐，喜從天外來』。」

「這還不是因為我三十整壽的關係？」李桂花兒風情地一笑。

「看來妳也在走幫夫運？」

「我本來就是幫夫命，不止是走幫夫運。」李桂花兒一面說，一面把大洋、人蔘、虎皮重新包好。「我看打鐵趁熱，你明天就把虎皮送給大師兄好了。」

「明天是妳的生日，我要陪陪妳。」

「難得你這份美意，我心領就是，還是正事兒要緊。」

兩人計議一定，第二天王仁儒就帶著虎皮去見趙福星，趙福星因為王仁儒代他向朝廷上了一道奏摺，得到朝廷賞識，賜了他黃馬褂，心裏正在高興，因此他對王仁儒也另眼相看了。但他沒有把這件功勞讓王仁儒知道，以免他恃寵而驕。王仁儒向他獻上虎皮，他看了自然更高興。王仁儒乘機說：

「屬下有個學生是皮貨商人，他送了這件上好的長白山虎皮給我，屬下一想自己是個文人，不大適用，因此特地轉送大師兄助助虎威。」

趙福星本來是個混混，現在混到了黃馬褂穿，野心愈來愈大，正需要一張大虎皮擺在太師椅上助助威風，他張開虎皮剛好將太師椅全部遮住，虎虎生威，他十分滿意，又誇獎了王仁儒幾句，王仁儒又乘機說：

「我這個學生做的是皮貨、藥材大買賣，過去有很多外洋生意，現在因為義和團的弟兄們到處打大毛子、二毛子，使他的生意一落千丈。大師兄是不是可以賜他一塊腰牌？免得弟兄們錯把他當二毛子來辦。」

「他要真是二毛子呢？」趙福星反問他。

「不會，不會。」王仁儒連忙搖頭。「他從小跟我讀書，我很清楚他的底細。」

「如果他真是二毛子，你可要負責？」

「屬下願意擔保。」

「好，看在你的面子上，我就賞他一塊腰牌。」趙福星一面說，一面吩咐屬下拿出一塊腰牌交給王仁儒。

王仁儒一看，正面是一個朱紅坎卦，背面是一個朱紅趙字，和自己腰上的這個腰牌完全一樣，連忙向趙福星作揖：

「多謝大師兄賞臉！多謝大師兄賞臉！」

趙福星安然坐在墊好虎皮的太師椅上，向王仁儒微微一笑，半天才冷冷地說：

「王進士，你且慢謝。」

王仁儒一愣，不知道趙福星的腹內機關，誠惶誠恐地望著他，手足無措，身子不知道往那兒站好？

趙福星看他那左也不是，右也不是的侷促樣兒，不禁好笑，故意不聲不響。王仁儒憋不住，低聲下氣地問：

「請教大師兄，屬下是不是犯了什麼無心之錯？」

「沒有，沒有。」趙福星搖搖頭，又對他笑笑：「我還有一樁好事兒要告訴你。」

王仁儒立刻轉憂為喜，眉開眼笑，趙福星也望著他笑，不過沒有立刻告訴他是什麼事兒？王仁儒又沈不住氣，自怨自艾地說：

「屬下新來乍到，並沒有立下什麼汗馬功勞，不知道大師兄有什麼好事兒告訴屬下？」

「王進士，你不是想當軍師嗎？」趙福星反問他。

「屬下為了扶清滅洋，是有這個癡心妄想。」王仁儒恭敬地回答。

「好，那我就成全你……」

趙福星的話還沒有說完，王仁儒就卜通一聲跪了下去，連連磕頭：

「多謝大師兄，多謝大師兄！」

「起來，起來。」趙福星笑著抬抬手。

王仁儒雙手撐地，慢慢爬起來。趙福星又對他說：

「改天我再正式封你，好讓本壇弟兄都知道我有個進士軍師。」

「多謝大師兄抬舉，」王仁儒屈下一條腿說：「屬下一定感恩圖報。」

王仁儒真沒有想到好夢成真，居然會有這種際遇？他滿懷高興，三步併作兩步趕回來，一進門就興沖沖地對李桂花兒說：

「嘿！今天真是好事成雙！」

「楊仁的腰牌是不是弄到了？」

「妳看！」他把腰牌在李桂花兒面前一亮：「不但腰牌弄到了手，大師兄還真的請我當軍師了，真是富貴逼人來。」

「恭喜老爺，賀喜老爺！」李桂花兒把雙手交叉向腰旁一疊，向他揉了幾下。

「真是運氣來了門板也擋不住！」王仁儒湊近李桂花兒說：「原先我還怕大師兄不肯給腰牌，想不到好事成雙！」

「你知道這是什麼原因？」李桂花兒問他。

王仁儒一時沒有想到，他被興奮沖昏了頭腦，只好問李桂花兒：

「妳說呢？」

「還說什麼？」李桂花兒白他一眼：「你不記得今天是什麼日子？」

「今天是妳的生日，我怎麼不記得？」

「這不就得了？因為是我的生日，所以你才遇上這種好事兒。」

王仁儒恍然大悟，笑著拍拍李桂花兒的肩膀：

「妳真是走的幫夫運。」

「我說了不止是幫夫運，是幫夫命！」李桂花兒豎起大拇指在王仁儒面前搖晃了幾下。

「但願妳能當上一品夫人。」王仁儒抓住她的大拇指親了一下。

「你要是真有那一天，一品夫人也輪不到我。」李桂花兒小嘴一撇。

「放心，總有一天我會把妳扶正。」王仁儒拍拍她，像哄小孩子。

「『黃泉路上無老少』，還不知道誰走在誰的前頭呢？」

「別說這種喪氣話，反正她是有名無實，樣樣妳都佔先，妳還不滿足？」

李桂花兒聽王仁儒這樣一說，心裏舒坦多了。正室劉氏雖然住在一個屋簷下，卻彷彿兩家人，因為她長年吃齋念佛，另炊另爨，大部分時間在紫竹菴掛單，她和了空應素蘭、住持月印都很好，現在她又不在家，楊仁送禮的事她不知道，王仁儒參加義和團她也不知道，而且她根本無心過問這類的事兒，她比出家人看得更空。她自己五十大壽時更禁食一天，以念母恩，今天李桂花兒的生日她也沒有回來。

楊仁昨天送來的錢彷彿是及時雨，今天李桂花兒買了三塊大洋的菜，弄了滿滿一桌，晚上他和王仁儒兩人對飲對酌，比大年三十夜還快樂，面對醇酒、美人，王仁儒竟喝得酩酊大醉，他本來不會唱戲，李桂花兒扶他上床時，他忽然荒腔走板地唱起來：

「孤王……酒醉……桃花……」

李桂花兒看著他又好氣又好笑，要是在往日，她一定會罵他幾句，現在他是大貴人了，不好罵他，反而小心地把他扶到床上，侍候他睡下。王仁儒一躺下，就睡得很沈，而且進入了另一個世界：

他不是軍師，他是當朝一品宰相，一人之下，萬人之上，滿朝文武都對他恭恭敬敬，連老佛爺、王爺們也敬他三分。

因為他把大毛子、二毛子都趕盡殺絕，他比曾文正平長毛的功勞還大。他住的不再是四合院，他的官邸比龍府的翰林第還大，也更豪華，家中僕從如雲，嬌妻美妾成群，吐痰時也有丫鬟端著痰盂來接。

「柳敬中……你們縫裏瞧人……現在……從我褲襠底下……鑽過去……鑽過去……」

李桂花兒突然聽見他說出這種夢話，真是丈二金剛摸不著頭腦。她不知道柳敬中是何許人也？又為什麼要他從褲襠底下鑽過去？她正在狐疑，王進士嘴裏又在嘀嘀咕咕：

「蝶仙……香君……妳們這兩個丫頭……也狗眼看人低……妳們想給我作小？……真是四兩棉花……別彈……」

李桂花兒聽了好笑，但心裏十分安慰，他發達起來了還不想再討小，總算還有良心。

王仁儒這一醉，昏沈沈地直睡到第二天日上三竿，自己尿了床也不知道，醒來覺得褲子濕濕的，床上濕了一大塊。李桂花兒忙了一天，睡得又遲，也睡得很沈，醒得更晚，看看李桂花兒睡得那麼香甜，臉上又紅又潤，他禁不住俯下身去親了一下，他的八字鬍卻把她刺醒了。她斜睨他一眼，在床上伸了幾個懶腰才爬起來，突然發現床上濕了一塊，詫異地問他：

「你尿床了？」

「我沒有尿床，是妳尿床了。」

李桂花兒連忙摸摸自己的褲子，褲子是乾的，她杏眼圓睜，望著他說：

「你胡說，我的褲子是乾的，你怎麼說我尿床了？」

他這才紅著臉說：

「我睡得太沈，不知道起來……」

「老小、老小，你簡直像個小孩子！」李桂花兒白了他一眼。

他最怕聽見她說老字，他大她三十歲，本來可以做她的父親，卻做了她的丈夫，她又是偏房，沒有生下一男半女，將來靠誰？幸好自己走老運了，她這後半輩子看來是不用愁的。

「人家十全老人，後宮佳麗三千，做了六十年皇帝，還活到八十多歲，我才六十，剛走好運，妳怎麼就老呀老的？……」

「好，老爺，算我失言，妾身這廂有禮。」李桂花兒站在踏板上向她施了一個萬福。

「這還像話。」他笑著在她又白又紅的臉蛋上輕輕擰了一下。這次她沒有把他的手打開。

王仁儒覺得一身軟綿綿的，沒有一點兒力氣，李桂花兒蒸了一盌冰糖人蔘水給他喝下之後，他才覺得精神好了一些。心想十全老人三千粉黛，還活了那麼大的年紀，大概是長白山的老蔘吃得多的關係？

晚上楊仁悄悄地來探聽消息，王仁儒十分神氣地對他說：

「你想要的腰牌我已經拿到了。」他一面說一面從褲腰帶上解下兩塊腰牌，取出一塊，在楊仁面前一亮。

「多謝老師！多謝老師！」楊仁連忙作揖。

「這塊腰牌可是得來不易，我是拿人頭作保的！」

「師生如父子，學生知道感恩就是。」楊仁立刻回答。

「大師兄對我說，他要是一旦發現你是個二毛子，我們兩人的腦袋瓜子他要一齊摘。」

「老師放心，我又不是靠那兩袋洋麵活命的，我怎麼會是二毛子？」楊仁面不改色地說。

「這點我倒信得過。」王仁儒把一塊腰牌交給楊仁，另一塊又繫回自己的褲腰帶上：「你家裏殷實得很，不比那些等米下鍋的窮混混，犯不著去信大毛子的無父無君的邪教，也免得送掉性命。」

「老師，您也主張殺人？」楊仁接過腰牌，塞進口袋，隨後發問。

「孔子也殺少正卯，我怎麼不殺大毛子、二毛子？那我不也成了鄉愿了？」

「是，是，老師絕對不是鄉愿！」

「老師一生正直，忠君愛國，可惜時運不濟，不能匡時濟世，現在總算有了一個報效朝廷的機會……」

「楊仁，你老師現在是義和團的軍師了。」李桂花兒在旁提醒楊仁。

「恭喜老師！賀喜老師！」楊仁連忙作揖。

「天意，這也是天意！」王仁儒摸摸八字鬍鬚：「曾國藩滅了長毛，我也要滅掉大毛子、二毛子！」

楊仁手心捏了一把冷汗，可是表面上還是若無其事，他摸摸口袋裏的腰牌，靈機一動說：

「老師，但願你是第二個曾文正，請問我該怎麼孝敬那位大師兄？」

王仁儒想要他再送兩斤老蔘，又不便啟齒，他正不知道怎樣說好時，李桂花兒卻笑著對楊仁說：

「我看這樣吧：大師兄既然給了您老師的面子，您就不必捐他萬兒八千銀子；如果一毛不拔呢，又怕他怪您不懂事，我看您就送他兩斤長白山的老蔘，意思一下好了。這在您來說，是不傷筋骨不傷皮的，要是別人，捐個萬兒八千銀子，他也不會給的。」

「多謝師母指點。」楊仁連聲多謝，同時望望王仁儒，王仁儒正閉著眼睛養神，楊仁便起身告辭：「老師早點休息，老蔘我明天就送來。」

王仁儒突然睜開眼睛，叮囑楊仁：

「千萬記住，腦袋瓜子要緊，不能再和大毛子來往了！」

楊仁連連稱「是」，迅速退了出來。

回到店中，楊仁從口袋裏摸出那塊腰牌，遞給楊通看，楊通兩面端詳了一番，然後盯著楊仁問：

「會不會是假的？」

「爹，絕對不假！」楊仁斬釘截鐵地回答：「我看見王老師親自從褲腰帶兒上解下兩塊來，交給我這一塊，兩塊完全一模一樣。」

楊通輕輕一笑，楊仁又將王仁儒、李桂花兒對他講的那番話告訴他，楊通卻揚起腰牌十分輕鬆地說：

「你放心，從現在起，王仁儒就成了我們的保鏢了！縱然他知道我們信了教，他也絕不敢講。」

「不過我們還是小心一點兒好，在這個鋒頭上，最好不要與司徒威來往。」

「司徒威現在也不敢出來，只要我們不去找他，他就不敢來找我們。現在我們安全得很。不過你千萬不能在你妹妹和你娘面前走漏一點兒風聲！」

第十章 清照淑真作青鳥 蝶仙香君是解人

文珍回家之後，心裏一直煩悶不安，她覺得她和父親哥哥之間彷彿隔了一堵牆，他們彷彿有什麼事兒瞞著她。母親忙著家務，丫頭喜兒傻乎乎的，她只好獨自在閨中讀書消愁解悶兒，可是李清照、朱淑真的閨閣詩詞，她愈讀愈愁。她終於忍不住抄了一闋李清照的〈如夢令〉詞，一首朱淑真的〈新秋〉詩，悄悄交給喜兒，要她送給天行。喜兒不識字，不知道文珍寫些什麼？只問：

「小姐，要不要等表少爺回信？」

文珍並沒有想到回信的事兒，這是她第一次用這種方式與天行暗通款曲，過去許多年他們一塊兒讀書，很少分別，即使輟學回家，住了半年，她心中也十分坦然，因為她和天行是心有靈犀一點通，沒有任何隔閡。可是自從父親逼她信教，又不准她走漏消息之後，她就覺得有點兒不對勁。這次回來，又很少見到父親、哥哥，他們也好像故意避免和她談話，她愈想愈不是味兒，她猜想他們一定有什麼事瞞著她？因此更加彷徨苦惱。她考慮了一會兒之後才說：

「表少爺要妳等，妳就等；不要妳等，妳就回來。」

喜兒遵命送了過去，她把詩詞交給天行說：

「表少爺，這是我們小姐叫我送來的，她寫些什麼？我不知道。」

天行拆開一看，寫在前面的是李清照的詞：

誰伴明窗獨坐？我共影兒兩個；燈盡欲眠時，影也把人拋躲。無那！無那！好個淒涼的我！

寫在後面的是朱淑真的詩：

一夜涼風動扇愁，背時容易入新秋；
桃花臉上汪汪淚，愁到更深枕上流。

天行看過之後，默然無語，把它放進口袋，賞了喜兒一串錢，又拿出一盒酥糖給她吃。喜兒高興得不得了，香君問她：

「表小姐回家以後可好？」

「小姐回家之後一直不開心，總是一個人躲在閨房裏唉聲歎氣的。」

「姑老爺、表少爺也不陪陪她？」

「老爺、少爺成天在店裏忙著賺錢，那有時間陪她？」

「姑奶奶呢？」

「太太也有家務事，她們母女偶爾在一起，也沒有開心過。」

「妳怎麼不陪小姐解解悶呢？」

「小姐讀了一肚子的書，我又不識一個大字，她怎麼能對牛彈琴？」

香君聽了一笑，隨後又說：

「我也沒有讀多少書，表小姐怎麼和我談得來？」

喜兒望了香君一眼，停了一會才說：

「人家一看見妳就會喜歡，小姐自然和妳談得來。我要是有妳一半兒聰明，我也會替小姐解解悶兒。」

「喜兒，我看妳一點兒也不笨嘛！」天行故意誇獎她。

「表少爺，我從來沒有聽見別人這樣誇獎我。您說這話是出自真心還是假意？」

「當然是真心哪！」天行說。

「好，那我問您：要是日後我陪小姐嫁過來，您會不會嫌我？」

天行沒有想到她會問這種話？一時不知如何答好？香君卻搶著說：

「我們少爺人好得很，那怎麼會呢？」

「喜兒，現在還早得很，妳何必操這種心呢？」天行說。

「表少爺，你說還早，我看我們小姐心裏正急著呢！」

「妳不要瞎說，」香君笑著止住她：「表小姐很喜歡我們少爺我是知道的，但她是個知書識禮的人，他們又是指腹為婚，親上加親，還怕煮熟的鴨子飛掉不成？」

「妳不知道，她心裏實在著急，嘴裏可說不出來。」

「我不知道妳怎麼知道？」香君不大服氣。

「我天天在她身邊，我是她肚裏的蛔蟲。」喜兒說。

「這樣說來，妳一點兒也不傻嘛？」

「可是小姐總嫌我傻呀！」

「喜兒，妳不要錯怪了小姐，大概是她心煩。」天行安慰她。

「表少爺，我倒有點兒奇怪？」喜兒吃完酥糖，用手擦擦嘴說。

「奇怪什麼？」天行笑問。

「我家老爺、少爺固然是財忙，但總好像故意避著小姐？」

「那怎麼會呢？」天行說。

「表少爺，我也不知道是什麼原因？」

喜兒吃完說完，就起身告辭，香君送她到大門外，囑咐她說：

「以後妳的腳步放勤快一點兒，表小姐要是有什麼事兒，不必等她吩咐，妳就捎個信兒過來。我們做下人的，也該替主人分勞分憂，何況是我們兩人這種身份？妳知不知道？」

「知道，」喜兒點點頭，又打量她一陣說：「難怪我們小姐喜歡妳！」

香君望著她離開，又一旋身進來。

「少爺，我看喜兒並不傻，她的話中似乎有話？」香君對天行說：

「姑爹的家庭情形和我們家不同，他交往的人也不一樣，姑姑又是個阿彌陀佛的人，文珍在自己家裏自然沒有在我們家裏開心。」天行說。

「少爺，現在時局又不好，我看你們早點兒圓房算了。」

「別說我們都還年輕，就是到了那個節骨眼兒也不能自己作主，這是終身大事，應該由長輩決定。」

「這真叫做皇帝不急，急壞了太監。」香君無可奈何地搖搖頭。隨後又問：「剛才表小姐的信上說些什麼？」

「不是信，是詩詞。」天行回答。

「是她自己寫的？」

「不是，」天行搖搖頭。「是古人寫的。」

「是不是『看《三國》掉眼淚』——替古人耽憂？」香君笑盈盈地問。

天行嗤的一笑，望著她說：

「妳怎麼有這許多鬼心眼兒？」

「其實我看她不是替古人耽憂，是替自己耽憂。」

「她替自己耽什麼憂？」

「我也不知道，不過我猜得出來。」

「妳猜得出什麼來？」天行掏出信封在香君面晃晃：「妳知道這裏面是什麼意思？」

「表小姐的心思細得很，她往往指東說西，您一不留意就忽略過去了，不過我知道她是耽心您們兩人的事。」

「這有什麼好耽心的？」天行淡然地說。

「您不領情是不是？那我真白操了心了。」香君把腳一跺，白了天行一眼。

「妳別冤我好不好？誰說我不領情？」

「您要是領我這份情，您你就去和老夫人商量，還是把表小姐接過來住的好。」

「這次她剛回去不久，我怎麼好意思又要老太太把她接來？」天行看了文珍抄來的詩詞，他知道她的心意，但他不好意思啟齒。

「雖然表小姐回去不久，您可知道『度日如年』這句話的意思？」

「香君，我何嘗不知道，只是我還沒有想出一個很好的理由，未熟的瓜兒不要摘，妳不要逼我好不好？」

「少爺，我問您：表小姐信裏真是古人的詩詞，沒有別的私話兒？」

「沒有，」天行搖搖頭，把信封遞給香君：「不信，妳看好了。」

「我看得懂嗎？」香君歪著頭問。

「妳也唸了不少書，妳是她的高足，又有一個七巧玲瓏心，妳應該看得懂？」

香君接過來一看就知道是文珍的筆蹟，那勻稱娟秀的字體，她看過很多。但是文珍信手寫來沒有斷句，香君讀來並不怎麼順口，天行抑揚頓挫地唸了一遍，香君突然雀躍起來，拍著手說：

「我懂！我懂！」

「妳懂什麼？」天行笑問。

「少爺，您真是鐵石心腸！」香君右手的食指幾乎指到天行的鼻尖上：「看了這種詞兒您還不掉眼淚？還沈得住氣，把它塞在口袋裏？」

「香君，男兒有淚不輕彈，我怎麼能像妳們女兒家樣一把眼淚一把鼻涕的？」

「少爺，您想想看：『桃花臉上汪汪淚，愁到更深枕上流』，和『無那！無那！好個淒涼的我』！說得多可憐？這雖是古人的詩詞，其實也是小姐心坎兒裏的話，她是借古人的酒杯，澆自己心中的疙瘩，您又不是一塊木頭，您怎麼一點兒也不瞭解她的心意？」

「女人心、海底針。妳教我怎麼瞭解？」

「唉！我看我們女人就是把心掏出來，您們這些笨男人也未必瞭解！」香君牙一咬，腳一跺，兩頰氣得通紅。

天行看了既感動又好笑，指著她手上的詩詞笑問：

「別生氣好了，妳看我該怎麼辦嘛？」

香君兩眼盯著他，忽然嘀溜溜一轉：

「少不得我去老夫人那兒一趟，給她老人家看看，找個機會，替您作個說客。」

「那就拜託妳了！」天行笑著拱拱手。

香君說去就去，在第四進走廊上卻遇著蝶仙問她有什麼事兒？香君把她拉到一個角落裏邊，悄悄地告訴她原委，又把文珍抄來的詩詞給蝶仙看，蝶仙看過之後唉了一聲：

「表小姐孤孤單單一個人，真可憐！」

「她的心都在二少爺身上，二少爺好像還有點兒懵懵懂懂。」香君說。

「其實二少爺一點兒也不懵懂，只是他的顧慮比我們多罷了。」蝶仙說。

「他們從小在一塊兒唸書，又是親上加親，這有什麼好顧慮的？」

「就因為現在不是兩小無猜的時候，人長大了，反而多了一些顧慮。」

「蝶仙姐，照妳這樣說來，人還是不長大的好！」

「香君，妳又說傻話了！」蝶仙嗤的一笑，輕輕白了她一眼：「人吃五穀雜糧，那有不長大的理？」

「人長大了，顧慮那麼多，那還有什麼意思？」

「香君，妳這話倒是有點兒道理，人是愈大愈沒有意思，像王進士……」蝶仙忽然停住，向佛堂那邊望了一眼。

「王進士怎樣?」

「他和柳老前輩正在老夫人那邊。」

原來王仁儒正式當了軍師，一方面來龍府報個喜，一方面也表示自己真的交了好運，再非吳下阿蒙了。說來也巧，柳敬中是早先來到，正和老夫人、龍從雲母子兩人聊天聊得十分愉快，王仁儒卻突然闖了進來。他今天的舉止氣勢和往日是不大相同，老太太看在眼裏心中就明白了七、八分，笑著歡迎打趣：

「我說嘛，今天一大早我就聽見喜鵲叫，原來是王進士要來了。」

「老夫人的修行真的愈來愈靈通，竟能未卜先知了!」王進士也笑著回答，同時掃了柳敬中一眼。

龍從雲、柳敬中都起立歡迎他，梅影迅速地替他奉上茶，老太太笑問：

「王進士，這兩天義和團和洋人鬧得怎樣了?」

「義和團在右安順門燒了不少二毛子的房屋，也殺了不少二毛子，還燒了順治門內一座教堂，大毛子都做了縮頭的烏龜，一個也不敢出來。」王仁儒得意洋洋地回答。

「王進士，我看殺人放火總不是好事兒?」老太太說。

「老夫人，我們受大毛子的欺侮已經受夠了，所以絕對不能仁慈，連大毛子的貓腳爪兒狗腿子都不能放過。」

「萬一激怒了洋人，他們聯起手來，那我們可吃不消呀!」老太太說。

「老夫人放心，」王仁儒淡然笑道：「義和團已經準備好了引魂旛、混天大旗、雷火扇、陰陽瓶、九連環、如意鉤、火牌、飛劍八寶，什麼洋人也不怕。」

「王兄，洋人恐怕不是這八寶可以對付的？」龍從雲說。

「雲兒，你也不必耽心，義和團的事兒我清楚得很，」王仁儒說。

「王進士，莫非你和他們已經搭上了線？」老太太問。

「不瞞老夫人說，我不但和他們搭上了線，我還當了趙福星的軍師呢！」

龍從雲和老太太都一怔，他們知道趙福星現在紅透了半邊天，許多王公大臣都敬他如神，仰他的鼻息。王仁儒居然當了他的軍師？老太太不好再掃他的興，只好對他笑笑：

「王進士，那我要恭喜您了。」

「多謝老夫人，總算讓我王仁儒走了一部老運。」王仁儒向老太太拱拱手說。

「照王兄這樣說來，那王鐵嘴是很靈的了？」龍從雲向他笑道。

「他不但是鐵嘴，簡直是活神仙！」王仁儒意興飛揚，口沫又噴了出來：「改天我還要送他一塊大匾呢。」

「那他的生意就會更好了。」老太太說。

「老夫人，我看他也是個落魄書生，能夠提他一把，何樂不為呢？」王仁儒說著又掃了柳敬中一眼。

柳敬中一直不作聲，彷彿根本沒有聽見他的話、沒有看見他的人。王仁儒看他那麼冷淡，更有點兒生氣，睥睨了他一眼說：

「逍遙子，現在你該服了吧？」

「王兄，我服什麼？」柳敬中笑瞇瞇地回答。

「王鐵嘴呀！」

「江湖術士，一知半解。」柳敬中輕輕一笑。

「你簡直是死不認輸！」王仁儒氣得把腳一頓：「要不是礙著老夫人的面，我真要你從我褲襠底下鑽過去。」

「我又不是韓信，何必要受胯下之辱？」柳敬中仍然笑瞇瞇。

「韓信能屈能伸，我看你是既不能屈又不能伸。」

「王兄，你真的把我看扁了。」柳敬中笑著說：「我是不想屈，也不想伸，我只想平平凡凡正正當當地做個人。」

「你先前從門縫裏瞧我，我看你才真沒有出息。」

「我活了一大把年紀，又是孤家寡人，一肩擔著一口，生不帶來，死不帶去，何必要有什麼出息？」

柳敬中自己又說又笑，老太太和龍從雲也笑了起來。

王仁儒心裏很火，可是他還有事，沒有發作，他起身向老太太母子告辭，又向柳敬中丟了一句後話：

「今天我不和你耍嘴皮兒，改天再找你算帳。」

龍從雲送他出去，走了幾步，他突然好意地對龍從雲說：

「雲兒，我告訴您兩個應急的法兒，以防萬一。」

「什麼法兒？」

「第一個法兒是在府上焚香，供清水一盂、饅頭五個、青銅錢三枚，另外放一根秫稭，黏上紅紙供五天。」

「這有什麼用？」

「用處可大得很！」

「怎麼個大法？」

「要是大毛子來了，你只要把秫稭兒一揮，大毛子的頭就會像滾瓜一樣落地了。」

「另外還有個什麼法兒？」

「這叫做閉火門神咒，我教您幾句咒語。」

「怎麼個咒法？」

王仁儒隨口唸了出來：

北方洞門開，

洞中請出鐵佛來，鐵佛坐在蓮花臺，

鐵盔鐵甲鐵壁塞，閉住砲火不能來。

柳敬中聽了笑笑。

龍從雲先是一驚，隨後又問：

「這個咒語真能抵得住洋人的砲火嗎？」

「雲兄，本來這是義和團的不傳之祕，因為我們是世交，我才告訴您。」

「多謝王兄的美意。」

龍從雲送走王仁儒之後，便把王仁儒教的這兩個法兒告訴老太太，老太太笑對柳敬中說：

「柳老前輩，我看王進士真的走火入魔了！」

「老夫人，像王仁儒這種科舉出身的書獃子，除了會寫幾篇八股文，喊喊聖上萬歲之外，真是一竅不通！不得志則怨天尤人，一得志就誤國誤民了。」

「老前輩的話真是一針見血。」

「可是在別的地方我還不敢講呢！」

「老前輩有什麼顧忌？」

「因為王仁儒這種人很多，而且聲勢大得很。」

「要是王進士聽到您這樣講他，他真會和你拼命。」老太太笑著說。

「現在他貴為軍師，不是和我拼命，而是要我的腦袋了。」柳敬中也笑著回答。

「柳老前輩，我真有點兒奇怪，王進士怎麼真的當上了義和團的軍師？莫非王鐵嘴真是個奇人？」龍從雲說。

「世兄，你先別奇怪，這是亂世，什麼稀奇古怪的事兒都會發生，王鐵嘴也只知其一，不知其二。」

「柳老前輩莫非另有高見？」老太太笑問。

「老夫人，現在我不便講。」

「柳老前輩，您又有什麼顧忌？」龍從雲問。

「王進士現在是『一朝權在手，便把令來行』。我講出來了他會先摘下我的腦袋，那我就不能陪老夫人聊天了。」

老太太會意地一笑，隨後又問：

「柳老前輩，您的耳目比我們靈通，難道朝廷真的會視而不見，讓義和團這樣瞎鬧下去嗎？」

「就是朝中支持他們的王爺大人們太多，他們才愈鬧愈兇，甚至揚言要殺一龍二虎，老夫人，這我不說您也該明白他們的後臺是誰了吧？」

「那這場劫數是免不了的了！」老太太深深歎口氣。

「所以我還想留住腦袋陪老夫人聊聊天兒。」柳敬中笑著站了起來。

老太太、龍從雲知道他要走，也不留他，只希望他時常過來聊聊。柳敬中也坦然地說：

「京城雖大，除了府上這條路，我也沒有什麼地方可去，沒有什麼人可聊了。」說完他就一笑而去。

蝶仙、香君看柳敬中也走了，兩人才一道來看老太太。蝶仙看龍從雲不在，笑著問了一句：

「王進士和柳老前輩該沒有吵架吧？」

「王進士現在是個大忙人，因為有事早走了一步，不然又有一場氣嘔。」梅影說。

「王進士這人好沒有意思！」蝶仙說。

「蝶仙，妳不要隨便講話。」老太太說。

「老夫人，我實在有點兒替柳老前輩抱屈。」蝶仙說。

「柳老前輩爐火純青，他不在乎王進士，妳狗拿耗子，替他抱什麼屈？」老太太笑道。

「老夫人，我那有您老人家這麼好的涵養？坐在黃鶴樓上看翻船，心裏一點兒也不急。我是眼睛裏面容不得一粒砂子，沒有好氣。」

「妳看妳這丫頭愈來愈不像話了！」老太太指著蝶仙笑罵：「我看妳也想造反了？」

「老夫人，我蝶仙有幾個腦袋？」蝶仙笑指自己秀髮如雲的頭說。

「好了，好了，我不跟妳耍貧嘴，妳剛才野到那兒去了？」

「我本想到前面去好讓耳根清淨一下，剛巧碰上香君，就聊起袁小姐的事兒來了。」

「文珍怎樣了？」老太太驚問。

「老夫人，您老人家先別急，我給您看一樣東西。」香君雙手遞上文珍抄的詩詞。

「這是怎麼回事兒？」老太太匆匆看過之後連忙問香君。

香君原原本本地報告她。老太太自責地說：

「唉，孩子大了，我沒有注意到她的心理。」

「老夫人，我聽了喜兒的話，看了她抄來的詩詞，我都想流淚。」香君說。

「妳也應了賈寶玉說的『女兒是水做的骨肉』那句話兒。」老太太笑她。

「老夫人，我可不知道什麼假寶玉真寶玉的，我只知道表小姐，我很同情她。」

「老夫人，我看表小姐是困坐愁城，您老人家還是想個法兒把她接過來吧！」蝶仙說。

「是呀，我們在一塊兒表小姐就不會寂寞，您老人家也不會心掛兩頭了。」梅影說。

「文珍從小是在我們這兒長大的，她那種家庭對她是愈來愈不合適了。」

「老夫人，您就把她接過來嘛！」香君說。

「我怕她老子不大願意？」老太太有點遲疑。

「我聽喜兒說，姑老爺和表少爺成天都在店裏，而且還故意避著表小姐呢！」

「她老子的花樣兒本來就多得很，這到底又是什麼意思呢？」

「老夫人，不管是什麼意思？先接過來住段日子再說，再過一兩年替二少爺和表小姐圓了房，她就是我們的人了。」梅影說。

「妳這話倒也有理，」老太太點點頭，又對香君說：「香君，妳去請二少爺來。」

香君聽說，身子一旋，就三步併作兩步，來到天行的房間，輕輕在他耳邊說：

「老夫人請您過去，她已經同意接表小姐過來了！」

「香君，妳真有兩手兒！」天行也高興地一笑。

「少爺，為了您們兩人的事兒，我香君就是說破了嘴，跑斷了腿也是甘心的。」

「香君，真難為妳了！」

「別酸溜溜的，快走吧！」香君在天行後面推了他一把。

他們兩人一道過來，老太太直截了當地對天行說：

「你和卜師傅一道兒去姑姑家裏把文珍接來，就說我很想她。」

「婆婆，還有沒有別的話說？」天行審慎地問。

「傻瓜！那就該你講了。」老太太笑著白他一眼。

梅影她們都笑了起來，蝶仙笑著說：

「我們這位二少爺在別的事兒上真明白得很，唯獨在這件事兒上反而有點兒迷糊。」

「蝶仙姐，我是丈二蠟燭，照得見別人，照不見自己。」天行笑著解嘲。

「快去！還傻乎乎地站在我這兒幹嘛？」老太太笑著罵他。

文珍打發喜兒到天行這兒來後，她的心就忐忑不安。她耽心喜兒在半路上遇著義和團，把她當作二毛子，那就太危險了！一想起那天的遭遇，她的心還會卜卜跳，萬一喜兒遇上了義和團，義和團又把她當作二毛子，縱然她不被殺死也會嚇死，那自己就太罪過了！退一步想，要是喜兒貪玩，把信丟了，那自己不是白費了心？這兩種可能性都很大，她愈想愈不安，直盼著喜兒早點兒回來。可是她愈是著急，愈不見喜兒的影兒。

原來喜兒離開龍府之後，走到半途，在路邊廣場上遇見義和團教老百姓練功，有很多人圍著觀看，起先她以為是耍把戲賣膏藥的，或是賣冰糖葫蘆、捏麵人兒的，她也鑽進人堆裏去，她身上有天行給她的一串賞錢，她想要是有好吃好玩的她也可以買一兩樣送給小姐，讓她高興高興。可是她一鑽到裏面，只看見一個山東壯漢，身上佩著黃紙畫像，有頭無腳，頭四週有光圈，耳際腰間犬牙交錯，手指又長又尖，不知道是什麼怪物？心口以下寫了兩行字：

雲涼佛前心，
玄火神後心。

喜兒不知道這些字，只聽見那壯漢拉開嗓門唸著咒語：

「左青龍，右白虎，雲涼佛前心，玄火神後心，先請天王將，後請黑煞神。」

那大漢還告訴大家說，唸會了這個咒語，便可以槍砲不入，不怕什麼大毛子了。

喜兒也跟著大家唸，她居然唸得滾瓜爛熟，她好開心地以為自己可以槍砲不入了，她這才三步併作兩步跑回來。

文珍正急得像熱鍋上的螞蟻，一看見她興沖沖地跑回來，不免責怪她說：

「妳野到那兒去了？真急死人！」

「小姐，青天白日的，我又不是三歲、兩歲，不會被拐子拐去，有什麼好急的？」

「妳好糊塗！現在是什麼時候？要是碰上了義和團，妳還想不想活命？」

「小姐，妳這話就不對了！」

「我的話怎麼不對？」

「剛才我就碰見義和團，他們不但沒有殺人，還教老百姓唸咒呢！」

「真有這回事兒？」

「小姐，我怎麼會騙妳！連我也會唸呢！」

「妳會唸什麼鬼咒？」文珍白她一眼。

喜兒便將經過情形告訴她，而且唸給她聽。

文珍聽了兩眉一皺，叱責喜兒：

「就憑這個咒語，妳也能槍砲不入？」

「小姐，這是義和團說的，我還沒有試過。」

「別再胡說八道了，我叫妳辦的正事兒呢？」文珍急看問喜兒。

「小姐，妳不問我我倒忘了！」喜兒嘻嘻一笑：「信我早送到了。」

「妳交給誰的？」

「交給表少爺的。」

「交給那位表少爺的？」

「嘻嘻，」喜兒天真地笑道：「妳是許給二表少爺的，我當然交給二表少爺了。難道妳要我交給大表少爺不成？」

「別再瘋瘋癲癲了！」文珍又白她一眼：「二表少爺看了沒有？」

「看了。」

「他說什麼沒有？」

「他一句話兒也沒有說，看完就往口袋裏一塞。」

文珍聽了臉色馬上發青，過了一陣又問：

「當時有沒有人在他身邊？」

「只有香君一個人。」

「妳就這樣回來了？」

「才不呢！」喜兒得意地說：「二表少爺還賞了我一串錢，又請我吃了一包酥糖，他們家的酥糖才甜呢！」

文珍看喜兒那麼高興，自己的心裏卻比蓮心還苦，她無力地向喜兒揮揮手說：

「妳出去吧！讓我一個人安靜一會兒。」

她一關上房門，眼淚就流了下來。他萬萬沒有想到天行的反應是那麼平淡？他身旁又沒有別人，在香君面前還有什麼好顧忌的？

「真想不到他會這樣不解人意？」她愈想愈難過，愈想愈傷心，她終於在枕上嚶嚶哭泣起來。

由於疑慮重重，連夜失眠，心力交瘁，哭著、哭著，她竟伏在枕上睡著了，一睡著又噩夢連連，一會兒夢見自己流落在深山絕谷，前有猛虎，後有惡狼，跑也跑不動，叫也叫不出來，眼看著老虎張牙舞爪，要把她一口吃掉，怎麼這隻老虎又突然變成一個全身毛茸茸的洋人，這洋人又高大又強壯，好像司徒威，而且硬要娶她作太太，迎親的車子就停在大門口，她又急又怕，眼淚直流，她拼死命地叫了出來：

「不……不！媽呀！我死也不嫁給他……」

「珍兒開門！珍兒開門！妳怎麼大白天裏作噩夢呀？」

龍從容頻頻用力敲門，文珍終於驚醒，聽到是母親敲門的聲音，連忙起來開門，打開房門一看，天行正站在母親身後，她以為自己還在夢中，又用力揉揉眼睛，沒有錯，站在母親身邊的正是天行，客廳裏還有卜天鵬，她又羞又惱滿臉通紅，正想轉身逃避，天行卻笑對她說：

「婆婆很想念妳，要我和卜師傅來接妳過去。」

龍從容回頭向天行示意，要他退回客廳，然後她獨自走進文珍的房間，文珍連忙坐到梳粧檯前，紅著臉梳理頭髮。龍從容看她眼睛紅紅的，滿臉淚痕，憐愛地拍拍她：

「珍兒，妳哭了？」

不說還好，這一說使她更加激動，忍不住反身抱住母親哭了起來，她拼命用力靠緊母親的胸口，不讓自己哭出聲音。

「珍兒，妳是怎麼了？」

過了一會她才抬起頭來，擦擦眼淚，幽幽地說：

「娘，我也說不上來，只是我心裏像有一塊石頭堵著，好難過。」

「是不是生病了？」

她搖搖頭。

龍從容摸摸她的腦殼，並不發燒，這才放下心來，歎口氣說：

「妳這孩子，妳真把娘搞糊塗了！」

「娘，人就是難得糊塗，糊塗一點兒也許更好？」文珍悽然苦笑。

「天行來接妳過去，妳去是不去？」

「娘，是他的意思還是外婆的意思？」

「這我怎麼弄得清楚？」

「娘，妳弄清楚了再說。」

「妳這孩子！他這麼大的人了，他怎麼好意思說是他要妳過去？當然會說是外婆要妳過去。」

「娘，您讓不讓我過去？」

「本來我想妳在我身邊陪我，但是娘看見妳悶悶不樂，心裏也不好過，不如讓妳到外婆家去好，反正妳遲早是要嫁過去的，娘也不能留妳一輩子。」龍從容說著也不禁流下淚來。

文珍看見母親流淚，連忙抱住她說：

「娘，我這一輩子都是妳的女兒！」

龍從容拍拍她，又笑著轉變口氣說：

「外婆年紀大了，我沒盡到孝心，妳去陪陪她老人家，替我盡一份孝心也好。」

龍從容一面說一面吩咐喜兒幫忙文珍清理應用的衣物，文珍清理衣物時卻有些躊躇，不知道帶多少衣物去好？這次去又能住多少時間？帶多了怕別人笑話，帶少了怕不夠應用，還有些自己心愛的書，李清照、朱淑真的詩詞是可以帶的，但《紅樓夢》能不能帶呢？王仁儒一再對她說：「少不看《紅樓》，老不看《三國》。他說這些書都不是正心、誠意、修身、齊家的好書，會把人教壞，尤其是《紅樓夢》，女孩子更不該看。他本來瞧不起小說家言，他把《紅樓夢》更當作淫書，而文珍卻特別愛看繪像本的《紅樓夢》，她特別同情林黛玉，她覺得她的感情非常純真，至情至性，不知道淫在那兒？因為王仁儒和一些有功名的人都在有意無意之間反對這本小說，所以她不敢公開看，只有在自己家裏關在房裏偷偷地看。她父親是不管她看什麼書的，這是她在自己家裏唯一的好處。

喜兒知道她喜歡看這本書，這次回來更是幾乎手不釋卷，但喜兒不知道這是什麼書？她把它放進小提箱裏，文珍卻拿了出來，又不知道放在什麼地方好？喜兒奇怪地望著文珍說：

「小姐，妳不是很喜歡這本書嗎？怎麼拿了出來？」

「妳不懂我的意思。」文珍黯然一笑說。

「小姐，我是不懂，但我知道讀書是一件好事兒。」

「讀書有什麼好？」文珍笑問。

「好處可多著呢！」喜兒大聲說。

「妳說說看？」

「比方說，我要是讀了書，我就不會這麼笨了。」

「喜兒，不讀書有時也有好處。」

「小姐，您真會說笑話兒。」喜兒望著文珍傻笑，又指指自己的鼻尖說：「您讀了書，您聰明，您當小姐；我沒有讀書，我笨，我當丫頭。您一肚子學問，坐在閨房裏，能知天下事；我一個大字兒不識，像青光眼一樣，這有什麼好處？」

「可要少一點兒煩惱。」

「小姐，這我又不懂了，會讀書本是一著樂事兒，還有什麼煩惱？」

「不和妳說這麼多了，快點兒收拾。」文珍說著便把《紅樓夢》放在抽屜裏的四書底下壓著，另外拿了一本薄薄的《浮生六記》和《漱玉詞》放進小提箱裏。她卻不知道王仁儒是把《金瓶梅》放在枕頭底下的。

收拾完畢之後，喜兒一片忠心地望著文珍說：

「小姐，要不要我一道過去？」

「現在還不是時候，」文珍搖搖頭，又塞給她一塊大洋：

「多謝妳替我跑了這趟路。」